北京大学·复旦大学·吉林大学·中山大学
国家治理协同创新中心

华东政法大学
中国社会公共安全研究中心

中国社会公共安全研究报告

Advances in China Public Security

主　编　杜志淳　张明军
副主编　李汉卿

第12辑
2018年第1期

图书在版编目(CIP)数据

中国社会公共安全研究报告.第12辑/杜志淳,张明军主编. —北京:北京大学出版社,2018.10
ISBN 978-7-301-30045-9

Ⅰ.①中… Ⅱ.①杜…②张… Ⅲ.①公共安全—社会管理—研究报告—中国 Ⅳ.①D63

中国版本图书馆 CIP 数据核字(2018)第251049号

书　　　名	中国社会公共安全研究报告·第12辑
	ZHONGGUO SHEHUI GONGGONG ANQUAN YANJIU BAOGAO·DI SHI'ER JI
著作责任者	杜志淳　张明军　主编
责 任 编 辑	尹　璐　朱梅全
标 准 书 号	ISBN 978-7-301-30045-9
出 版 发 行	北京大学出版社
地　　　址	北京市海淀区成府路205号　100871
网　　　址	http://www.pup.cn　新浪微博　@北京大学出版社
电 子 信 箱	sdyy_2005@126.com
电　　　话	邮购部 010-62752015　发行部 010-62750672　编辑部 021-62071998
印 刷 者	北京溢漾印刷有限公司
经 销 者	新华书店
	787毫米×1092毫米　16开本　15.75印张　291千字
	2018年10月第1版　2018年10月第1次印刷
定　　　价	59.00元

未经许可,不得以任何方式复制或抄袭本书之部分或全部内容。
版权所有,侵权必究
举报电话:010-62752024　电子信箱:fd@pup.pku.edu.cn
图书如有印装质量问题,请与出版部联系,电话:010-62756370

编委会

主　任	杜志淳			
副主任	杨正鸣	何明升	张明军	
编　委	于建嵘	李连江	高小平	王教生
	陆卫东	娄成武	朱正威	佘　廉
	竺乾威	陈振明	倪　星	王永全
	杨　龙	项继权	朱立言	沈忠新
	陈　平	郭秀云	杨正鸣	何明升
	张明军	倪　铁		
主　编	杜志淳	张明军		
副主编	李汉卿			
编　辑	郭秀云	吴新叶	汪伟全	
	易承志	郑　谦		

投稿信箱：hzggy021@126.com

投稿地址：上海市龙源路555号华东政法大学集英楼B309室

目 录
Contents

冲突治理

我国群体性纠纷的特征及其持续发生的原因 …………………… 蔡永顺 / 003

开放空间、行政执法与群体性事件治理 …………………… 汪伟全 陶 东 / 013

风险治理视野下地方政府治理能力的量表构建与应用分析
……………………………………………………………… 李 琼 王湖范 / 024

突发公共事件：媒体传播、政策过程与社会运动
——三大理论视角与未来研究的可能路径 …………………… 刘伟伟 / 040

新时期环境危机事件的新特点及政府应对 …………………… 蔡 杨 / 056

自媒体时代突发事件网络舆论的政府引导困境及其破解 ………… 夏荣宇 / 072

国家治理

治理变革的机制—程序互动因 …………………………………… 涂明君 / 091

政治和解何以成功？
——基于印度尼西亚和菲律宾的比较分析 ………… 张熹珂 郑钦文 / 104

基层治理

户籍差异、教育获致与城市正义
——上海市流动儿童少年义务教育的实证研究 …………… 严善平 / 119

身份与规则的叠加：医患冲突中的"法外私了"及其形成
——以榆林产妇跳楼案为例 …………………………………… 吴新叶 / 140

当代中国乡村秩序重建的一种尝试
——以山东乡村儒学为中心的分析 …………………………… 庞景超 / 158

国家治理现代化视角下城市社区自治体系构建
——以安徽省芜湖市 B 社区为例 ……………………………… 陈 鹏 / 177

他山之石

从冲突走向协调
　　——战后日本劳资关系转型研究 ························ 程多闻　唐　亮 / 193

资本主义国家的"新社会风险"
　　——后"后工业社会"的兴起、应对与启示 ···················· 冉　昊 / 210

美国社会组织在新药受试者保护中的作用
　　——以美国受试者保护体系认证协会为例 ····················· 王芳芳 / 222

国外经典文章译介

应急状态下的自发型志愿活动研究
　　········〔古巴〕贝尼尼奥·E. 阿吉雷（Benigno E. Aguirre）等著
　　　　　　　　　　　　　　　　　　　　　　　　　葛文硕　译 / 235

冲突治理

我国群体性纠纷的特征及其持续发生的原因

蔡永顺[*]

摘　要：本文旨在探讨近15年来，我国群体性纠纷持续发生的原因。通过对2000年到2015年间发生的群体性事件的分析，本文阐述群体性事件持续发生的双重因素。其一，政府在施政过程中一直存在引发争议的行为，使得民众的不满情绪亦持续存在。同时，部分民众视政府为全责政府，寻求政府干预成为其解决纠纷的重要手段。其二，因为经济改革，大部分民众不再受到传统的单位制度的约束，从而具备了一定的动员能力。其结果就是，社会矛盾持续发生而政府又无法阻止民众的集体动员。此外，因为集体行动在某些时候的确是个有效的手段，它因此成为民众解决纠纷的一个选择。

关键词：政府；群体性纠纷；持续；原因

维护社会稳定一直是我国政府的首要目标。邓小平曾指出，"中国的问题，压倒一切的是需要稳定……如果三百六十五天，天天游行，什么事也不要干了"[①]。多年来，中国政府投入了大量的人力和物力维护社会稳定。除了加强对信息的收集，各级政府还成立了专门的维稳机构并采取措施加强各机构之间的合作。[②] 政府的各项措施旨在更加有效地处理各种矛盾和纠纷，防止矛盾升级成为群体性事件。政府的维稳努力保证了社会经济的发展和社会生活的秩序。但是从另一角度来看，尽管

---

[*] 蔡永顺，香港科技大学社会科学部讲座教授。主要研究领域：地方治理。

① 《邓小平文选》第3卷，人民出版社1993年版，第286页。

② Xi Chen, The Rising Cost of Stability, *Journal of Democracy*, Vol. 24, No. 1, 2013, pp. 57-64; Xiaojun Yan, Patrolling Harmony: Pre-emptive Authoritarianism and the Preservation of Stability in W County, *Journal of Contemporary China*, Vol. 25, No. 99, 2016, pp. 406-421; Ching Kwan Lee and Yaonghong Zhang, The Power of Instability: Unraveling the Microfoundations of Bargained Authoritarianism in China, *American Journal of Sociology*, Vol. 118, No. 6, 2013, pp. 1475-1508.

政府投入了大量的维稳资源，各种纠纷和冲突依然经年不断。社会冲突特别是集体冲突反复出现是个值得深入探讨的重要问题。

本文通过对近年来的集体冲突的分析，探讨群体性事件持续发生的原因。通常来说，社会矛盾未必一定升级为直接的社会冲突或者集体行动。集体行动产生的原因不仅是因为某些问题影响了一批人，还因为这些人有一定的组织动员能力。本研究发现群体性事件在很大程度上反映了我国地方政府维稳的压力。一方面，政府在施政过程中的某些行为引发了社会矛盾，从而使政府成为社会冲突针对的目标；政府也可能作为矛盾的调和人而成为诉求对象。但另一方面，因为政府面对大量无组织的分散人群，它的"去动员"（demobilization）能力受到了限制。虽然我国不同时期的集体冲突的主体各有不同，但他们都有一定的动员能力。一旦这些群体出于追求自身的利益而诉诸集体行动，便对政府的维稳构成了压力。

我国群体性事件的持续发生也揭示了政府在纠纷解决制度化方面面临的压力。因为部分政府在施政过程中始终存在着影响民众利益的行为，使得触发群体性事件的不满情绪一直存在。另外，现有的纠纷化解渠道存在不足，也使得非制度化的集体行动成为民众的选择。此外，地方政府的维稳压力又迫使其在选择解决纠纷的方式的时候，较少考虑这些方式对纠纷解决制度化的不利影响。比如，有些集体纠纷的解决牺牲了法律的权威。这些因素决定了纠纷解决的制度化会是一个比较缓慢的过程。

一、我国群体冲突的情况与特征

有关中国群体冲突的系统化资料一直欠缺。公开发布的群体性事件年总件数从1993年的8700宗攀升到2008年的127500宗，增长了接近13.6倍之多[1]，但是类似的数据自2008年后就不再见诸报端。本文的资料来源于2000年到2015年间发生的超过一万宗发生在中国的群体性事件。[2] 虽然难以衡量这些事件是否具有代表性，但基于其比较大的数量，该数据应当可以反映我国群体冲突反复发生的一些原因。此外，这些事件中包含了超过2000起千人以上集体冲突。由于大型的抗议活动比较可能被媒体报道，它们能较为准确地反映我国群体性事件的情况。

---

[1] Jae Ho Chung, Managing Political Crises in China: The Case of Collective Protests, in Jae Ho Chung (ed.), *China's Crisis Management*, London: Routledge, 2012, pp. 25-42.

[2] 感谢陈志柔提供此数据。

本文收集的 10500 宗群体性事件显示出我国群体性事件的几个特征。首先，从 2000 年到 2014 年，群体性事件总数呈上升趋势。而 2012 到 2014 年间，群体性抗议的数量以 2.93 倍飞速增加，但在 2015 年有所回落。同时，千人以上的群体性事件从 2000 年的 26 宗上升到 2014 年的 332 宗，增加了 11.8 倍；2015 年则回落到 286 起。因此，从近年来的趋势看，群体性抗议的频率持续上升，但是从 2015 年开始有了比较明显的回落。

其次，许多不同的社会群体在过去十五年间都采取过集体行动的方式争取自己的权益（见表1）。集体行动的参与者大致有以下几种：公共部门职工、私营企业职工、城市居民、农民、临时性群体以及其他群体如少数民族群体。国家的公共部门不仅包括国家机关，也包括诸如高校医院等事业单位和国企；城市居民包括业主、出租车司机和学生等。而临时性群体则指那些此前并未结识，但因某种共同诉求而聚集的群体，这种人员构成在环保抗议和与城管的集体冲突中较为常见。

表1　群体性纠纷的人群分布（2000—2015 年）

群体	事件数量（件）	比例（%）
公共部门	1142	10.8
私营部门	2603	24.6
城市利益受损群体	3406	32.2
临时群体	677	6.4
其他	296	2.8
农民	2454	23.2
总数	10578	100.0

资料来源：Cai Yongshun & Chen Chih-Jou, Social Protests in China, 2017。

总体而言，公共部门职工的集体行动所占的比例较小，且呈现逐年下降趋势，他们的集体行动从 2000—2002 年的 31.4% 下降到 2013—2015 年的 6.4%。从 20 世纪 90 年代末到 21 世纪初，国企改革致使大量工人下岗，造成了多个城市的工人集体行动。因此，工人集体行动在所有群体性事件中所占的比例很高。但是，随着国企改革的基本完成，企业职工的群体性事件也随之大幅减少。与此形成鲜明对比的是，城市居民和私营企业职工的集体行动大幅增加。城市居民的抗议事件从 2000—2002 年的 19.9% 增加到 2013—2015 年的 36.4%；私营企业职工的集体抗议事件比例从同期的 16.6% 增加到 24.7%。农村居民的集体行动所占的比例则在 20% 到 25% 之间浮动。在本文的分类中，"农民"不包括城市的外来务工人员或农民工。

这些数据表明，抗议群体大多数来自非政府直接控制的企业单位，这在近年尤为明显。换言之，大多数参加集体行动的民众已经不在公有部门就业。他们和政府的互动已不再局限于单位体制内。抗议群体的这种分布也揭示了群体性事件反复发生的一个重要原因,即政府直接管制民众的渠道有限,这一制约约束了政府的反动员能力。当然,各地政府采取了新的社会治理方式如网格化管理。然而,如下文所述,即使网格化管理能够及时收集到信息,如何化解集体行动仍然是个挑战。

二、政府的角色与群体性纠纷

在我国,大量的社会冲突或多或少和政府有关。在我们所收集的数据中,有大约9300宗包含了导致冲突原因的信息。导致纠纷和集体行动的原因主要有三种:一是对雇主的不满,二是对政府或政府机关的不满,三是其他类型的纠纷(如工厂污染等)。在这些案例中,因政府引发的不满约占62%;劳动纠纷引发的不满约占20%;其余18%则由其他原因造成。

劳资纠纷是导致集体纠纷和群体性事件的一个重要原因。由于法律对职工的保护存在不足,侵害职工权益的事件并不少见。广东是我国劳资纠纷大省,以广州为例,该市法院在2015年受理了18736件劳动争议案件,比2008年的10534件上升了77.8%。① 劳资纠纷在私营企业较为常见。在针对私营企业的2225件集体抗议中,57%是因为企业侵犯了职工的权益或违反了劳动合同而引发的。在广州法院受理的劳动争议案中,解除劳动合同的经济补偿金(赔偿金)以及社会保险纠纷和要求确认劳动关系的案件一直是劳动争议案件的主要类型。从广州的统计数据来看,2015年和2016年,涉及解除劳动合同经济补偿金(赔偿金)的案件占全部劳动争议案件的60%以上。工人抱怨的议题还包括恶劣的工作环境、管理层的违法违规,以及工资和福利待遇等纠纷。

劳资纠纷在公共部门也时有发生,在273起针对国家机关和事业单位的集体行动中,有42%是因为职工和单位之间的劳动纠纷引发的。而在798起国有企业职工的集体行动中,则有60%是因为劳动合同等纠纷引发的。由于国企改革的关系,国有企业职工的群体性事件在2000年到2002年间比较普遍。这些抗议的主要诉求是工资、买断工龄的补贴和其他福利或赔偿。

资料显示,各级政府尤其是基层政府,引发了最多的矛盾和不满,占到总数的62%。市级及市级以下的基层政府成为主要的抱怨对象,占对政府抱怨总数的

---

① 《广州劳动争议诉讼情况白皮书(2014—2016)》,http://www.gzcourt.org.cn/upfile/File/201705/12/101657100.pdf.

75%，而省级或以上则占7%，余下的16%则针对乡镇一级的政府。地方政府因为更多更直接地参与对社会的管理，他们与民众的互动也更加直接和频繁，因此更可能造成民众的不满。政策法规的不完善、执法时滥用权力、管理不善等都是造成民众对地方政府不满的主要原因。

政府机关和民众之间的冲突反映了能够有效保护公民合法权利的机制尚未完善。虽然政府在依法施政方面做出了努力，但是这个过程远未完成。政府因其权力优势与民争利的现象时有发生，这在土地征用上较为明显。由于地方政府对土地财政的依赖，时常发生与民争利。与土地有关的纠纷在全国城乡都时有发生。住宅或房产对中国城市居民来说是最为重要的资产，是他们至关重要的利益所在。一旦政府的政策或行为被视为侵害了居民的房产利益，纠纷几乎无可避免，集体行动成为维权的一种常见方式。

政府和农村居民之间的冲突也较常见。在我们搜集的抗争总数中农民抗争占23.2%。地方政府是农民抗议的主要目标，占84%，其余的16%多是针对企业。农村居民针对乡镇一级政府的抗议达到了40%，而针对乡镇一级以上的抗议则是44.6%。在这些集体抗议中，因土地纠纷而起的约占一半。政府和农民在征地过程中的零和博弈，是矛盾频发的根本原因。

政府的政策和行为还引发了其他群体的集体行动。数据显示有32%的集体行动是由不同背景的抗议者发起的。他们认为自己的权益被政府的某些法规和行为漠视或损害而采取了集体行动。当然，这类事件的发生也是因为民众缺乏有效的政治参与和监督渠道。此外，政府工作人员的滥权也可以成为抗议的诱发因素。比如，商贩和城管之间的纠纷有可能导致民众和城管的暴力冲突，其中的一个原因就是城管的执法行为缺乏规范，从而导致民众因为对商贩的同情而和执法人员发生冲突。

抗议事件也体现了现有的纠纷解决渠道的不足。例如，虽然信访仍然是民众解决其问题的重要渠道，但很多问题是信访部门无力解决的，这也是导致重复上访一直存在的原因。再如，外来务工人员在劳资纠纷中的诉求通常是合情、合理和合法的，但其诉求通过正常的法律途径未必能得到及时合理的解决。相反，有时候低效的解决渠道正是导致集体行动的原因。因此，加强法制建设是解决纠纷的根本。

政府成为集体行动的诉求对象也是因为民众认为政府有能力解决他们的问题。权力和责任相伴相生。一个全能政府通常虽然会引发纠纷，但也会被视为纠纷的调解人。① 而我国地方政府因为有维稳的任务,他们不得不解决一些并非由政府引发的冲突。而政府一旦参与解决此类纠纷,便强化了民众对政府的期待,让他们更加相信寻求政府的介入是一个有效的方法。民众的预期一旦被验证和强化,政府的纠纷解决制度化的努力就会面临挑战。

资料显示,62%的集体行动的抱怨对象是政府,但是也有74%的集体行动的诉求对象是政府。换言之,在12%的群体性事件中,引发抗争的原因并非政府,但政府却成为民众的诉求目标。当然,有些抗议者认为政府未尽其责,从而采取了集体行动。在千人以上的大型抗议中,96起由那些参与投资、募资或传销失败的人发起,超过了业主纠纷的90起和退伍老兵的72起。近年来,不计其数的民众因为金融集资诈骗而蒙受损失。这些事件的发生,一方面可以归结为投资者缺乏风险意识,另一方面也说明了政府的监管不力和执法缺乏力度。

三、政府"去动员"的局限

民众采取集体行动一定是因为他们心怀不满,但是不满的情绪不一定直接引发集体行动。不满的民众需要或多或少的动员才会采取集体行动。政府面临的难题是,一方面,基层政府的某些施政行为有可能引发民众的不满;另一方面,政府对社会的控制是相对有限的。政府很难一直有效地预防民众的自我动员。尽管政府的管理基本涉及民众社会生活的方方面面,但其对民众的直接的组织管理是有限的。传统的单位系统一直是政府约束职工的有效途径,②但是社会经济的变化使得这种约束所能涉及的人口大为减少。

在我们的资料中,公务员或国家事业单位参与的千人以上的大规模集体行动仅有两起。其中一起发生在2003年,当时青海某地的教师及公务员因为没能按时领到工资而采取了集体行动。另外一起则发生在安徽某市,该市工商局向其职工发放了7000元补贴,而在县城工商局的职工因为没有此项补贴而集体上街抗议。国家单位的职工集体抗议比较少不只是因为他们的权益得到了较好的保护,也因为他们面临单位的组织约束。

通过单位系统化解集体行动是比较有效的。2013年发生在成都的"彭州石化"

---

① Sidney Tarrow, *Power in Movement: Social Movements and Contentious Politics*, 3rd ed., New York: Cambridge University Press, 2011, p. 85.

② Andrew Walder, *Communist Neo-Traditionalism: Work and Authority in Chinese Industry*, Berkeley: University of California Press, 1986.

事件体现了地方政府对抗议事件的消解能力。四川政府因为在距成都约 35 公里的彭州建设一个石化项目，引发了居民对环境污染和地震可能引发危险气体泄露的担心。① 部分网民在线上召集民众 5 月 4 日上街进行"散步"活动。地方政府反应相当迅速，采取了一系列的预防措施。为了配合政府的行动，学校在 5 月 4 日这天上课，防止学生参加游行；此外，各单位要求职工不得参与游行，有的企业还组织职工郊游或者加班。这些措施有效地防止了集体行动。②

然而，这种预防方式也揭示了政府面临的困境：预防一次这样的大型群体性事件需要投入大量的人力物力资源，也需要各方的通力合作。经济改革使得传统的国有单位所能覆盖的人口急剧减少，防止无组织民众的动员是政府时刻面临的压力。1998 年是中国就业人口分布的转折点。由于经济和企业改革，城市居民开始从在公有部门就业占主导，转向在非国有经济部门就业占主导。从 1996 年到 2015 年，国有企业的职工占全部职工的比例从 56.7% 下降到 15.4%；同期，城市集体单位的职工比例则从 15% 下降到仅为 1.2%；与之对应的是，私营企业职工和自谋职业的人数急速上升，占 2015 年城市就业总人口的 83.4%。③ 人口就业分布的变化深刻地影响了群体性事件的参与者的社会分布。

在农村地区，因为公社制度的解体和农业税的取消，国家与农民之间的互动有了很大的变化。政府对农民的直接控制不再像 20 世纪 80 年代以前那么直接。虽然有网格化管理，基层政府预防农民集体行动的资源相对有限。一旦某些问题如征地涉及了群体利益，农民依然有可能采取集体抗争。因此，近年来，因为土地和污染等问题引发的农民集体抗争的事件并不少见。这些大型群体性事件也体现了村民之间的熟人网络仍然可以成为集体行动动员的基础。

政府预防集体行动的另一个难题是，尽管民众通常是无组织的，但他们仍然有集体行动的动员基础。首先，各个群体中会涌现出积极分子。这些人对集体行动的形成有重要的促进作用；他们有号召和动员的能力，能取得民众的信任。其次，现存的人际关系网络成为群体性事件中的基本动员渠道。④ 这种关系在相对固定的群

---

① Didi Tang, Thousands of Police, Other Steps Silence Protest Against Petrochemical Plant in Chinese City, *Fox News*, May 4, 2013, http://www.foxnews.com/world/2013/05/04/thousands-police-other-steps-silence-protest-against-petrochemical-plant-in.html.

② Feng Chen and Yi Kang, Disorganized Popular Contention and Local Institutional Building in China: A Case Study in Guangdong. *Journal of Contemporary China*, Vol. 25, No. 100, 2016, pp. 596-612.

③ *Chinese Statistical Yearbook* (1985-2016).

④ Doug McAdam, *Political Process and the Development of Black Insurgency*, 1930-1970, Vol. 47, No. 3, Chicago: University of Chicago Press, 1999, p. 44.

体中是自然存在的。譬如，来自同一个工厂或村庄的民众有现存的熟人网络。最后，并非所有的群体性事件都需要大量的动员，当一定数量的群众有了采取行动的共识时，集体行动便有了可能。在这种情况下，只要参与者获悉时间地点，集体行动就可能发生。

民众的动员能力在大规模群体性事件中有较为明显的体现。数据显示，2000年到2015年间发生的2000多起大规模集体行动中，参与者的状况大致可以被分成以下三种：（1）同事；（2）有共同身份但非同事关系的人；（3）来自不同背景和不同单位的人。第一类参与者既包括各种单位或企业的职工，也包括来自同一个村的村民；第二类则由有相同身份但来自不同单位（或村镇）的人构成；第三类是参与者身份、单位和背景均不相同，他们为了共同的利益诉求而聚集在一起（如那些因为环境污染而抗议的民众）。

在第一类群体里，因为现存的人际关系，动员的渠道业已存在。在这些大规模抗议行动中，39%由同一工作单位的人发起。有时候，集体行动之所以会发生是因为民众认为没有行动就注定要蒙受较大损失，所以有必要参加行动。这种想法在面临改革的国企职工中较为普遍。比如，某市在2009年7月发生一起因国有钢铁厂私有化而引发的工人抗议，数千名工人将总经理的办公室包围，并把他当成人质扣留，直至殴打致死。此事发生的原因是工人们听到了传言，即工厂改制后，多数人要下岗。

私营企业职工也有各种动员手段。比如，他们通过企业内部邮件、电话或其他线上平台能够比较容易地传达信息、组织动员职工。[1] 而那些住在一起的员工则可以通过直接沟通来动员。[2] 因此，在这种信息传播渠道多样化的情况下，政府或者管理层的"去动员"变得相对困难。

相对而言，那些来自不同背景和单位的人则更加难以防范，因为这些人是政府很难管理和对话的。由于他们的集体行动是由身份不明的发起者策划的，因此政府很难找到这些发起者以进行劝说或阻止。[3] 更有甚者，有些行动没有明确的发起者或组织者，从而使得政府的"去动员"更加困难。环境污染引发的大型抗议就是这

---

[1] Jun Liu, Mobile Communication, Popular Protests, and Citizenship in China, *Modern Asian Studies*, Vol. 47, No. 3, 2013, pp. 995-1018.

[2] Ngai Pun, Gendering the Dormitory Labor System: Production, Reproduction, and migrant labor in South China, *Feminist Economics*, Vol. 13, No. 3-4, 2007, pp. 239-258.

[3] James Scott, Everyday Forms of Resistance, in Forrest Colburn, ed., *Everyday Forms of Peasant Resistance*, Armonk, NY: M. E. Sharpe, 1989, pp. 3-33.

样的例子。在2003年厦门"PX项目事件"中，地方政府虽然进行了大量的反动员努力，也未能阻止抗议的发生。其中一个重要原因就是抗议者是无组织的，他们收到的信息是前往市政府。因此，政府无法阻止来自四面八方的民众。

农民的大规模集体行动占总数的22.2%。如前文所述，政府对农民的直接管理在废除农业税后减弱。一般来说，一个规模超过千人的农村抗议通常是由不同村的村民共同参与的。换句话说，某一个村的村党支部或村委会比较难以防止此类事件的发生。到2008年，中国大概有7亿农村人口分布在60万个行政村，每个村平均人口为1165人。在一个村里，如果排除老人、小孩和外出务工人员，能参加集体行动的人数显然达不到1000人。因此，农村的大型抗议通常是不同村村民的联合行动。比如，一个污染工厂影响的通常不是一个村，而是周边的多个村，这就使联合行动有了人口基础。而这类由多个村村民公共参与的集体行动因为没有强有力的组织约束，常会出现暴力行为。①

政府预防民众集体行动的能力之所以有局限，不仅是因为其有时候接受信息比较滞后，还有一个重要原因就是它需要调动相当数量的资源才能有效阻止这类行动。具体而言，小规模的抗议可以在政府不知情的情况下完成动员。大规模的群体性事件因为其动员的广泛性，较可能被地方政府获悉，从而采取预防措施。但是，要阻止和化解大规模的抗议活动需要大量的资源和各部门的协调。因此，就算政府有时候已经采取了相应的预防行动，大规模的集体行动依然会发生。事实上，这类事件不但发生在农村和县市，也会发生在省会城市，甚至北京。

四、结语

自1990年起，我国的群体性纠纷一直持续发生。但不同阶段的群体性纠纷涉及的民众有较大不同。从1990年末到2000年初，国企下岗工人是群体性事件的主要群体。随着国企改革进程的基本完成，下岗工人的集体行动逐渐减少，他们的集体行动只占总数的一小部分。相比之下，私营企业职工和城市各类人群成为近年群体性事件的主体。劳资纠纷成为群体性事件的重要部分。城市里的其他群体则成为群体性事件的最重要主体，他们包括业主、学生和出租车司机群体等。业主的集体维权在城市里一直持续存在，他们与地方政府、开发商或物业公司的矛盾是触发集

---

① Yongshun Cai, *Collective Resistance in China: Why Popular Protests Succeed or Fail*, Stanford: Stanford University Press, 2010.

体行动的最常见原因。

各群体的集体行动对政府构成了持续存在的压力。维稳一直是上级政府考核地方下级政府施政的一项重要指标。然而，尽管有严格的考核制度，群体性事件仍然持续发生。这种现象体现了政府的困境：一方面，地方政府在施政过程中的某些做法损害了民众的利益；另一方面，政府对民众的"去动员"能力面临制约。因为纠纷解决渠道的不足以及部分民众法制观念的淡薄，集体行动变成了民众的选择。由于社会转型期的矛盾难以避免，群体性事件也随之不断发生。此外，作为全责政府，即使有的矛盾并非政府直接引发，民众也会把政府作为诉求对象，寻求政府的干预。

群体性事件的持续发生也揭示了我国在矛盾解决上制度化的难点。法治需要对公权力和民众进行双重约束。法治对政府的施政提出了很高的要求，这种要求不但体现在决策的科学性和包容性上，也体现在政策实行上的合理性。政府的依法施政是减少矛盾的重要途径。同时，纠纷解决的制度化也需要政府平衡维稳需求和保护法律的权威。有些维稳措施虽然平息了纠纷，但却牺牲了法律的权威。这样的措施加强了民众相信"闹事"有效的观念，也同时产生了示范效应，增加了纠纷解决制度化的困难。因此，纠纷解决的制度化将会是个比较漫长的过程，而其中的重点是政府如何调整自身的行为以平衡短期的维稳需求和长期的法治化进程。

开放空间、行政执法与群体性事件治理

汪伟全　陶　东[*]

摘　要：行政执法在开放空间下，受到公众的围观与监督，现场或事后的执法错误极易引发群体性事件。此类群体性事件的演化规律大致遵循累积、点燃、推动、平息四个阶段；造成事件升级爆发的因素大致包括：结构性、特质性与联系性因素。行政执法错误引发的群体性事件治理需要优化与提升基层治理能力，构建与完善社会文化与社会心理，提升基层主体事件处置能力与协同治理能力。

关键词：群体性事件；开放空间；基层治理；行政执法

一、引言

随着社会各方面的快速发展与变革，一些新旧矛盾同时出现，社会治理面临诸多新旧挑战。近年来，社会矛盾极端化表现的群体性事件整体研究不断推进；各类群体性事件的分类治理也逐渐成为研究重点。针对不同类型群体性事件的治理，我国已积累了一定理论与实践经验。但尚无关于对开放空间下执法错误引发的群体性事件治理研究，且大多数与之相关的研究主要局限在城管执法，研究视角也倾向于现场执法而非事件的纵向视角，开放空间特性与逻辑上引发的群体性事件并没有被结合起来研究。

目前，我国基层政府拥有大量一线执法人员，执法内容中的监管、处罚、稽查等与民众直接接触。此类行政执法主体作为一种典型街头官僚，具体执法离不开开

---

[*] 汪伟全，华东政法大学政治学与公共管理学院副院长、教授、博士生导师，英国利兹大学访问学者，清华大学中国应急管理研究基地兼职研究人员。主要研究领域：区域治理、应急管理。陶东，华东政法大学政治学与公共管理学院研究生。主要研究领域：公共安全管理。

放空间这一载体，在执法过程中难以做到排他性。同时，开放空间作为社会生活的一个必需场所，也离不开行政执法人员的日常维护与执法。特别是随着社会发展，民众民主意识、参政意识、治理需求不断提升；互联网与自媒体信息时代来临，开放空间下的行政执法往往更容易成为民众关注焦点以及新闻甚至谣言的产生地。开放空间下行政执法与民众直接相关，是民众近距离接触政府治理的一个窗口，也渐渐成为民众对政府治理水准甚至政府合法性、权威性的一个评判窗口；发生于此的执法事件容易成为社会关注焦点。

因行政执法不当导致的群体性事件时有发生。如2013年湖南临武城管执法冲突事件中，瓜农邓某夫妇在摆摊卖西瓜时与城管发生争执，邓某当场意外死亡，妻子受伤住院。事发时大量群众在现场围观，随后传出称邓某是被城管用"秤砣"砸死；"抢尸""封口费"等消息曝出更是加重了民众对于这类粗暴执法、粗暴维稳的愤怒。出于对弱势群体的同情与对公平正义的诉求，民众开始在线上与线下"声讨"当地政府，县政府网站也被黑客攻击。与之类似的还有2017年四川泸县太伏中学学生死亡事件。该校一男生意外死亡，警方通过现场勘察后排除他杀认定为自杀。事发后由于当地官方回应不力，发布信息不全面，群众对于尚未尸检和详细调查就迅速"排除他杀"的结论表示怀疑。随后各类校园霸凌、高官之子等谣言、视频推波助澜，一场群体性事件爆发。

上述两个案例中，在开放空间下的行政执法，执法者无意或失误、违反法律法规及社会道德的执法错误，都可以被现场围观群众直接"见证"。加之互联网与新媒体的发展，所产生的"证据"可以在第一时间得到传播。而基层部门或事件处置主体面对突然来自整个社会的舆论压力，往往不知所措或回应不力且受现今社会文化、治理能力等各方面因素制约，执法不当或错误引发的群体性事件也难以完全避免。因此，从开放空间的角度出发，研究由于行政执法而引发的群体性事件显得尤为必要。

二、开放空间下行政执法类群体性事件及其演化逻辑

"开放空间"（open space）这一概念最早出现于1877年伦敦的《大都市开放空间法》[①]，其本源界定是针对城市的规划管理。目前，国内外针对开放空间的研究

---

① Tom Turner, Open Space Planning in London: From Standards per 1000 to Green Strategy, *Town Planning Review*, 1994.

主要集中在综合生态、建筑等学科,强调在物理空间下的可共享性。① 本文研究的开放空间与"街头官僚行动空间"联系更为直接,强调的是街头官僚的工作界面与工作对象在空间内进行互动、开展具体工作的场所。② 结合行政执法特点,本文所指的"开放空间"可大致分为三类:一是物理空间下具有开放性的街头、社区空间;二是物理空间下具有开放性的建筑内空间;三是虚拟空间内开放媒体上的空间。这一概念相较于城市规划管理中的开放空间有着更为广泛的含义,相较于街头官僚行动空间有着更新的含义,即可以被群众无较大差别的接触。而开放空间下的具体行政执法者也被称为街头官僚。李普斯基(Lipsky)1977年开创了街头官僚理论——街头官僚是政策链条末端的执行者,与民众直接接触,并且在工作中有一定自由裁量权。③ 典型的街头官僚包括警察、城管、税收人员等。

开放空间执法引发的群体性事件指的是,在街头空间或网络虚拟等开放空间下,执法人员对于突发事件进行现场或事后处置不当或错误,直接或间接引发的线上或线下群体性事件。开放空间下行政执法错误引发的群体性事件有一定规律可循,关注一些关节点与分析其特性可以为对策的提出提供良好的思路。其演化规律可如图1所示:

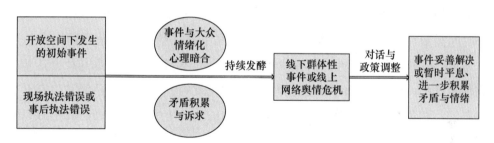

图1 开放空间执法引发的群体性事件演化

(一)利益或价值诉求是导致事件发生的根本原因

群体性事件爆发的原因复杂,不同种类群体性事件发生原因也各有差异。但各类群体性事件发生的根本原因大多是由于社会矛盾长期积累、民众利益与价值诉求

---

① 江海燕、伍雯晶、蔡云楠:《开放空间的概念界定和分类》,载《城市发展研究》2016年第4期,第21—26页。
② 韩志明:《街头官僚的空间阐释——基于工作界面的比较分析》,载《武汉大学学报(哲学社会科学版)》2010年第4期,第583—591页。
③ 同上。

得不到满足；在体制内诉求渠道得不到解决或体制内渠道无法快速有效解决；最终在某件热点事件诱发下爆发。本文提及的群体性事件的发生根本原因，同样是民众对于利益与价值的根本诉求得不到满足。

开放空间执法错误引发的群体性事件中，参与者多是与最初事件无直接利益人员，出于一种对道德、正义的诉求和宣泄。临武事件中，"瓜农"这一弱势群体"被打死"，激起民众内心对正义的诉求；当地政府反应迟缓也深陷"道德洼地"，越是想尽早结束这场危机，所采取的不当做法（如抢尸）越使己方处于不利地位。太伏中学事件中，所产生的谣言大致可以分为校园霸凌类与官员利用权势类，这两类都是民众较为关注且容易激起民愤的话题。随着社会发展，民众民主意识、参政意识、治理水平需求不断提升；民众对公平正义的渴望更为强烈，初始事件发生后，执法的错误不仅不能及时满足民众价值诉求，反而激发原本积蓄的社会矛盾，导致事件朝不可控方向发展。

（二）执法不当引发的围观效应促使事件发酵

典型的街头官僚如警察、城管、海关、质检、环保等与民众直接接触，大部分工作时间需要在开放空间下执法。在开放空间下执法恰当容易获得民众支持与认同，增加行政执法的合法性。而在执法过程中行为不当，展现的是与社会道德或政府宣传相反的一面，将会面临现场群众的抵制与批判；对于一些已经发生在开放空间的事实，相关主体在事后处理不及时或发布的消息不实、不全面，将招致整个社会舆论的质疑。

在传统中国文学中，围观代表的是一种凑热闹、冷漠的看客心理。但随着社会变化与新媒体的发展普及，微博、微信等社交媒体融入民众生活中，"围观"的含义与作用都发生了变化。现今"围观"已变成民众表达意见、监督甚至参政的一种方式。[①] 开放空间下执法可以迅速引发"亿万人同关注"，所造成的社会舆论与影响巨大。而即使是在现场的"围观"与直播，也受在场时间、位置、认知偏差等因素影响，很有可能造成一种错误传播。执法错误在现场群众或一些照片、视频证据下，可以形成让公众信以为真的证据，进而导致大量群众围观。一些"我亲眼所见""我朋友就在现场"等吸引人信服的话语让部分不明真相的群众深信不疑；使事件从一些普通的治安事件、交通事件演变成全民关注的"大事件"，导致线上或

---

① 王怡红：《围观研究初探》，载《新闻与传播研究》2013年第8期，第5—28页。

线下的群体性事件时有发生。如 2005 年池州事件与 2010 年马鞍山事件都只是普通交通事件，最后却演变成大规模群体性事件。临武事件与太伏中学事件同样是由于执法错误，导致大量群众线上线下围观，最后事件不断发酵，太伏中学事件中出现的各类谣言、视频更是吸引了更多群众参与围观。

（三）源事件与大众心理暗合引发的共鸣导致事件爆发

群体性事件的爆发时间和地点具有偶然性，但其背后的深层次矛盾积累却有着必然性。在临武事件发生之前，2013 年 5 月延安曾发生"城管暴力执法，跳踩商户头部"事件，社会舆论对城管暴力执法已是口诛笔伐。民众心中对这一类事件已是极度排斥与痛责，再次发生"城管殴打商贩致死"事件无疑激发出大众共同的情绪。太伏中学事件中，由于受"中关村二小霸凌"等事件影响，且校园霸凌与群众子女教育关系密切，一直是各方都十分关注的敏感话题，而太伏中学流传的"校霸打死中学生""官方包庇"等谣言也无疑激发了大众共同的情绪。

赵鼎新教授认为，任何集体行动的发生与发展都离不开变迁、结构和话语三个要素，[①] 而话语在此类群体性事件中最容易形成共识，也最容易失真。由于在开放空间执法错误，引发群众内心共同的心理意识，导致群众对当地执法者或处理方表示极大不满与抗议。群众的共同心理意识在线上线下形成一股强大的舆论压力。这种意识如果不加以舒缓与控制，在持续传播与谣言影响下很可能进入一种盲目的疯狂状态，在现实中酿成打砸群体性事件、在网络上形成谩骂与抵制等。也正是由于源事件与大众心理暗合形成的一种主导性话语、一种共同意识，群众会愿意积极参与到事件的传播，甚至谣言的传播中，最后成为群体性事件爆发的动力之一。

（四）对话与政策调整下的事件平息

群体性事件的爆发不仅对当地社会秩序、经济发展等造成影响，且容易对街头官僚执法合法性、基层政府合法性造成挑战。特别是一些与政府等机关联系密切的群体性事件。如城管执法，由于近年来发生与之相关的群体性事件较多，"城管执法"被污名化，在一些事件报道中被直接等同于暴力执法，使城管执法的合法性面临巨大挑战。在现今网络信息化时代，执法不当或者失误将会第一时间公之于众。

---

① 赵鼎新：《社会与政治运动讲义》，社会科学文献出版社 2012 年版，第 23 页。

面对来自各界的质疑与声讨，基层政府不得不将工作中心转移到该事件上来，必要时还需要上级或更高层部门进行协调帮助，处理事件所需要耗费的资源将远大于其他同类事件。此类事件相关主体也不得不积极回应民众质疑，将事件真相尽可能还原，以获取群众支持，将事件平息。

结合案例，此类群体性事件由于参与人数众多，事件主体在处理时如果以一种过于强硬姿态回应民众，将会引发更强烈的反弹；如果与民众展开良好互动，及时公布信息，可以很大程度上获得支持。无论是临武事件还是太伏中学事件，最后政府都不得不花费大量资源，还原事实真相，依法处理。

三、开放空间下行政执法类群体性事件因素分析

与其他类型群体性事件类似，行政执法引发的群体性事件是多种因素共同作用的一个结果。就现阶段而言，有着在短时间内难以解决的结构性因素；此类群体性事件与其他类型群体性事件相比在开放空间与街头治理的特质性因素；以及对事件起着推动或减缓作用的联系性因素。这些因素在事件发生各个阶段都有着一定影响，分析与合理利用不同类型因素可以更好地化解群体性事件，并治理此类型群体性事件。

（一）结构性因素：治理目标与治理困境冲突

在西方社会运动研究中，无论是根据斯梅尔塞加值理论[1]还是格尔的相对剥夺感理论[2]，人们都会产生结构性怨恨、剥夺感等运动的动力，都是源于现实社会中存在的结构性矛盾。为尽可能地消除这些矛盾，需要在治理层面不断优化提升达到"善治"，但现阶段我国各方面发展依旧存在着各类不平衡、不充分的问题，以及治理"堕距"的现实制约，距离治理的"善治"仍需要一段时间。

这一结构性因素对此类群体性事件的爆发有着根本性影响，且难以在短时间内化解，随着时间推移可能进一步加重基层政府治理困境。民众与政府都期待良好治理目标的实现，但现实因素导致的治理困境事实存在；并且正是由于此类冲突，导致了民众内心产生一种剥夺感与对现实社会中出现的不平等现象的日益不满。这无

---

[1] Neil J. Smelser, *Theory of Collective Behavior*, New York: Free Press, 1962.
[2] Gurr. Ted Robert, *Why Men Rebel*, Princeton University Press, 1970, p. 319.

疑更会加重民众对治理目标与现实冲突的不满。这些心理如果得不到合理舒缓与排解，将会成为群体性事件的一个直接推动力量。根本性的结构性因素存在是众多群体性事件产生的根本原因，也是各类社会运动发生的根本动力。

（二）特质性因素：开放空间特性与街头行政执法能力薄弱

不同类型群体性事件的发生有着不同的特质性因素。开放空间有着其特有且极为突出的特点，对群体性事件的发生起着"点燃式"作用。首先，就街头开放空间而言，具有开放性与非排他性。人人都可以不受约束参与到围观中，民众与执法者直接面对面接触，这就为冲突的产生提供了一个良好的舞台。其次，具有不确定性。开放空间下围观人员复杂，各种利益交汇，执法者采取的执法策略并不是所有人都理解，各种不确定性因素都有可能成为群体性事件爆发的一个引燃点。最后，社会性与政治性。开放空间执法接受的是所有围观群众的见证，各参与群众也都有着内心的价值期望，一件普通的执法事件也可能成为一个社会热点。同时，由于此类执法也间接代表了一种政治态度，执法的成功与失败都会成为民众对政府执政的一个考量。[①]

在现今信息化时代，事件的不可控因素加大、执法压力增加。开放空间已突破传统的时间与地理限制，可以瞬间演变成"全民直播"。受现实因素制约，特别是已被污名化的"城管执法"，围观群众面对城管执法已有潜意识的判定，舆论往往朝着"一边倒"的趋势发展。街头执法能力的薄弱在不确定性的开放空间下容易暴力执法、执法失误，对于引发的小规模群体性事件与来自各界的舆论压力往往不知所措，这对群体性事件的发展在某种程度上起着一定的推波助澜的作用。

（三）联系性因素：见证者与新媒体作用

见证者与新媒体在群体性事件中发挥着越来越重要的作用，成为事件发生、恶化或化解的有力推动因素，也为谣言的产生与传播创造了良好的温床。但联系性因素并不只推动群体性事件的发生或恶化，合理利用反而可以化解群体性事件，转危为机。

在开放空间下，执法者并不能排除所有围观者，执法者的执法错误会成为围观

---

① 刘磊：《街头政治的形成：城管执法困境之分析》，载《法学家》2015年第4期，第35页。

者的"口头证据",甚至"视频证据"。这类事实性证据在新媒体作用下,可以形成"领袖意见"与共同话语,直接激起一种全民共识与情绪。此外,受围观者参与围观时间不完整性、空间不完整性与个人认知偏差的限制,这类证据并不一定客观真实,所表述的证据可能存在失真;加之网络的快速传播,失真则更为严重。而新媒体的发展,各类剪辑视频与摆拍视频都可能成为传播的"铁证",如太伏中学事件中,网络流传的校霸殴打学生视频、警察打人视频、开枪视频都系某些别有用心的人剪辑制作。在现今信息快速消费时代,部分媒体为了赢得订阅与点击量,往往不惜采取一些夸大性话语甚至直接引用谣言,这更是加大了此类群体性事件中事件处置主体对话语掌控的难度。

另外,面对谣言,现场见证者与一些视频可以很好证伪事件真相,为执法者与事件处置主体赢得舆论支持。事件处置主体利用新媒体可以及时发布、更新信息,破除谣言,使基层治理主体拥有一定话语权,同时把握机会可以营造良好的宣传窗口。

四、开放空间下行政执法类群体性事件治理对策

基层治理现代化要求的是在体制机制等方面都有所突破,具体到社会矛盾化解层面,需要不断将各类冲突纳入体制内有效解决,同时辩证地看待群体性事件是作为社会矛盾的一个反应和预警。治理此类群体性事件对基层治理能力有着较高要求,对基层政府处理群体性事件能力也提出了新要求。

(一) 源头性治理:优化与提升治理能力

我国正不断推进国家治理现代化,顶层目标包含着制度化、民主化、法治化、效率与协调。[①] 国家治理与社会治理现代化是当前重点与热点,治理困境的产生也是各方着力解决的一个问题。针对此类问题,需要从宏观层面对整体目标与体制机制进行完善,不断推进服务型政府建设,优化民众参政议政机制,加快法治建设、畅通与完善民主诉求渠道与完善协商民主建设,积极培育第三方组织。具体层面包括针对各类矛盾源的消减,需要解决现阶段利益资源分配不均问题、腐败与不作为问题、政府公信力问题等。

---

① 俞可平:《走向善治》,中国文史出版社 2016 年版,第 59 页。

社会矛盾的产生与积累是一个不可回避且现实存在的事实，必须尽可能减少矛盾的积累与给予民众足够可信的表达渠道。特别是对于基层政府，治理能力的提升尤为重要，需要重视与理解现今民众民主意识的发展，为当地创造一个公平正义的社会环境；在开放空间的条件下，执法者需要不断提升执法能力，注意公众场合影响，文明规范执法，合理利用开放空间这一窗口，展现基层治理能力。

(二) 应激性治理：全面提升群体性事件处理能力

应激性属于生理学术语，借鉴于此，用于强调各治理主体在事前、事中、事后三阶段全面提升群体性事件处理能力，并根据事件特性不断调整，目的是适应此类在开放空间执法引发的群体性事件的发生，转危为机。

具体而言，即事前在开放空间执法时要提升信息收集能力，快速反应，尽可能了解事件全貌，公正依法处理；时刻注意在公众场合下的影响，做到慎用武力、慎做绝对性定论，对突发性群体性事件要有一定预警能力。一旦发生小规模人群聚集，要迅速将事件相关主体带离现场，疏散人群，必要时对一些别有用心煽动人员采取强制措施，及时上报信息与启动应急预案。如瓮安事件，由于前期阶段处理不力，事件中的尸体被作为一个"证据"不断吸引更多人群关注与参与，最后导致矛盾不断积累、事件不断复杂化。

应激性治理强调事件一旦发生，无论是线上还是线下都需要做到快速回应，及时发布信息。尽可能还原事件真相，压缩谣言生存空间，避免在事中阶段再次发生"执法"失误与"小事拖大、大事拖炸"。[①] 如果是执法失误或不当，要勇于承认与积极处理，对事件进行公开处理；如果只是谣言，要合理利用机会，回应群众关切问题并借此宣传，引领辩证、正确的舆论。

群体性事件处理能力除了现场决策的优化与提升外，还需要在平时就提升风险意识与预警能力，排除可能性发生源，增强信息收集能力与合作能力。遵循"防为上、救为次、戒为下"原则，注重舒缓预防，提升自我能力，把握事件治理窗口。

(三) 协同性治理：提升合作能力与舆情把控能力

随着全球化快速推进与我国社会各方面发展，现阶段矛盾的积累在我国难以避

---

① 崔亚东：《群体性事件应急管理与社会治理——瓮安之乱到瓮安之治》，中共中央党校出版社2013年版，第197—207页。

免，开放空间下的执法"小摩擦"在各种新手段促进下很有可能演变成"大事件"。此类事件治理同其他社会问题一样，传统单一主体、单一治理方式已难以快速有效解决，事件的影响也不再局限于事发地，需要的是一种协同治理，充分结合政府、市场和公民社会三方力量。

为此，我国政府应不断推进电子政务建设，各层级政府实施"两微一端"建设，官方在网络上已拥有一定话语权。但基层政府与市场、第三方组织合作较少，特别是中西部地区，第三方组织发展较为薄弱，官方声音有限。一旦发生群体性事件，受到的是来自各界的关注，合理客观的报道就显得尤为重要。现今多媒体的发展，微博、微信等客户端拥有大量网民。政府应充分与市场企业合作，合理利用其大数据与分析，判断事件发生趋势与谣言爆发点。同时，第三方组织作为中立者介入，可以在基层政府陷入"信任危机"或"塔西佗陷阱"时起到很好作用。

在过程中需要事件处置主体在相互独立的情况下做到政策协同、利益协同、资源协同。事件处置主体利用自身优势将这些资源协同，保证相互之间信息的通畅。这不仅可以最大程度避免谣言与误传造成的损害，也可以在危机状态下调动各方资源优势来处理危机。

（四）长远性提升：构建与完善社会文化与社会心理

政治学家阿尔蒙德和维巴认为："公民文化是一种混合型政治文化，是由不同类型的政治文化类型交汇而成，是一种参与型复合政治文化，公民文化将传统与现代完全融合，对于稳定民主政治体系有深刻的影响。"[①] 不同类型的社会文化对社会运动的产生有着不同作用，包容与理性的社会文化可以在很大程度上引领民众采用体制内渠道进行抗争，而好斗与浮躁的社会文化对社会矛盾现象缺乏长远认识，容易滋生谣言与群体性事件。

显然，不同时期的社会现状与社会文化催生的社会心理各不相同。随着改革开放的不断深入发展，民众对于各类新思想有着进一步的了解，民主意识与参政议政意识不断加强；但受社会各方面不均衡发展制约，兼受社会不公与贫富差距等问题影响，社会文化与社会心理距离理性与包容还有一定距离。特别是现今网络时代下，事件的发生往往伴随着谣言的产生，且谣言的种类与大众心理契合度较高，传

---

① 〔美〕加布里埃尔·A.阿尔蒙德、西德尼·维巴：《公民文化——五国的政治态度和民主》，马殿君等译，浙江人民出版社1989年版。

播迅速。因此,宣传媒体等机构建设完善包容、理性社会文化与心理对事件的解决有着长远意义。

总体而言,现阶段我国基层街头执法能力有了提升,"官民"冲突得到很大缓解,但诸多不稳定因素仍然存在,基层执法能力还需要进一步提升。因而,了解此类群体性事件发生逻辑与针对性精准治理是必要的。

了解与治理此类群体性事件对增加基层执法合法性、维护社会稳定有着长远意义。基层政府除了加快服务型政府建设外,还需要不断构建包容性与理性的社会文化,引导健康的社会心理,特别是现今网络文化与网民心理。为了有效化解执法类群体性事件,基层政府或相关单位应加强与社会组织、媒体、企业等合作,相互协调并发挥各自优势,尽快还原事实真相与压缩谣言生存空间,从而减少社会矛盾的产生与积累。

风险治理视野下地方政府治理能力的量表构建与应用分析*

李 琼 王湖葩**

摘 要：提高地方政府治理能力，推动新型城镇化健康协调发展已成为社会转型的焦点内容。在风险治理视野下，以风险治理理论为基础，基于相关专家学者和城中村改造的被拆迁者的角度，通过精英视角和群众视角探究地方政府治理能力的关键要素，最终建构地方政府治理能力评估量表，量表包含1个目标层、6个准则层、12个次准则层、22个指标层。研究假设为：地方政府在治理过程中难以平衡民主参与和依法推进之间的关系；危机治理是构成地方政府治理能力最为关键的要素；民众对地方政府治理能力的评价主要基于拆迁风险收益的直观感受而非理性判断，并以上海市X镇城中村改造为例，对地方政府治理能力的评估量表进行初步分析应用。

关键词：地方政府治理能力；评估量表；风险治理理论

一、问题的提出

随着近年来重大工程项目引发的群体性事件不断增加，地方政府的治理面临又一严峻挑战——风险治理。作为经济社会发展的新渠道，新型城镇化逐渐成为地方

---

* 本文系国家社科基金重大项目"特大城市社会风险系统治理研究"（项目编号：16ZDA083）、国家社科基金青年项目"城镇化进程中征地冲突与调处机制研究"（项目编号：10CSH004）阶段性研究成果。

** 李琼，华东理工大学社会与公共管理学院教授，硕士生导师，复旦大学博士后。主要研究领域：地方治理、社会风险。王湖葩，就读于华东理工大学社会与公共管理学院。主要研究领域：地方治理。

政府关注的重点，然而城中村拆迁背后所隐藏的风险更应该被关注和重视。党的十九大报告中九次提到"风险"，在政府的政策文件和工作报告中，风险也越来越成为关键词。不仅如此，风险治理也逐渐在学术界引起热潮。张成福认为，应将风险治理尽快纳入议程，在政府和全社会培育并建立风险治理的思想观念、体制机制、方式方法和保障条件，最终实现风险善治。① 周利敏认为，大数据时代的城市风险治理应该形成多方协同的双向治理新格局，从应急式向预警式转变，从行政化向"互联网＋"转变。② 可见，在风险社会的视域下，提升地方政府的治理能力尤其是风险治理能力已成为各级地方政府应该去探索和推进的重要领域。

因此，通过量化指标体系对地方政府治理能力进行科学合理的评估，从而在整体上推进新型城镇化的健康协调发展，将成为新时期地方政府的重要任务。运用地方治理理论对地方政府的治理实践进行质性研究的文献成果已然丰富，但通过量化的方法评估地方政府治理能力的研究仍然匮乏。因此，本文主要围绕以下问题展开研究：如何通过设置客观、全面的指标体系去评估风险治理视野下的地方政府治理能力？根据量表的评估结果，哪些关键因素在影响着地方政府的治理能力，尤其是风险治理能力？

二、文献述评及研究假设

（一）理论基础：基于风险治理理论的量表设计

随着风险治理理论的兴起，西方各国的治理主体和治理手段呈现以预防、保障和善治为主要标志的显著特征，对治理评估的理论研究与实践运用也随之受到广泛关注。然而，地方政府和公共部门的风险治理对于中国社会的发展相较于国外更具有突出作用。随着新型城镇化的推广，在各地的城中村改造过程中总会出现暴力反抗拆迁事件、群体性事件等社会风险，地方政府的风险治理或有正面效应，或有负面效应，因此亟须构建一个以风险治理理论为基础的量表来评估地方政府治理能力。

张成福等提出风险治理理论③，他认为风险社会的根本选择在于风险治理，风

---

① 张成福、陈占锋、谢一帆：《风险社会与风险治理》，载《教学与研究》2009 年第 5 期，第 5—11 页。
② 周利敏：《迈向大数据时代的城市风险治理——基于多案例的研究》，载《西南民族大学学报（人文社科版）》2016 年第 9 期，第 91—98 页。
③ 张成福、陈占锋、谢一帆：《风险社会与风险治理》，载《教学与研究》2009 年第 5 期，第 5—11 页。

险治理应该遵循以下行为法则：(1) 多元参与。在风险治理的过程中，应将不同的社会主体，尤其是不同的利益相关者、不同的立场与观点纳入进来，由政府、市场、社会协同治理。(2) 开放透明。保持高度的公开性与透明性能够稳定民众的消极情绪、消除恐慌，从而赢得政府的公信力和满意度，最大限度降低风险。(3) 责任明确。风险治理要求政府的相关职能部门以及社会民众都明确各自的风险责任，从而实现各尽其责、落实到位、回应及时。(4) 公正合理。风险治理过程中涉及各个利益相关者的利益保障、知情保障以及社会保障等方面，影响着公共利益和公众福祉，因此包含着公平公正、灵活性和可恢复性等目标。(5) 普世价值。风险治理要求将科学与世俗相结合，将专家与公众相结合，强调普世价值。(6) 广泛合作。风险治理并不局限于一个地区或国家，而是全世界共同的责任，开展广泛的合作是实现风险治理的必然路径。彭宗超、薛文军等同样提出风险治理不同于单向性的风险管理，强调多元主体的社会参与，尤其是不同代表的利益相关者，从而赢得政府公信力、达成广泛的共识。[1] 朱正威、吴佳等创新性地提出了风险治理的"柔性构想"，认为政府面对风险情境需要具备非线性、开放性、协同性、动态性、涌现性，打破原先的系统封闭、主体单一的刚性计划模式。[2] 综上，风险治理理论要求地方政府在处理重大工程项目的过程中，应具备主体多元性、过程开放性、合作广泛性、价值公正性等特征，从而吸纳不同的利益相关主体的意见和建议，赢得政府合法性与正当性，维持社会的稳定有序。

（二）研究假设：基于公共安全的假设提出

20世纪70—80年代，政府为了回应危机挑战和环境变化转而探寻一条新型发展道路——"治理政府"应运而生。到了21世纪，随着公共安全管理体系在国内引起高度关注，政府治理的公共安全治理能力也变得日益重要。关于地方政府治理能力的研究迭出不穷，但是对地方政府治理能力进行定量研究和量化评估的文献少之又少，对其构成要素之间的相互关系和影响程度的研究更是一片空白。鉴于此，本文提出以下假设来检验影响地方政府治理能力评估的相关因素。

---

[1] 彭宗超、薛文军、方曼：《风险治理视角下的城市地铁恐怖应急准备研究——以北京市为例》，载《城市发展研究》2014年第7期，第119—124页。

[2] 朱正威、吴佳、黄杰：《复杂适应性视角下的政府风险治理——以兰州水污染事件为例》，载《江苏行政学院学报》2016年第3期，第103—112页。

假设 1：地方政府治理能力中的民主参与和有效推进可能存在矛盾。

治理是以权力分享、多元参与、平等合作为基础的共同管理公共事务的过程，民主与效率是其核心价值取向。在公共行政学历史中，对治理中的民主与效率关系的论述可归纳为三派观点：一是，传统公共行政理论和新公共管理理论认为，治理中的民主与效率属于"二元悖反关系"。威尔逊[1]和古利克[2]等人认为，效率是管理的最终价值，他们推崇的官僚制结构在逻辑上明显地排斥民主等政治价值。彼得斯提出，在新公共管理理论的指导下，公共部门更应该重视效率。[3] 特里认为，民主与宪政的价值被新公共管理威胁并腐蚀，比如参与、公平、代表等。[4] 二是，新公共服务理论认为，民主与效率之间的关系是"目的—工具关系"。登哈特夫妇认为，效率相对于民主是一种工具性存在。虽然效率与生产积极性等价值不应被忽视，但应把它们纳入由民主、社区和公共利益构成的更大环境中。[5] 三是，公共价值管理理论认为，民主与效率之间的关系是"伙伴关系"。斯托克对民主与效率之间的伙伴关系进行了系统的论证：公共价值管理的过程首先是民主的，其次也是效率的，因为前者是做"对"的事情，而后者是以"对"的方式来做这件"对"的事情。[6] 民主与效率关系的三派观点，在理论上逐渐发展完善，但在国内外政府的实践中仍未能得到充分证实。地方治理理论从20世纪80年代引入中国，便逐步在各级地方政府的治理实践中推广实行，也推动了民主与效率的关系研究成为热点。

因此，本文提出民主与效率之间的矛盾假设。地方政府在治理过程中需要兼顾民主与效率，尤其对于城中村改造等涉及众多民众核心利益的重大工程，政府只有平衡两者之间的关系才能维持社会秩序、推动社会发展，否则很可能引发危及公共安全的群体性事件。我国正处于由全能政府向有限政府转型之际，地方政府对简政放权不断探索，公民社会的民主参与热情高涨。政府一方面要尽力满足民众对于民主参与的政治需求，另一方面又要保证工程项目进度的有效推进，因而在地方政府

---

[1] W. Wilson, The Study of Administration, *Political Science Quarterly*, Vol. 2, No. 2, 1887, pp. 197-222.

[2] L. Gulick, Notes on the Theory of Organization, in L. Gulick and L. Urwick (eds.), *Papers on the Science of Administration*, New York: Institute of Public Administration, 1937, pp. 1-46.

[3] 〔美〕B. 盖伊·彼得斯：《政府治理的未来模式》，吴爱明等译，中国人民大学出版社2001年版，第60—73页。

[4] L. Terry, Administrative Leadership, Neo-Managerialism, and the Public Management Movement, *Public Administration Review*, Vol. 58, No. 3, 1998, pp. 194-200.

[5] R. Denhardt and J. Denhardt, The New Public Service: Serving, Not Steering, *Public Administration Review*, Vol. 60, No. 6, 2000, pp. 549-559.

[6] G. Stoker, Public Value Management: A New Narrative for Network Governance, *American Review of Public Administration*, Vol. 36, No. 1, 2006, pp. 41-57.

治理能力中不可避免地存在民主与效率之间的矛盾。

假设 2：危机治理是地方政府治理能力评估量表中的关键要素。

随着我国的改革进入攻坚阶段，地方治理中利益多元化、结构复杂化的特征日益显著，对地方政府治理能力的要求也日益提高。俞可平提出，善政是通向善治的关键，没有良好的政府治理，就没有良好的国家治理，其本质在于实现公共利益的最大化，维护公共秩序的稳定有序。① 宋慧宇提出，维护公共安全或是实现公共利益最大化是政府与社会协同共治的最终目的。② 唐钧在总结国内外政府风险管理实践的基础上，总结出政府的风险管理是其"天然责任"，其责任实质是对涉及社会生产、部门职能、公民生活等领域的风险所有权的管理，最终导向是公民对公共安全的服务满意度。③ 在近年的学术研究成果中，越来越多的学者将"公共安全"作为一项重要指标纳入衡量政府的综合水平指标体系中。在张笑天构建的社会治理综合水平指标体系中，"公共安全"作为二级指标被纳入"政治治理现代化"的一级指标下，并包含"刑事案件发案率下降比例""治安案件发案率下降比例""居民安全感""民众对社会秩序满意度"四个三级指标。④

因此，本文提出"危机治理是地方政府治理能力评估量表中的关键要素"的假设。基于城中村改造重大工程的研究背景，地方政府的任何决策都会影响城中村改造过程中核心利益主体的切身利益，而作为理性经济人，普通民众的核心关注点在于地方政府对于拆迁补偿款、拆迁面积计算方式、拆迁安置设施等方面的决策内容。此外，由于地方政府的信息披露机制不完善、意见反映渠道不通畅、社会监督机制不到位等，造成民众对地方政府的信任度远低于中央政府，民众的不信任、抵触等消极情绪一方面可能触发危及公共安全的群体性事件，另一方面也极大程度地影响其对于地方政府治理能力的满意度。因此，危机治理是地方政府治理能力评估量表中的关键要素。

假设 3：民众对地方政府治理能力的评价主要基于拆迁风险收益的直观感受而非理性判断。

近年来，关于重大工程的相关利益主体的风险收益感知差异的实证研究成果迭

---

① 俞可平：《中国的治理改革（1978—2018）》，载《武汉大学学报（哲学社会科学版）》2018 年第 3 期，第 48—59 页。

② 宋慧宇：《论政府在公共安全治理中的凝聚作用》，载《天府新论》2017 年第 4 期，第 79—85 页。

③ 唐钧：《论政府风险管理——基于国内外政府风险管理实践的评述》，载《中国行政管理》2015 年第 4 期，第 6—11 页。

④ 张笑天：《地方政府社会治理能力指标体系构建与量化评价研究》，东北财经大学 2016 年硕士论文。

出不穷。朱正威、王琼、吕书鹏对核电站建设过程中的民众、核电方、地方政府进行宏观收益感知和冲突行为关系的差异分析，结果表明，宏观收益感知对于核电方冲突行为取向的抵消最强，其次是地方政府，最后是附近民众。[①] 可见，民众的风险收益感知对于其行为选择影响最大，作为理性的经济人，其采取行动的依据更多的是凭借自己对风险收益的直观感受而非理性思考。

因此，本文提出"民众评价政府治理能力主要基于拆迁收益风险的直观感受而非理性判断"。作为理性经济人，民众在城中村改造进程中追求的是利益最大化，而非基于理性的思考和判断来对地方政府治理能力进行评价。由于政府的信息披露机制不完善、意见反映渠道不通畅、社会监督机制不到位等，公众对于地方政府的信任程度远低于中央政府。因此，一旦在城中村改造过程中民众感知到自己的合法利益存在损失或有被侵害的可能性，民众的不信任情绪就会影响其评价地方政府治理能力。

三、地方政府治理能力的研究假设检验

（一）研究方法概述

研究的方法主要是文献研究法、层次分析法、实地调查法。首先，通过对大量相关研究的文献进行梳理和总结，了解国内地方政府治理能力的研究现状，确定影响地方政府治理能力的因素范围。其次，采用层次分析法，并请教相关领域的专家学者，从善治理论视角来探讨影响地方政府治理能力的准则层要素，从而对次准则层要素和指标层要素进行具体细化，初步构建地方政府治理能力的评估量表。为了避免专家学者的个体主观性，通过邀请多位专家对量表赋权来稀释其情绪化、冲动化打分的情况，从而提高权重分布的科学性与合理性。最后，以上海市 X 镇城中村改造项目为背景，对民众的地方政府治理能力满意度进行实地调查，得出该地方政府治理能力的民众打分情况。依次将专家打分权重和民众评价政府治理能力的分数相乘，得出地方政府治理能力的最终得分。

（二）研究假设检验

为了检验假设，研究以上海市 X 镇城中村拆迁为背景，将 139 位被拆迁主体作

[①] 朱正威、王琼、吕书鹏：《多元主体风险感知与社会冲突差异性研究——基于 Z 核电项目的实证考察》，载《公共管理学报》2016 年第 2 期，第 97—106、157—158 页。

为调查对象，其受教育程度普遍在小学到高中水平，家庭人均收入主要集中于3000—7000元，超过半数的调研对象没有较为稳定的职业。作为城中村改造进程中的弱势群体，他们对于地方政府治理能力的评估很大程度上取决于个体素质和满意度感知。研究邀请40位熟悉城中村改造项目的第三方专家学者对地方政府治理能力评估量表进行赋权，并对回收的量表数据进行分析验证。

假设1：地方政府治理能力中的民主参与和有效推进可能存在矛盾。

为了验证假设1，笔者对"民主参与"和"有效推进"两个次准则层及其指标层的权重和最终得分进行比较（见表1）。在专家学者对地方政府治理能力评估量表的赋权结果中，"民主参与"的权重为0.0261，而"有效推进"的权重则为0.1000，可见在专家学者的视角下，前者的重要性远低于后者。根据民众对指标层进行打分的情况，"征求民众的决策意见及建议"得分为2.62，"为民主参与治理提供渠道"得分为2.54，"按时推进土地房屋拆迁和项目进度"得分为3.60，可见在普通民众的视角下，地方政府在"民主参与"方面的能力表现远不如"有效推进"。在面临民主与效率之间的矛盾时，地方政府选择了效率而牺牲了民主，因而假设1成立。

表1 民主参与和有效推进的权重与得分比较

次准则层	权重	最终得分	指标层	权重	民众打分	最终得分
C2 民主参与	0.0261	2.56	D2 征求民众的决策意见及建议	0.0118	2.62	1.18
			D3 为民主参与治理提供渠道	0.0142	2.54	1.38
C7 有效推进	0.1000	3.24	D12 按时推进土地房屋拆迁和项目进度	0.1000	3.60	3.24

假设2：危机治理是地方政府治理能力评估量表中的关键要素。

在假设2的假设检验中，笔者对地方政府治理能力评估量表的指标层进行SPSS的因子载荷分析（见表2）。在量表设计中，危机治理的次准则层包括"危机预防"和"危机应对"，"危机预防"下的指标层包括"预先调查感知潜在的社会稳定风险"，"危机应对"下的指标层则包括"针对社会稳定风险建立应急预案体系"，以上这些指标在由民众评估的公因子方差表中均位于前列，分别为0.911、0.822，说明危机治理所包含的各指标层对评估量表的总体贡献值非常高。可见，在新型城镇化的特殊化背景下，危机治理是地方政府治理能力评估量表中的关键要素，因此假设2成立。

表 2 民众评估的地方政府治理能力指标层的公因子方差表

指标层	初始	提取
对舆论媒体监督的反馈和回应	1.000	0.924
针对社会稳定风险建立应急预案体系	1.000	0.911
对民众利益诉求的处理和回应	1.000	0.846
预先调查感知潜在的社会稳定风险	1.000	0.822
制定、审批决策的流程规范合法	1.000	0.817
依法推进拆迁项目	1.000	0.803
制定合理方案以提供完善迁移和安置帮助	1.000	0.792
拆迁决策应考虑民众意见	1.000	0.788
保障民众相关拆迁信息的知情权	1.000	0.765
对能否及时拿到拆迁补偿款的态度	1.000	0.664
对提供就业等培训的态度	1.000	0.657
改造前应进行民意调查	1.000	0.639
拆迁对整体生活水平的影响	1.000	0.635
有部分居民对改造不满或抗议	1.000	0.614
对政府前期的拆迁工作感到满意	1.000	0.454
愿意在规定时间内完成搬迁	1.000	0.460

注：提取方法：主成分分析法。

假设 3：民众对地方政府治理能力的评价主要基于拆迁风险收益的直观感受而非理性判断。

表 3 对政府拆迁工作满意度与能否及时拿到拆迁补偿款态度的相关性

		对能否及时拿到拆迁补偿款的态度
对政府拆迁工作满意度	相关系数	0.314
	Sig.	0.000

在假设 3 的假设检验中，笔者从"民众对能否及时拿到拆迁补偿款的态度"和"对政府拆迁工作满意度"两个维度利用 SPSS 进行分析，从表 3 得知，显著性系数为 0.000，相关系数为 0.314，说明两者之间存在着显著的正相关性，民众对能否及时拿到拆迁补偿款的直观感受越乐观，其对政府拆迁工作的满意度越高，对地方政府治理能力的评价也随之提高。同时，笔者对上述两个维度进行了回归分析，由表 4 得知两者呈线性回归，且自变量"对能否及时拿到拆迁补偿款的态度"的系数为 0.265，两个维度之间呈现正相关，因而假设 3 成立。

表 4　对政府拆迁工作满意度与能否及时拿到拆迁补偿款态度的回归分析

模型	未标准化系数		标准化系数	t	显著性
	B	标准错误	Beta		
（常量）	1.983	0.211		9.390	0.000
对能否及时拿到拆迁补偿款的态度	0.265	0.069	0.314	3.865	0.000

注：因变量：对政府前期的拆迁工作感到满意。

四、地方政府治理能力的评估量表构建

（一）评估量表的基本结构：以风险治理理论为内核

根据地方政府在城中村改造过程中的治理能力的本质属性和内在结构，借鉴风险治理理论的基本原则，本文将城镇化进程中的地方政府治理能力划分为协作治理、科学治理、依法治理、有效治理、保障治理和危机治理6个方面的内容，并运用层次分析法构建了一个递阶层级结构的测评指标体系。第一层是目标层，即把地方政府治理能力作为目标层；第二层是准则层，分为协同治理、科学治理、依法治理、有效治理、保障治理和危机治理6个方面；第三层为次准则层，包括政府部门、民主参与、第三部门、依法决策、依法执行、公开透明、有效推进、民众认可、社会保障、社会公平、危机预防和危机应对等12个方面；第四层为指标层，对12个次准则层再进行细化测度，共设计了22个指标。由此，本研究设计了一个目标层、6个准则层、12个次准则层、22个指标层的评估体系，以求全面、综合、客观地对城镇化进程中的地方政府治理能力进行评估。评估量表的基本结构见图1。

（二）评估量表的信效度分析

1. 评估量表的信度分析

笔者对地方政府治理能力评估量表进行了内部一致性分析和分半信度分析。经过 SPSS 25.0 系统分析，得出量表总体 Cronbach's Alpha 系数为 0.842，信度较高，整体内部一致性程度较好。量表6个准则层的 Cronbach's Alpha 系数在 0.201—0.908 之间，其中协同治理、保障治理信度较低，其他准则层均处于中高信度。量表的两分半量表 Cronbach's Alpha 系数分别为 $r = 0.823$，$p = 0.796$，两分半量表的相关系数为 0.752，Spearman-Brown 系数为 0.814，分半信度较好，6个准则层分半系数见表5。

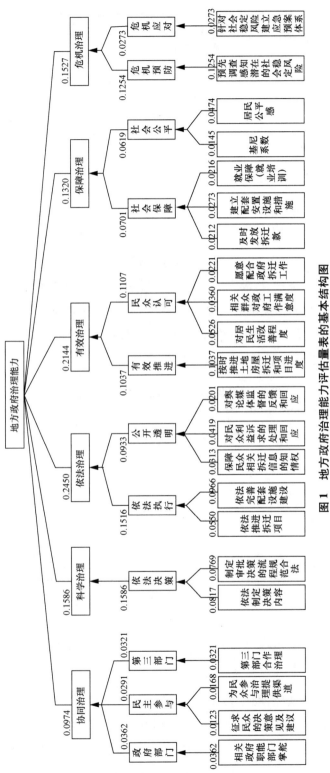

图 1 地方政府治理能力评估量表的基本结构图

表5 地方政府治理能力评估量表信度分析

准则层	相关 Alpha 系数	Spearman-Brown
一、协同治理	0.201	0.660
二、科学治理	0.908	0.825
三、依法治理	0.590	0.902
四、有效治理	0.332	0.154
五、保障治理	0.147	0.559
六、危机治理	0.581	0.674

2. 评估量表的效度分析

为了对量表的效度进行分析，研究对量表进行了各准则层与总量表相关性即 Pearson 系数分析（见表6）。结果显示，各准则层与总量表间相关系数为 0.553—0.921，其中系数在 0.8—1.0 极强相关的有"科学治理"和"依法治理"2 个准则层，系数在 0.6—0.8 强相关的有"协调治理"和"有效治理"2 个准则层，系数在 0.4—0.6 中等相关的有"保障治理"和"危机治理"2 个准则层，各准则层都在中等相关及以上，与总量表的相关性较好。

表6 量表各准则层与总量表的相关系数

量表准则层	总量表相关系数
一、协同治理	0.678
二、科学治理	0.832
三、依法治理	0.921
四、有效治理	0.670
五、保障治理	0.553
六、危机治理	0.575

注：Pearson correlation coefficients，$p<0.05$。

（三）评估量表的指标权重：以层次分析法为基础

本文已经为地方政府治理能力设计了 22 个指标，但这些指标在地方政府治理能力测评体系中的地位和作用不尽相同，因而有必要对其进行权重系数的赋值，以确定各项指标在测评体系中的作用和地位。采用层次分析法进行指标权重的确定，通过选择在公共管理领域造诣较深、学术水平较高的多位专家学者作为评分对象，从而保证地方政府治理能力评价指标权重的确定符合学理的要求。一共发放并回收40份有效的打分表。

在计算权重时，根据每位专家对各项指标的权重评分进行平均化处理，以确定权重比例。这种处理方法一般按如下公式进行计算：$a_j = \sum_{i=1}^{m}(a_{ij})/n, (j = 1,2,3\cdots m)$，其中 n 是对指标进行打分的专家数目；m 是测评指标的数量；a_{ij} 是第 i 位专家给第 j 个指标的赋分值；a_j 是第 j 个指标的权数平均值。具体评估量表的各项指标权重见表5。

五、地方政府治理能力评估量表的应用分析

（一）地方政府治理能力评估量表的应用测评

在对地方政府治理能力测评指标的设计与量化处理的基础上，为了科学地测评地方政府治理能力，本文采用加权综合评价方法来计算各项得分。基于上海市 X 镇城中村改造的案例背景，以抽样调查的方式向被拆迁者发放并回收了139份调查问卷，调查对象包括：宅基地村民、商业门面房居民、商品房主、集资房主、公租房住户等。笔者对问卷数据进行如下处理：问卷中的题目选项采用5级评分法，正向评价指标分别从"强烈反对"到"非常同意"5个等级赋予1、2、3、4、5分；负向评价指标则赋予5、4、3、2、1分。因此，量表得分最高为5，最低高于0，得分越高，说明该城中村改造项目中地方政府治理能力越高。地方政府治理能力评估量表得分情况见表7。

具体运算分为四步：

第一步：计算指标层的分值。用 D_{11} 表示第一份问卷 D_1 的分值，用 D_{12} 表示第二份问卷 D_1 的分值，并用 D_{1n} 表示第 n 份问卷 D_1 的分值，然后对 n 份问卷调查中的 D_1 进行平均化处理，再乘以权重（表6中显示的是原始权重，因此要在计算前对所有权重进行归一化处理：$aj = aj / \sum_{j=1}^{m}(aj)$，在此不作赘述），得出 D_1 的分值。以此类推，计算出从 D_2 到 D_{22} 所有指标的分值。计算公式如下所示：

$$D_1 = \frac{D_{11} + D_{12} + D_{13} + D_{14} + \ldots + D_{1n}}{n}\omega_{D_1} = \frac{1}{n}\omega_{D_1}\sum_{i=1}^{n}D_{1i}$$

$$D_2 = \frac{D_{21} + D_{22} + D_{23} + D_{24} + \ldots + D_{2n}}{n}\omega_{D_2} = \frac{1}{n}\omega_{D_2}\sum_{i=1}^{n}D_{2i}$$

（其中 $\omega_{D_1}, \omega_{D_2}$ 分别为指标 D_1, D_2 的权重）

第二步：根据指标层的分值计算次准则层的分值。次准则层的分值等于指标层的分值乘以各自的权重之后的分值之和。计算公式如下所示：

$$C_1 = \frac{1}{n}\omega_{D_1}\sum_{i=1}^{n}D_{1i}$$

$$C_2 = \frac{1}{n}\omega_{D_2}\sum_{i=1}^{n}D_{2i} + \frac{1}{n}\omega_{D_3}\sum_{i=1}^{n}D_{3i}$$

（其中 $\omega_{D_1}, \omega_{D_2}, \omega_{D_3}$ 分别为指标 D_1, D_2, D_3 的权重）

第三步：根据次准则层的分值计算准则层的分值。准则层的分值等于次准则层的分值乘以各自的权重之后的分值之和。计算公式如下所示：

$$B_1 = \omega_{C_1} \times C_1 + \omega_{C_2} \times C_2 + \omega_{C_3} \times C_3$$

$$B_2 = \omega_{C_4} \times C_4$$

（其中 $\omega_{C_1}, \omega_{C_2}, \omega_{C_3}$ 分别为次准则层 C_1, C_2, C_3 的权重）

第四步：根据准则层的分值计算目标层的分值。目标层的分值即准则层的分值乘以各自的权重之后的分值之和，也即地方政府治理能力的分值。计算公式如下所示：

$$A = \omega_{B_1} \times B_1 + \omega_{B_2} \times B_2 + \omega_{B_3} \times B_3 + \omega_{B_4} \times B_4 + \omega_{B_5} \times B_5 + \omega_{B_6} \times B_6$$

（其中 $\omega_{B_1}, \omega_{B_2}, \omega_{B_3}, \omega_{B_4}, \omega_{B_5}, \omega_{B_6}$ 分别为准则层 $B_1, B_2, B_3, B_4, B_5, B_6$ 的权重）

（二）地方政府治理能力评估量表的结果分析

基于上海市 X 镇城中村改造为例的地方政府治理能力评估量表得分情况如表7所示，可见作为目标层的地方政府治理能力最终得分为2.95，参考表8的治理能力等级划分，该地方政府的综合治理能力处于Ⅱ级一般水平。在准则层中，该地方政府的科学治理能力、危机治理能力、有效治理能力分别为3.23、3.14、3.05，可见其在这些方面处于Ⅲ级中等水平，说明政府在有效推进拆迁项目进度、预先防控潜在的社会稳定风险、依法制定拆迁决策方面展现出良好的治理水平，并得到了民众较高的认可；而该地方政府的协同治理能力、依法治理能力、保障治理能力分别为2.47、2.80、2.68，可见其在这些方面处于Ⅱ级一般水平。

表7 地方政府治理能力评估量表得分情况表

目标层	准则层	准则层权重	准则层权重得分	次准则层	次准则层权重	次准则层权重得分	指标层	民众评分	指标层权重	指标层权重得分
A 地方政府治理能力：2.95	B1 协同治理	0.0811	2.47	C1 政府主导	0.0283	2.41	D1 政府部门做好改造准备工作	2.68	0.0283	2.41
				C2 民主参与	0.0261	2.56	D2 征求民众的决策意见及建议	2.62	0.0118	1.18
							D3 为民众参与治理提供渠道	2.54	0.0142	1.38
				C3 社会合作	0.0267	2.53	D4 第三部门合作治理	2.81	0.0267	2.53
	B2 科学治理	0.2628	3.23	C4 依法决策	0.1661	3.36	D5 依法制定决策内容	3.72	0.0941	1.72
							D6 制定、审批决策的流程规范合法	3.75	0.0720	1.64
				C5 公开透明	0.0967	3.01	D9 保障民众相关拆迁信息的知情权	2.71	0.0318	0.82
							D10 对民众利益诉求的处理和回应	3.73	0.0461	1.67
							D11 对舆论媒体监督的反馈和回应	2.67	0.0188	0.52
	B3 依法治理	0.1470	2.80	C5 依法执行	0.1470	2.80	D7 依法推进拆迁项目	3.73	0.0502	1.22
							D8 依法完善配套设施建设	2.75	0.0967	1.58
	B4 有效治理	0.2339	3.05	C7 有效推进	0.1000	3.24	D12 按时推进土地房屋拆迁和项目进度	3.60	0.1000	3.24
				C8 民众认可	0.1339	2.88	D13 对居民生活改善程度	3.31	0.0692	1.42
							D14 相关群众对政府工作满意度	2.76	0.0440	0.76
							D15 愿意配合政府拆迁工作	3.60	0.0208	0.65
	B5 保障治理	0.1395	2.68	C9 社会保障	0.0741	2.67	D16 及时发放拆迁款	2.94	0.0257	0.80
							D17 建立配套安置设施和帮助	2.76	0.0289	0.96
							D18 就业保障（就业培训）	3.27	0.0195	0.91
				C10 社会公平	0.0654	2.69	D19 基尼系数（%）	2.70	0.0142	0.63
							D20 居民公平感	2.99	0.0512	2.06
	B6 危机治理	0.1357	3.14	C11 危机预防	0.1106	3.31	D21 预先调查感知潜在的社会稳定风险	3.68	0.1106	3.31
				C12 危机应对	0.0251	2.41	D22 针对社会稳定风险建立应急预案体系	2.68	0.0251	2.41

在次准则层中,该地方政府的依法决策、公开透明、有效推进、危机预防得分分别为3.36、3.01、3.24、3.31,可见其处于Ⅲ级中等水平。说明政府在城中村改造进程中尽力做到征求民众的决策意见和建议,并为民众参与治理提供渠道;为了使决策具有科学性与合法性,该政府在制定决策内容、审批决策流程方面较好地遵循了已有的法律法规,从而获得了民众自愿认同的合法性;民众对于政府决策的自愿认同与理解支持,很大程度上提高了其对于政府拆迁工作的配合意愿,从而使得该政府在按时推进拆迁项目进度方面取得良好的评价;最后,对于公共管理部门而言,民众的舆论危机和社会稳定风险是最为棘手的治理难题,因此该地方政府在拆迁之前邀请专业稳评小组进行潜在社会稳定风险调查,预先防控影响社会稳定的风险,从而获得较好的评价。

表8 治理能力等级划分

治理能力评估值	能力等级	备注
1—2	低水平	Ⅰ级
2—3	一般水平	Ⅱ级
3—4	中等水平	Ⅲ级
4—5	高水平	Ⅳ级

另外,该地方政府也存在许多不足之处。在次准则层中,政府主导、民主参与、社会合作、依法执行、民众认可、社会保障、社会公平、危机应对的分数依次为2.41、2.56、2.53、2.80、2.88、2.67、2.69、2.41,因此该政府在前期准备工作、与社会第三部门进行合作治理、社会保障与公平公正、应急预案体系的建构等方面仍处于Ⅱ级一般水平。笔者以为,社会保障层面下的建立配套安置设施和帮助、就业保障与培训两项指标,可以由政府向社会组织购买公共服务的途径来实现,而政府在与第三部门合作方面仍有待进步,因此在拆迁项目后期的社会保障工作仍存在着不足之处,使得民众对其满意度降低。无可厚非的是,由于专家学者的赋权与普通民众的打分之间存在不匹配性,两者相乘会很大程度地影响最终的各项指标得分情况,因此也要客观、全面地评价地方政府的治理能力。

六、总结和讨论

风险治理视野下地方政府治理能力评估量表的建立,是对地方政府在城中村改造项目中的治理能力评估具有可操作化的初探。在整体的量表建构过程中,研究始终以相关研究领域的专家学者和城中村改造中的被拆迁者两大主体为出发点，基于风险治理理论，同时参考大量已有的研究成果、专家学者意见、实地调研等等，采用层次分析法，尽可能全面、客观、科学地涵盖了影响地方政府治理能力的关键要素，在研究中运用了管理学、统计学、社会学等多种学科研究方法，最终得到6个准则层、12个次准则层、22个指标层，基本达到量表的设计要求。

在此基础上，研究验证了以下三个假设。第一，地方政府治理能力中的民主参与和有效推进之间存在着不可避免的矛盾，地方政府的强势和公民社会的软弱共同导致了民主成为效率的牺牲品。第二，危机治理是地方政府治理能力评估量表中的关键要素。地方政府应该做好危机预防工作的危机应对措施以化解可能出现的影响公共安全的危机事件。第三，不论是专家学者还是普通民众，都一致地认为在拆迁过程中地方政府应该高度重视民众的拆迁风险收益感知差异，应当妥当地处理民众的消极情绪从而避免群体性事件的发生。在分析评估量表结果的过程中，笔者也发现了如下问题：专家学者对量表各项指标的赋权与普通民众对量表各项指标的打分之间存在不匹配性，两者相乘则会很大程度上影响到地方政府治理能力的最终得分，这是评估量表目前无法避免的系统失误，在之后的研究中将进一步探究和完善。

总体而言，本研究是对地方政府治理能力评估量表建构和应用的初探，研究结构基本符合量表设计要求，但若要对此量表进行大规模运用和推广，在前期仍需要进行大量试应用和检验完善，需要更多权威的专家学者以及资深的相关政府部门管理者进行探讨、修正和优化量表，使其能真正落地推广并实现地方政府治理能力评估的功能，从而为城镇化进程中地方政府改善职能和优化措施提供相应的参考依据。

突发公共事件：媒体传播、政策过程与社会运动
——三大理论视角与未来研究的可能路径[*]

刘伟伟[**]

摘　要：对突发公共事件的研究，大体上有政策过程、传播学和社会运动三大理论视角。既有的研究虽探讨了媒体议程、公共议程、政策议程的转化，但通常强调政府、媒体在设置议程上的优势地位，忽略了公民和公民团体自主推动公共议程向媒体议程和政策议程转化的情况。既有的研究大都缺乏微观基础，很少关注到抽象的媒体、舆论和政策过程背后的具体的媒体人、公众和政府官员的利益诉求和行动策略。有必要分析公众、媒体与政府的三方互动，以及公共议程、媒体议程和政策过程的相互转化。围绕突发公共事件，在公众、媒体与政府的三方互动中，各方均有各自的诉求，谋求各自利益的最大化，由此导致不同的行为特征和结果。

关键词：突发公共事件；媒体传播；政策过程；社会运动

一、引言

最近十年，中国媒体大发展：数量在增长，覆盖率在扩大，类型也在多元化。媒体积极参与到社会重大事件的进程中，其对于突发公共事件的"炒作"引起舆论关注和政府议程的改变，推动了社会进步。2003年4月，《南方都市报》刊出"被收容者孙××之死"的报道。5月，三位法学博士（俞江等）集体向全国人大常委

---

[*] 课题资助：2016年上海市哲学社科规划青年课题"政策终结决策机制研究"（课题批准号：2016EZZ001）；2018年上海政法学院青年科研基金项目"喉舌三十年之困与变"。

[**] 刘伟伟，上海政法学院国际事务与公共管理学院副教授。主要研究领域：公共政策。

会法制工作委员会提交"关于审查《城市流浪乞讨人员收容遣送办法》的建议书",掀起对收容制度的热议。8月,《城市流浪乞讨人员收容遣送办法》取消。这是媒体推动政策议程改变的成功案例。类似的案例还有很多。

本文基于社会运动、传播学和政策过程三大理论视角,对有关突发公共事件形成和解决过程中媒体传播与政策过程的已有文献进行梳理,在此基础上,寻求未来研究的可能路径。

根据薛澜、钟开斌的定义,突发公共事件是指:"突然发生,对国家安全和法律制度、社会安全和公共秩序、公民的生命和财产安全已经或可能构成重大威胁和损害,造成巨大的人员伤亡、财产损失和社会影响的,涉及公共安全的紧急事件。"突发公共事件具有突发性/紧急性、高度不确定性、影响社会性、非程序性决策等几个基本特征。根据突发公共事件的发生过程、性质和机理,可以将它划分为自然灾害、事故灾难、突发公共卫生事件、突发社会安全事件以及经济危机等五大类。①

突发公共事件有以下几个特点:

(1) 从事件发生的时机看,难以预见。比如,SARS(非典型性肺炎)、"甲流"传播、汶川地震和日本核事故等公共卫生事件和灾难。这类事件会造成极大的伤亡和破坏,在公众中产生恐慌,也是对政府危机应对能力的艰巨考验。

(2) 从事件参与者的规模看,群体性事件占有很大的比例。比如,贵州瓮安事件(少女溺水身亡)和湖北石首事件(酒店厨师死亡),由于死者家属质疑排除他杀的法医鉴定,引发围堵道路乃至打砸抢烧政府大楼的集体泄愤行为。"泄愤行为"的概念最早由于建嵘提出,其基本表现是"大多数参与者与事件本身没有直接的利益关系,主要是表达对社会的不满,"②反映了官民冲突、仇富心理和潜在的信任危机。

(3) 从事件的传播方式看,媒体特别是网络成为越来越重要的途径。经由网络首先发布,或不是网络首先发布但通过网络转载的事件,其传播速度、覆盖范围、关注强度都会比较显著。抽"天价烟"的南京市江宁区房产局局长周久耕、"性爱日记"男主角——广西来宾市烟草专卖局局长韩峰,最早都是被网友人肉搜索和传播,最后都因受贿罪被判刑。在甬温线特大铁路交通事故中,受困人员首先通过微博发布求救信息,遇难者家属、媒体人纷纷通过微博及时传播了大量信息,官方也

---

① 薛澜、钟开斌:《突发公共事件分类、分级与分期——应急体制的管理基础》,载《中国行政管理》2005年第2期。

② 于建嵘:《抗争性政治:中国政治社会学基本问题》,人民出版社2010年版,第156页。

通过微博进行辟谣。

（4）从事件的矛头上看，社会不公平，包括司法不公、贫富差距、机会不公平成为社会舆论抗议的焦点，也是个案获得广泛关注从而上升为公共事件的关键。比如，"李刚门"（河北大学校园车祸）和"欺实马"（杭州富家子飙车撞人）事件，舆论怀疑官二代、富二代受到警方庇护，从而激化仇官、仇富情绪，质疑社会公平。

（5）从事件的解决上看，无论是冤案错案还是就业歧视，无论是食品安全还是物价上涨，或是环境污染，又或是救灾救济等，舆论问责的最终目标都是政府，对政府产生极大的压力。民众既对政府的作为和现有制度有种种不满，又把解决问题的最后期望寄托在政府和现有制度（尤其是法律制度）的改进上，表现出矛盾的心理。这种矛盾心理也体现在网上舆论的分化中。虽然批评政府的言论常常"一边倒"，但是反对一味批判政府的言论也有不少。

二、既有的三大理论视角

对突发公共事件的研究，大体上有政策过程、传播学和社会运动三大理论视角。

1. 政策过程理论的视角

政策过程的第一个环节，也是最重要的环节是议程设置。议程设置可以理解为"把不同社会群体的需求转化为议程上的项目，以及争夺公共官员注意力的过程"。要求政府解决公共问题的需求，一些来自社会，另一些则是政府自己提出来的。[①]科布、罗斯和洛斯划分了三种议程设定的模型：外部推动模式、动员模式和内部推动模式。在外部推动模式中，问题由非政府组织提出（表达不满），接着充分扩展，首先成为系统性/公共议程，进而对决策者施加足够大的压力，引起重视，最终进入制度性/正式议程；在动员模式中，政府领导创建一个政策，但要求广大公众对政策的事实给予支持；在内部推动模式下，有影响力的团体（如思想库）拥有影响决策的专门通道，议案的扩展范围仅限于特定的了解相关信息或有利益关系的团体或机构。[②]上述三种模式的信息传播都离不开媒体，最终的解决都离不开政府政策。

---

① 〔加拿大〕迈克尔·豪利特、M. 拉米什：《公共政策研究——政策循环与政策子系统》，庞诗等译，生活·读书·新知三联书店2006年版，第179—180页。

② 同上书，第193—196页。

政策科学的多源流理论试图解释为什么某些问题的议程受到决策者的注意，而另外一些却被忽略了。金通把政策过程看作由行为者和过程的三个源流组成的：由各种问题的数据以及各种问题界定内容所形成的问题源流；涉及政策问题解决方案内容的政策源流；由各种选举活动和被选举官员组成的政治源流。各种源流通常情况下相互独立运作，只有当特定的"政策之窗"允许政策主导者将各种源流汇集时，才有可能发生重大的政策变迁。"政策之窗"常常出现在突发事件、政府换届、预算编制等时间点，如空难会引发对航空安全的关注。① 转瞬即逝的"政策之窗"也解释了，在当代中国为什么有的案件能成为"影响性诉讼"②，推动法治进步，有的案件则只能石沉大海。另外，值得关注的问题是，同一时间段可能有多起突发公共事件，政府对这些事件的重视程度可能不同，引起的政策变迁也不同。

在政策过程研究中，特别关注利益集团如何影响公众舆论，进而影响政策制定。杜鲁门指出："所有政治利益集团组织，首要关注的是社会中存在的公共舆论。领导者必须估计公共舆论的方向和影响，而且，或多或少应该引导和控制舆论。无一例外的是，一个利益集团正式组织的首要目标，是从事其宣传计划，旨在影响关于新集团的利益与要求的舆论。"③

利益集团引导舆论的情况在当代中国也有体现。梅新育指出："房地产利益集团是中国当前社会发育最成型、活动能量最大、引发的社会反感最强烈的产业利益集团之一。这个集团的核心力量是房地产行业（特别是大企业）和行业主管部门、地方政府的一些主管官员，加上房地产行业协会组织共同构成了该利益集团的中坚，一些媒体和学术机构则构成了这个利益集团的外围……2003年，中国人民银行颁布《关于进一步加强房地产信贷业务管理的通知》（即121号文件），要求通过提高购房按揭首付比例等手段控制房地产信贷业务，遏制房地产市场泡沫。在房地产业发动的强大政治游说下，国务院不久就发出了《关于促进房地产市场持续健康发展的通知》，首次将房地产业列为国民经济支柱产业，高度肯定其地位与作用，121号文件无疾而终。"④ 房地产商与建立在土地财政上的地方政府的利益达成了一

---

① 〔美〕保罗·A. 萨巴蒂尔编：《政策过程理论》，彭宗超等译，生活·读书·新知三联书店2004年版，第12、97—100页。

② 影响性诉讼是"价值超出本案当事人的诉求，能够对类似案件，对立法、司法完善和社会管理制度改进以及人们的法律意识转变，产生较大促进作用的个案"。张思之：《为〈中国影响性诉讼2005〉作序》，中国影响性诉讼网，2007年6月27日访问。

③ 〔美〕D. B. 杜鲁门：《政治过程——政治利益与公共舆论》，陈尧译，天津人民出版社2005年版，第231页。

④ 梅新育：《房地产利益集团的组成和能量》，载《理论参考》2010年第6期。

致，物价上涨虽成为舆论的焦点，迫使中央政府一再出台限价、限购令，最终只能沦为"空调"。

王绍光认为，中国公共政策的议程设置有一些特有的模式：(1) 借力模式。政府智囊们将建议公之于众，希望借助舆论的压力，扫除决策者接受自己建议的障碍。(2) 上书模式。给决策者写信，提出政策建议。建言人往往具有知识优势、社会地位。中国社会科学院和国务院发展研究中心是党中央和国务院的主要智囊机构，通过承接课题和报送"内参"的机制影响政策。① (3) 外压模式。议程的提出者诉诸舆论、争取民意支持，对决策者形成足够的压力，迫使他们改变旧议程、接受新议程。在竞争的压力下，媒体开始更积极主动地为各种利益诉求开辟表达的空间，促使某些民众关心的议题变为公共议题，进而推动国家政策、法律、体制的变革。② 采用何种模式取决于手中掌握的资源和政策通道（这又取决于身份、地位、权力、财富等）。在当代中国，这些模式常常被同时使用，以形成合力，因为无法确保单一模式最终能否奏效。正如朱旭峰所言："专家必须根据不同的社会政策属性适时地调整自己的行动策略……政府的内部渠道为最佳的专家意见输入方式时，那些拥有政府背景的研究机构和与政府关键决策者保持私人关系的专家容易脱颖而出，成为该政策变迁过程中的关键建议者……依靠媒体的外部力量才能推动政策变迁时，那些拥有广泛媒体资源的专家就容易成为公众舆论的倡导者……专家所组成的知识共同体有助于提高政策变迁过程中专家的影响力。"③

具体而言，媒体对突发公共事件的议题传播分为四个阶段：(1) 媒体触发议题阶段。媒体曝光突发公共事件，使公众广泛知情。(2) 媒体强化议题阶段。突发公共事件进入公众议程后，公众通过网络传播、人际传播等手段进行广泛讨论。媒体则在这一讨论过程中对议题层层推进。(3) 媒体提升议题阶段。突发公共事件议题在经过充分讨论后，媒体对这些议题进行过滤和提升，在社会上形成一定的公众舆论压力。(4) 议程转化阶段。政府最终在公众舆论的施压下，将权衡后的突发公共事件议题纳入政策议程，完成了媒体议程向政策议程的转化。④ 但是，事件的发生、发展并不总是按照上述四个阶段进行，特别是媒体并不必然是事件的首先曝光者，反倒可能是公众首先曝光然后媒体才卷入。而在向政策议程的转化过程中，政府仍然掌握主导权，并不一定会受制于舆论压力，反倒经常试图"引导舆论"以使政策

---

① 朱旭峰：《中国思想库：政策过程中的影响力研究》，清华大学出版社2009年版，第164页。
② 王绍光：《中国公共政策议程设置的模式》，载《中国社会科学》2006年第5期。
③ 朱旭峰：《中国社会政策变迁中的专家参与模式研究》，载《社会学研究》2011年第2期。
④ 郎倩雯：《突发公共事件媒体议题传播与公共领域建构》，载《青年记者》2010年第5期。

按照自己希望的方向执行。

2003年的SARS危机和当时的媒体报道被公认为推动了中国公共卫生政策的变迁。不过，媒体报道在推进公共卫生服务改进的同时，其实也有一些偏差。公众对医疗卫生服务的不满与"看病难、看病贵"现象或切身经历的不满有关，还与关于社会公正或平等的信念有关。这样的体验或观念被媒体夸张的宣传报道所强化。公共舆论不仅有助于政府意识到医疗卫生资源配置的不公正及其问题的严重性，还对于政府理解公众所期望的政策调整方向提供有价值的信息。① 媒体对药品规制的报道，的确对于将药品安全规制和药监系统廉政建设作为决策者和规制机构议程上优先考虑的事项，有着很大的推动作用，但这些报道也有几个特点：一是猎奇心理；二是报道不够中立客观，掺杂了很多情绪化因素；三是由于药品领域确有一定的专业性，使得媒体并不一定能抓住药品规制的最主要框架和问题，往往流于片面，乃至给公众以误导。② 不过，信息挖掘和曝光的难度决定了媒体常常只能选择性报道，或者通过渲染情绪来制造话题、吸引公众和政府注意力。前期的首发报道和后期的辟谣、更正，并不矛盾。"矫枉必先过正"也可视为一种斗争策略。

公案，是民众利用个案内容所涉及的主题元素根据民众需求特点通过议论、诉说、传播和加工而形塑出来的公共事件。③ 在司法改革方面，媒体既通过舆论压力的方式推动程序公开、公平，又通过向政府施压推动行政干预，间接妨碍了司法独立公正地行使审判权。在媒体信息的压力下，传播逻辑取代立法逻辑，为获取受众注意力的修辞因素过多影响到法律制度的安排，从而导致一系列背离审慎理性的决策特征，展现了一个异化的立法过程。表现为：因果关系判断简单化、权利倾斜性配置、追随媒体的"议程设置"，以及频繁变动制度安排。④ 佘祥林案、刘涌案、许霆案、彭宇案、邓玉娇案的"拨乱反正"都是网络民意影响司法并产生正面作用的典范。但不能因此就乐观地认定民意真正具有如此巨大的影响或者仅具有正面的影响。传媒的报道经常导致高层次领导人的批示，批示下来，党政各部门便要紧急动员，"高度重视，限期解决"⑤。事实上，个案裁判过程中的社会民意如果没有法

---

① 赵德余：《政策制定中的价值冲突：来自中国医疗卫生改革的经验》，载《管理世界》2008年第10期。
② 宋华琳：《政府规制改革的成因与动力——以晚近中国药品安全规制为中心的考察》，载《管理世界》2008年第8期。
③ 孙笑侠：《公案及其背景——透视转型期司法中的民意》，载《浙江社会科学》2010年第3期。
④ 吴元元：《信息能力与压力型立法》，载《中国社会科学》2010年第1期；栗峥：《传媒与司法的偏差》，载《政法论坛》2010年第5期。
⑤ 贺卫方：《传媒与司法三题》，载《法学研究》1998年第6期。

院内外领导的推波助力,将很难对司法决定产生实质影响。①

司法程序不公开、不公正,会受到舆论的抨击;程序公开、公正,但结果如非舆论期望,也会受到舆论的抨击。而当事各方也寻求和利用媒体,试图在正常法律程序之外施加影响,向政府施压,要求政府以行政干预审判结果。这是突发公共事件的困境之一。

2. 传播学理论的视角

20世纪40年代,大众传媒被认为可以控制公众思想。然而,二战后直到70年代,相反的观点仍占主导地位。他们认为大众传媒的信息不论是直接抑或通过家庭、熟人间接传给个人,只能对公众的态度产生"微弱的影响"。近来,关于大众传媒影响的观点又转回来了。今天的研究者一般都认为大众传媒本身并不直接控制公众。许多最近就传媒的重要影响力的研究均强调了传媒对什么会成为公众关注的政策议事日程、公众如何了解这些问题以及对个人在作出判断或形成态度上的标准和准则的影响。②

媒体有议程设置功能,即通过反复播出某类新闻报道,强化该话题在公众心目中的重要程度。在特定议题上,公众的直接经验越少,他们为获取该方面信息就越是被迫依赖媒体。当知名人士开始谈论一个议题时,议题建构的速度会加快。③ 在媒体表达优势意见的同时,对异见的人际支持逐渐减少。这两者合并形成了"沉默的螺旋",其中表达优势意见和不愿表达异见的人数日益增加。④ 这一点在电视和网络上表现得特别明显。也正如萨义德在《报道伊斯兰》中所批判的:美国记者在东西对立的心态下,局限了自己的思考,再加上语言能力的不足,背景知识的缺乏,经常的轮调,使得他们无法掌握事件的来龙去脉、现象的错综复杂。不幸的是,大众的主要来源正是这些记者。"美国媒体所呈现的伊斯兰现象,一言以蔽之,便是浅薄化、单一化、标签化、无名化、妖魔化。"⑤

---

① 褚国建:《法院如何回应民意:一种法学方法论上的解决方案》,载《浙江社会科学》2010年第3期。
② 〔美〕雅各布斯等:《政治传播、公共舆论和政策制定过程的一体化研究趋向》,载《现代外国哲学社会科学文摘》1996年第12期。
③ 〔美〕沃纳·赛佛林、小詹姆斯·坦卡德:《传播理论:起源、方法与应用》,郭镇之等译,华夏出版社2000年版,第246、256、261页。
④ 〔英〕丹尼斯·麦奎尔、〔瑞典〕斯文·温德尔:《大众传播模式论》,祝建华、武伟译,上海译文出版社1987年版,第92、97页。
⑤ 单德兴:《报道·掩饰·揭露:东/西二元对立及其不满——〈报道伊斯兰〉推荐序》,载〔美〕爱德华·萨义德:《报道伊斯兰:媒体和专家如何决定我们观看世界其他地方的方式》,阎纪宇译,上海译文出版社2009年版,第8—9页。

媒体发挥影响力的前提，是影响公众和决策者的态度和行为。媒体通过进行高质量的新闻报道取得社会影响，从而扩大发行量，提高收视率/收听率/点击率，才能盈利。降低内容的质量会损害公众的信任，削弱社会影响，并最终影响媒体收益。Brian Logan 和 Daniel Sutter 的研究表明：得过普利策奖的报纸，其发行量显著高于其他报纸。① 不过，发行量与社会公信力不一定成正比。因为，有的报纸（如机关报）的发行量依赖行政订阅，有的报纸（如热衷八卦新闻的报纸）虽然发行量大，但是其舆论口碑可能很差。勇于挖掘丑闻、敢于发出独立见解的媒体和媒体人总是受到特别的尊重和信任，这也取决于该媒体长期以来通过自身的报道在公众中建立起来的社会形象。

大卫·克罗图和威廉·霍伊尼斯总结了媒体运营的两种模型，即市场模型（追求利润）和公共领域模型（服务于公共利益），虽然"市场模型几乎在媒体产业上居支配地位"，但政府仍然扮演着关键角色："媒体用以支持民主和促进公众行使权利义务的角色与其追求利润的身份之间总是存在着紧张的对抗。在这种对抗之间进行沟通的渠道却是政府，它所制定的政策深刻地改变了媒体运营的环境。"② 政府掌握着庞大的行政权力可以直接干涉媒体，政府又握有最丰富的新闻资源可以选择性地"透露"给不同的媒体。政府与财经、产业界有千丝万缕的联系。媒体不得不小心翼翼地与政界、商界打交道，同时平衡好政治、经济权势的代言人与公共舆论的平台等不同的角色。这种多面性让媒体常常陷入角色冲突。

意识形态、市场竞争、公众舆论等，都是媒体生存的大环境，并进而影响到媒体对于事件的报道或者说"构建"——它意味着想象、偏见的可能性。媒体可能屈从于政府，也可能屈从于市场。媒体可能试图影响乃至制造舆论，也可能试图跟随舆论。对于不同的突发公共事件，剖析其背后的媒体传播，会看到不同的图景。责任与良知只是媒体多面性的其中一面而已。

媒体具有建构形象、扩大特定社会群体话语权的功能。风笑天对媒介新闻的形成方式、叙事逻辑和所用材料进行了分析，揭示出大众媒介对独生子女的形象建构存在着以负面为主的"妖魔化"倾向。③ 一些媒体有意无意之间在建构对外地人的歧视：负面报道（凶杀、抢劫等）的标题中对于外地户籍（乃至具体到省份）的

---

① Brian Logan and Daniel Sutter, Newspaper Quality, Pulitzer Prizes, and Newspaper Circulation, *Association of European Journalists*, Vol. 32, No. 2, 2004, pp. 100-110.

② [美]大卫·克罗图、威廉·霍伊尼斯：《运营媒体——在商业媒体与公共利益之间》，董关鹏、金城译，清华大学出版社2007年版，第34页。

③ 风笑天：《独生子女：媒介负面形象的建构与实证》，载《社会学研究》2010年第3期。

强调，影视作品（尤其是婚姻题材）中对于农村人素质低的"画像"。在矿难报道中，媒体扮演了三种不同的角色：作为宣传者和"稳压器"，报道上级政府和主管领导（如安监局长）的铁腕治理；作为社会公器，报道矿工及家属的勤劳、穷苦和反抗；作为舆论监督者，揭露官商勾结的黑幕、批判"奸商"。这些报道其实都在建构并强化不同的形象。① 从一些媒体人的角度来看，或许他们在报道中带入了个人情感，也或许他们认为这样的报道更具有戏剧冲突因而更吸引读者。更有可能的是，这种贴标签的报道模式能够与社会情绪暗合，从而产生共鸣，推动报道获得更大的社会影响。

张明新通过对四家主流报纸386篇艾滋病议题报道的内容分析，发现：较之于"党的新闻事业"，专业主义媒体更倾向于以"社会问题/议题"来架构艾滋病议题——可能会危及社会稳定（如艾滋病患者遭受社会排斥和歧视、艾滋病恐慌、大面积的艾滋病患病如"艾滋村"等），甚至容易成为挑战性的新闻论述（如由艾滋病而论及社会公正），这种架构方式更可能被喉舌媒体所规避。② 不过，就"党的新闻事业"而言，不能一概认定其中的从业者都会规避社会问题，只是他们身在体制内受到种种限制而不得不如此。这些体制内从业者可能会选择离开体制内，或者通过党媒以外的媒体发声。

徐桂权、任孟山将市场化报刊时评视为一种利益表达的象征行动，认为，时评通过正当化的话语建构（包括官方话语、市场话语和公民话语），使公众利益表达在局部范围成为可能；内含信任危机的公共事件是公众利益表达的焦点，权力—利益的逻辑与正当程序的逻辑交织在话语表达当中。③ 市场化能否继续为这一新闻专业文化提供平台（例如，市场化新闻传媒组织是否仍然鼓励和需要"民间立场"的新闻报道），或者新闻专业文化能否发展出更充分的独立性（例如，不必完全依赖市场平台生存），以及新闻专业文化自身的发展走向等等，都将共同影响新闻传媒参与商议民主的现实和未来。④ 时评家这一新身份的诞生和热炒，成为当下的一个社会现象。有不少学者以"公共知识分子"为荣，认为通过时评家的身份向社会传播了先进的理念；也有些学者以"公共知识分子"为耻，认为时评家的身份让知

---

① 岳璐：《突发公共事件中的媒介角色研究——以矿难报道为例》，载《湖南师范大学社会科学学报》2007年第2期。
② 张明新：《后SARS时代中国大陆艾滋病议题的媒体呈现：框架理论的观点》，载《开放时代》2009年第2期。
③ 徐桂权、任孟山：《时评作为一种利益表达方式：传播社会学的考察》，载《开放时代》2010年第2期。
④ 李艳红：《大众传媒、社会表达与商议民主——两个个案分析》，载《开放时代》2006年第6期。

识分子失掉了独立性，走向媚俗。

以农民维权为例，几年来，《南方周末》在头版或"头条纵深"版上连篇累牍地刊登有关"三农"问题的大型报道，使得整个决策层和知识界都将它作为关系到国家发展的重大议题来讨论，在社会上形成了保护农民权益的强势舆论环境。① 与此相对照，小报既不是挑战主流的"替代性媒体"，也不是麻醉大众的"新鸦片"。小报的"文化品位"不高，在渲染性与暴力问题上经常出格，但这些故事也有道德的谴责与规范说教，可以被视为支持现状的话语表达。② 不过，将有影响力的"大报"与都市报为主的"小报"截然分开，不尽然符合当下的现实。在突发公共事件中，常常出现的情况是"小报"比"大报"更早、更敢发声，尤其是异地媒体；"大报"与"小报"联合发表言论，呼吁某种社会公平的事件也不少见。报纸之间在封面和特别报道上的竞争也有利于突发公共事件的信息传播。

媒体并不总是引导舆论，有时也会迎合舆论。2009年3月8日，美国监测船"无瑕号"在中国海南岛南部120公里处的水域作业，中方认为其行为违反国际海洋法与中国有关法律，于是派遣五艘船只围堵，美国抗议，由此爆发了中美报纸之间的口水战。抵制外侮的"主权"框架是中国报纸迎合舆论的基本报道模式。③ 当然，国内不同报纸对待同一新闻热点的报道框架可能有所不同。抵制外侮的"主权"框架可能是最"安全"的模式，但未必会是最有深度和质量的报道。

与传统媒体相比，网络论坛在多数情况下并不能设置公共议程，但可以使议题具有持续的影响力。网络发言者多数身份是隐匿的，所以观点的表达比较少顾忌，更能反映一些传统媒体上难以表达的观点和情绪。

"报还是不报""报什么、怎么报"一直都是党报在重大突发事件报道上面临的两难选择。④ 在"主流媒体"缺位的情况下，谣言借助新媒体以更迅速、更广泛的态势进行扩散，可能造成社会恐慌、暴力事件、经济损失，并给政府的舆论调控工作带来巨大的困难。⑤ 因此，增加透明度、及时性、报道深度成为民众对突发事

---

① 李昇平：《论媒体维护农民权益的多元化意义——以〈南方周末〉为例》，https://m.douban.com/mip/group/topic/53566206/。
② 赵月枝：《有钱的、下岗的、犯法的：解读20世纪90年代中国的小报故事》，载《开放时代》2010年第7期。
③ 黄敏：《"冷战"与"主权"：中美南海对峙的媒体框架分析》，载《新闻与传播研究》2009年第4期。
④ 曹健：《敢说、早说、会说：第一时间主动引导舆论——〈海南日报〉突发公共事件报道的理念和实践》，载《中国记者》2010年第3期。
⑤ 王灿发：《突发公共事件的谣言传播模式建构及消解》，载《现代传播》2010年第6期。

件的媒体报道的最大期望。① 不管怎么说,加大突发公共事件信息公开与新闻报道力度,实施媒体的宣泄功能有助于减少突发公共事件的发生频度,② 至少能够减少公众的"怨气",避免事件的升级和扩大化。

3. 社会运动理论的视角

社会运动理论将集体行为、社会运动和革命视为组织化程度和反体制目标逐渐升级的行为。集体行为是有许多个体参加的、具有很大自发性的制度外政治行为。社会运动是有许多个体参加的、高度组织化的、寻求或反对特定社会变革的制度外政治行为。③ 自18世纪社会运动刚刚兴起,报纸、杂志、小册子以及其他印刷传媒就在传播运动的消息,它们宣告即将开始的行动,评价这些行动,并对这些行动的成败得失予以报道。当然,20世纪传播媒介的扩展,为社会运动提供了前所未有的机遇和展示。广播、电视、电报、民意测验以及遍及全球的新闻业,都在促使社会运动发生转型。借助于媒体,对社会运动的纲领、身份和立场诉求予以广泛传播,无疑扩大了社会运动的观众群。传媒报道的程度和性质,也就成了运动的策略目标。④ 媒体资源是社会运动发生、发展不可缺少的。

赵鼎新指出,"一个没有被报道的社会运动就如同一个没有发生过的社会运动"⑤。因为公众的知晓度太低,难以形成公众舆论,更难形成政策议程,而改变政策议程恰恰是社会运动的最终目标。葛铁霖曾经担任美国20世纪60年代新左派运动时最著名的学生组织——"为了民主社会的学生"(Students for a Democratic Society,SDS)的主席。他用亲身经历解读了美国主流媒体对新左派运动的报道是如何"造就"并破坏了新左派运动的。新左派运动受到媒体关注的背景是1965年4月17日SDS在华盛顿组织了15000人参加的反越战示威。开始媒体报道的重点是学生的奇装异服,并将其统称为"极端分子"。到了1965年下半年,美国陷入越战泥潭,媒体对新左派运动带有同情心的报道开始增加,突出其反战主题。SDS迅速扩大,一些SDS成员热衷于城市暴动和游击战,这一现象经媒体曝光后被迅速放大,舆论又开始与其拉开距离。⑥ 所谓"成也媒体,败也媒体"。这个案例也反映

---

① 黄厚珍:《公众如何看待媒体的突发公共事件报道——广州市民对媒体突发事件报道的反馈调查》,载《新闻爱好者》2007年第4期。
② 童兵:《突发公共事件的信息公开与传媒的宣泄功能》,载《南京社会科学》2009年第8期。
③ 赵鼎新:《社会与政治运动讲义》,社会科学文献出版社2006年版,第2页。
④ [美]查尔斯·蒂利:《社会运动(1768—2004)》,胡位钧译,上海人民出版社2009年版,第116—117页。
⑤ 赵鼎新:《社会与政治运动讲义》,社会科学文献出版社2006年版,第268页。
⑥ 同上书,第275—276页。

了对于一些资源不够强大的社会运动来说，媒体把握着主导权。

根据曾庆香、李蔚的研究，媒体有关群体性事件的信息传播，既可以成为群体性事件发生、发展的助燃剂，又可成为群体性事件的灭火器。与此同时，在群体性事件发生后，政府和媒体作为不同的利益主体，二者会形成博弈的态势。"这些年来的这些博弈，有太多双输的案例"，即政府和媒体都失去过民众的信任。传统媒体习惯于用"蛊惑与教唆""社会冲突与怨恨"等框架对群体性事件进行定性。网络新媒体对群体性事件的传播有两个阶段：先是"造势"与"溢散"，即情绪感染和动员阶段，后是行动动员，典型案例为 QQ 群和短信与厦门公众反对 PX 化工项目的"散步"事件。政府对媒体则采取控制、管理和合作三种态度。① 舆论控制是维稳的重要环节，虽然控制技术在提升，但是反舆论控制的技术也在提升，反压制的呼声也在扩大。

NGO 善于运用媒体来高调维权。中国的一些环保 NGO 本身就是由媒体人士发起成立的，环保 NGO 中有大量的媒体人士会员，这使得中国的环保 NGO 与媒体形成了联盟网络。于是，很多媒体不断追踪环保 NGO 关注的环境议题，客观上推动了环保运动的发展。在怒江反坝运动中，NGO 网站、电子邮件组、布告栏、NGO 的内部刊物等都成为重要的动员基础。② 在广州业主委员会联谊会筹备委员会的维权斗争中，也有类似的媒体动员。③

互联网与抗争动员的研究有三种角度：将互联网概念化为非制度政治参与的渠道；将互联网概念化为公共舆论；关注虚拟空间与现实空间的互动，以及这种互动如何影响离线动员过程。④ 议题合法性、网络舆论一致性和议题传播的广泛性是互联网公共事件成功的保障。⑤

值得注意的是，网络空间虽是舆论滔天，但因网上舆论而产生网下聚众行为，甚或游行示威、集体静坐等行为的并不多，虚拟空间的大众动员水平远高于现实世界。当然，网下聚会不是不存在，比如曲阜的多次民间祭孔，是由"基于互联网动

---

① 曾庆香、李蔚：《群体性事件：信息传播与政府应对》，中国书籍出版社 2010 年版，第 194—228 页。
② 童志锋：《动员结构与自然保育运动的发展——以怒江反坝运动为例》，载《开放时代》2009 年第 9 期。
③ 张紧跟、庄文嘉：《非正式政治：一个草根 NGO 的行动策略——以广州业主委员会联谊会筹备委员会为例》，载《社会学研究》2008 年第 2 期。
④ 黄荣贵：《互联网与抗争运动：理论模型、中国经验及研究进展》，载《社会》2010 年第 2 期；陈联俊：《网络社会中群体意识的发生与引导》，载《政治学研究》2010 年第 2 期；娄成武、刘力锐：《网络政治动员：一种非对称态势》，载《政治学研究》2010 年第 2 期。
⑤ 高恩新：《互联网公共事件的议题建构与共意动员——以几起网络公共事件为例》，载《公共管理学报》2009 年第 4 期。

员而达成的集体行动",其网络平台是"华夏复兴网"。由于其主旨不是对抗国家,因而并未受到限制。① 当网络舆论所指事件被建构为社会"标本"如"社会不公正"的代表性事例,就为舆论铺设了广泛认同的"话语"。此外,网络与传统媒体互为推动,致使大众舆论对某一社会事件的关注与讨论不断升级。②

对于网络舆情监测评价可以通过五个二级指标进行测量:舆情发布者指标、舆情要素指标、舆情受众指标、舆情传播指标以及区域和谐度指标。每个二级指标由若干三级指标组成,三级指标由叶节点指标构成。比如,舆情发布者指标由舆情发布者影响力、活跃度和价值观构成三个三级指标。舆情发布者影响力由发帖数、浏览次数、回复率、转载率四个叶节点指标构成。③ 通过建立网络舆情检测体系,可以实现突发事件的网络预警。

三、未来研究的可能路径

既有的研究虽探讨了媒体议程、公共议程、政策议程的转化,但通常强调政府、媒体在设置议程上的优势地位,忽略了公民和公民团体自主推动公共议程向媒体议程和政策议程转化的情况。在媒体议程、公共议程和政策议程之间,并非单线推导,而是任意两个议程之间都可能直接转化,转化的时机和逻辑特别值得研究。

此外,既有的研究大都缺乏微观基础,很少关注到抽象的媒体、舆论和政策过程背后的具体的媒体人、公众和政府官员的利益诉求和行动策略。朱春奎、沈萍是少数注意到微观基础和行动策略的学者,他们分析了怒江水电开发中的行动者(中央部委、地方政府企业、人大与政协、民间组织、专家)、资源(权威、资金、合法性、信息、组织)和行动策略(游说、施压)。④

政策过程、传播学、社会运动三大理论提供了不同的分析视角,单看任何一个研究视角,无疑是不完善的,但从整体来考量,则上述研究范式为后续研究提供了科学的、有力的方法论基础和知识基础。

在三大理论视角的基础上,可以构建一个新的分析框架,研究公共议程、媒体

---

① 韩恒:《网下聚会:一种新型的集体行动——以曲阜的民间祭孔为例》,载《青年研究》2008年第8期。
② 姚迈新:《互联网舆论的演变逻辑与作用机制——对几起网络公共事件的解读》,载《行政与法》2010年第6期。
③ 谈国新、方一:《突发公共事件网络舆情监测指标体系研究》,载《华中师范大学学报(人文社会科学版)》2010年第3期。
④ 朱春奎、沈萍:《行动者、资源与行动网络:怒江水电开发的政策网络分析》,载《公共行政评论》2010年第4期。

议程、政策过程各自的运行模式、三方互动与相互转化，及公众、媒体与政府各自的诉求、利益的最大化和行动策略。具体而言，未来，突发公共事件研究的可能路径包括：

（1）媒体如何传播/建构突发公共事件？某一个私人或地区性的事件如何扩散、激化，并成为更广范围的公众关心的事件？其中，媒体扮演怎样的角色？媒体使用了怎样的报道方式，是否有倾向性？跨地区的媒体之间是否存在有意识的联合行动的行为？这种媒体的联合行动是如何生成的？媒体在推动议程设置方面，有多大的自主性？媒体在多大程度上受到既得利益集团（权贵、企业）的操控，又在多大程度上感知到政府监管、同行竞争、民间舆论的压力？

（2）媒体议程与公共议程之间具体如何转化？在媒体建构突发公共事件，或者说试图将媒体议程转变为公共议程之外，公众又是否存在反过来的建构行为，即将公共议程转化为媒体议程？具体而言，个体的公民或团体的公民组织，是否有将某些小范围的个案、议题主动透露给媒体，希望通过媒体推动事件解决的情况？在媒体议程与公共议程的相互转化中，是否存在信息的选择性传播？如果存在，背后的原因何在？

（3）突发公共事件如何从媒体议程/公共议程进入政策议程？媒体或公众建构的突发公共事件如何进入政府的视野？通过多家媒体的集中报道和评论、网络舆论的广泛传播这些公开的途径，还是通过内参、信访等曝光率更低的体制内途径引起政府的注意？

（4）进入政策议程的突发公共事件，政府将如何应对？政府如何通过媒体和公众舆论了解民意？什么样的事件会引起政府的重视，或者说优先考虑？对于公开报道和内参、信访等体制内途径，政府是否存在差别对待？政府是否存在主动引导媒体和公众舆论的行为，具体如何操作？政府对突发公共事件的常见处理模式有哪些？政府内部是否存在对突发公共事件的不同争论，又如何最终输出为具体政策应对？

（5）政府对突发公共事件的处理会引起媒体和舆论怎样的反馈？这种反馈又是否会提高或减少政府的公信力及政策的执行力？既有突发公共事件的案例是否会影响到政府、媒体、公众的三方博弈？这种重复博弈的形成过程的具体图景如何？在何种情况下，这种三方博弈会发生一些显著的变化？这种变化的影响又如何？

在研究的过程中，一般性理论的构建尤为必要，具体而言，包括：基于社会运动理论，构建突发公共事件发生、扩散、升级的一般模型；基于传播学理论，构建媒体对于突发公共事件的信息传播的一般模型；基于政策过程理论，构建政府对于突发公共事件的信息搜寻、应对的一般模型；基于博弈论，构建政府、媒体、公众三方围绕突发公共事件进行博弈的动态模型。

就公共议程、媒体议程、政策过程各自的运行模式而言，研究内容包括：(1) 就公共议程而言，分析突发公共事件的形成和发展，公民与公民社团的集体行动及其策略选择。(2) 就媒体议程而言，分析公众舆论与媒体的议程构建机制、报道框架和传播策略。(3) 就政策议程而言，分析其完整的循环机制，即信息搜寻、压力传导、议程设置、政策讨论、决策、政策输出和反馈。(4) 在此基础上，分析公众、媒体与政府的三方互动，以及公共议程、媒体议程和政策过程的相互转化。

围绕突发公共事件，在公众、媒体与政府的三方互动中，各方均有各自的诉求，谋求各自利益的最大化，由此导致不同的行为特征和结果。(1) 政府官员（特别是党委、宣传部门）希望将负面影响控制在最小范围，防止扩散和升级，以免影响政治前途和社会稳定。因此，他们的行动策略是舆论引导、危机管理。不过，中央/地方、条条/块块之间并不总能时时、处处保持一致。(2) 媒体从业人员（管理层、编辑、记者）希望在保证"安全"（不碰"红线"）的前提下，追求市场占有率、收益和影响力的最大化。因此，他们的行动策略是抢先发布、跟踪动态、深度报道、议题构建。当然，中央/地方媒体、本地/外地媒体、各个媒体内部都是有差异的。(3) 公众有三种身份：作为读者/观众，作为公民，作为当事人（特别是受害者）或作为旁观者（例如微博上的围观者）。他们的利益诉求是：获取可信和多元的信息（读者/观众），政府对事件的处理及时、妥当（公民），自身权益得到维护（当事人）。因此，他们的行动策略是选择性获取信息（根据自身成见），选择性传播信息（根据自身利益需要）。(4) 在此过程中，政府、媒体、公众会相互施加影响，影响对方的行动策略。不同行动者内部的利益、意见是分化的，这会导致行动策略发生改变，并引发连锁反应，而这也是动态分析的关键所在。

就具体的研究方法而言，无论是比较研究还是内容分析法，既有研究的运用都很多，但是否真正"用到位"值得推敲。(1) 比较案例研究。需要比较媒体议程和政策议程对于同一或同类事件（如食品安全/交通事故）的建构/处理的相同/不同之处。为什么有的事件能进入议程，有的却被有意/无意忽略了？媒体/政府对于同类议题的处理有何规律性？不同媒体/政府在同一时期，同一媒体/政府在不同时期，对于同类议题的处理也会有不同，这是为什么？不同突发公共事件背后有何相同/不同的演变逻辑，其诉求有何相同/不同之处？已有的研究常常是个案的描述，或者是个案的重复，缺少比较，更缺少反例。求同、求异相结合，才是真正的科学研究。(2) 内容分析法。为了对文本或其他形式的媒介内容加以分析，根据特定的研究目的设计出合适的类目、评价或评分方式，进行编码和比较，以有效地发掘研究主题的内涵。有必要对媒体（中外媒体、中央媒体/地方媒体、本地媒体/外地媒体、电视媒体/平面媒体/网络媒体）的报道框架进行研究：版面安排（头版/封面/首页）、标题使用（关键词）、标签或符号使用（给事件定性）、态度（肯定/批评/中性）、报道类型（调查/评论/转载）等。内容分析法并不少见，但是选择性地使用的偷懒做法亦不鲜见。另外，内容分析法常常陷入常识的描述中，并未提出有别于一般认识的新的创见。此外，大样本、长时段的数据搜集和比较分析是特别需要的。

本文在对政策过程、传播学、社会舆论三大理论视角的突发公共事件研究进行综述的基础上，建构一个新的分析框架，研究公共议程、媒体议程、政策过程各自的运行模式、三方互动与相互转化，及公众、媒体与政府各自的诉求、利益的最大化和行动策略（研究的微观基础）；通过对多个个案的求同/求异，探求媒体、舆论与政策的议程设置的规律性，超越个案的描述，寻求通则。这里只是提出一个分析框架，探讨研究的可能路径。突发公共事件的研究正成为一门"显学"，如能在理论上真正有所突破，对于改进公共政策，提高公众满意度，及早化解危机，避免社会运动的升级，都是非常有意义的。

新时期环境危机事件的新特点及政府应对

蔡 杨*

摘 要：中国的环境危机事件在2006—2013年呈现井喷状态，进入十八大以来，在党中央高度重视和各级政府及各部门坚决贯彻下，环境危机事件数量减少，但出现了新的特点：新媒体时代，环境舆情呈现全媒体传播特征；环境事件关注度持续高热，议题趋向多元化；"邻避效应"衍生"奈避效应"，社会协商机制难以推进；国际影响加大形成外部压力，运动式治理累加成"环保风暴"。面对新特点，在从宏观、中观、微观三个层面梳理现有挑战的基础上，本文探讨了如何完善政府应对策略：第一，在宏观领域，进一步探讨平衡经济发展与环境保护的关系；第二，在中观层面，加强体制机制建设，完善环境事件的协商民主制度，并探讨建立环保行动长效机制；第三，微观层面，立足基层，构建多元主体共同参与的协同治理格局。

关键词：环境危机事件；邻避效应；奈避效应；政府应对

过去40年中国经济飞速发展使环境欠账积弊日深，累积了许多环境污染问题，各类环境事件频发，由此导致的群众与企业对立、群众与政府对抗的事件不断出现和蔓延，这类因环境问题导致的危机事件，统称"环境危机事件"。环境危机事件在2006—2013年呈现井喷状态，党的十八大以来开始出现好转。党的十八大把生态文明建设纳入"五位一体"总体布局，提出"建设美丽中国"的目标，并分别部署生态文明体制改革、生态文明法律制度、绿色发展的目标任务，环境治理成为政府重点工作。2015年7月1日，中央深化改革领导小组十四次会议审议通过《环

---

* 蔡杨，政治学博士，现就职于中共北京市委党校、北京行政学院政治学教研部。主要研究领域：比较政治、基层治理。

境保护督察方案（试行）》，要求全面落实党委、政府环境保护"党政同责""一岗双责"的主体责任，将建立环保督察工作机制作为建设生态文明的重要抓手。十九大报告对环境治理进一步提出高标准——"像对待生命一样对待生态环境"，并提出"建设美丽中国"的发展目标。在党中央高度重视和各级政府及各部门坚决贯彻下，环境危机事件在2013年达到高峰后开始减少。自2014年开始，针对环境危机事件的研究也开始明显减少。①

然而，环境危机事件的减少，并不等于结束。实际上，随着环保督察的重拳出击，环境事件更成为舆论的前沿，因环保督察带来的经济影响等讨论均形成新的环境类舆情集中点。目前，在我国地区经济发展水平不平衡的大背景下，环保倒逼经济转型升级的效应一方面在一些城市和行业日益凸显，另一方面也给一些城市和行业发展造成压力。环境危机事件仍在相当一段时期具有潜在性。

有效应对环境危机事件的，既有研究积累了一定的成果，但总体来看，这些研究成果对新时期环境危机事件特点及趋势研究尚不充分。本文试图分析新时期新形势下环境危机事件呈现的新特点，并对目前政府呈碎片化的应对模式进行整合，结合新特点提出应对策略，以期补充和扩展现有研究。

一、环境危机事件研究现状

现有对环境危机事件的研究有两大分野。一是对"环境问题"的研究，主旨在研究环境本身出现的问题和环保问题。华东师范大学的高云微曾经对CNKI、CSSCI里以"环境问题"为关键词的核心文献做了一个统计梳理，分析结果表明：（1）现有关于"环境问题"的研究，学科背景多为环境科学和经济学，相关论文多发表于环境和经济类期刊。（2）研究议题主要集中于环境污染与生态治理、经济发展与环境保护、环境问题的认识论、环境风险与群体性事件和其他。其中，环境问题引起的群体性事件以"环境风险""事件传播""邻避运动""非政府组织参与""环境立法""政府危机管理"为主要内容。（3）即使在群体性事件的研究中，政治学和行政管理所占比例很小。②

二是在环境问题逐渐成为导致地方群体性事件、影响地方维稳工作的主要导火

---

① 对"皮书数据库""中宏数据库""国家哲学社会科学学术期刊数据库"的数据采集显示，针对环境危机事件的研究报告一般截止于2014年。

② 高云微：《中国环境问题研究的进路与议题——基于1998—2012年CNKI、CSSCI核心文献观察》，载谢耘耕、陈虹主编：《新媒体与社会》（第六辑），社会科学文献出版社2013年版，第45页。

索之一的大背景下，学界开始将环境问题与危机事件结合起来考量。关注环境问题引发的危机事件的文章主要关键词有三个："环境危机事件""环境群体性事件""突发环境事件"。在2006年之后，三方面研究文章都呈持续增长的趋势，其中以"环境群体性事件"为关键词的文章呈现陡然增长的趋势，一直持续到2013年，这与2006—2013年因环境问题引发的群体性事件出现井喷相符合。

综合来说，目前对环境事件所导致危机的研究成果已经非常丰富，但仍存在两个值得再探讨的地方：

第一，现有的针对"环境问题""环境危机事件""突发环境事件"的研究，范围仍然很狭窄，关注的重点仍在已经成为爆发状态的"群体性事件"。这忽视了两个问题：一是环境问题引发的危机越来越不止于群体性事件，有些并没有爆发群体性事件，但造成比较大的负面影响，引发对政府的不信任与不满；二是环境问题需要区别对待，有相当一部分环境问题属于慢发酵，从开始显露危机到引发群体性事件，还有相当长一个过程。

斯梅尔塞（Neil Joseph Smelser）的"价值累加理论"[1]对这种发酵有很好的论述，他认为，只有在以下六个因素不断累加影响下，才会导致集体行为的发生：结构性助因、结构性紧张、一般化信念、促发性因素、行动动员、社会控制。六种因素在集体行为的不同阶段发挥不同功能，当集体行为一旦形成并趋向严重时，国家的社会控制力量就会介入，以控制集体行为的进一步扩散，若控制得当，集体行为可能停止；若控制不当，集体行为反而可能激化和扩大。同样，实践社会学的"过程—事件分析"方法[2]也强调行为主体之间的互动会引起事件的改变，建议应该采取动态的分析方法来分析事件及参与主体间的关系。这两种理论都提示我们，如果只是就群体性事件而讨论，只是研讨群体性事件爆发之后的应对，则忽略了事件发酵的过程，忽略了事件发酵过程中主体间的互动，使得对策的研究比较滞后且不充分，无法从根源上认识和应对危机。

第二，过往的研究虽然也以研究政府应急机制为主，也分别涉及环境立法、司法、经济、网络、信息传播等，其中以"环境危机事件""突发环境事件"为关键词的文章仍最多集中在环境科学与资源利用学科，其次是经济学、法学、政治学与行政管理，而"环境群体性事件"为关键词的文章，则集中在政治学与行政管理

---

[1] 刘勇：《利益差异效能累加：群体冲突的触发根源——以斯梅尔塞的"价值累加理论"为诠释框架》，载《福建论坛（人文社会科学版）》2011年第1期，第150页。

[2] 淡卫军：《"过程—事件分析"之缘起、现状以及前景》，载《社会科学论坛（学术研究卷）》2008年第6期，第50页。

（排位第一）和法学（排位第二），其次是经济类和传播类。^① 但学科间的联动不足，而且其中个案研究占据相当分量，研究呈现碎片化的特点。

因此，本文将研究对象定义为"环境危机事件"，希望一是从整体上包含所有环境问题引发的危机状态，无论它是否引起了群体性事件；二是尽量客观地讨论环境事件引发的危机过程，弱化"群体性事件"这种将主体过于对立的词汇。

二、新时期环境危机事件的新特点

由于现有的研究将危机分析的对象聚焦于"环境引发的群体性事件"，因此其讨论集中于环境群体性事件的特点、成因及应对。总的来说，现有研究中总结环境危机事件的特点为：环境风险异常突出；环境危机事件总量居高不下、类型多、发生区域广；环境危机事件诱因复杂，预警防范难；危机事件危害大、处置难、社会关注度高。这些基本从宏观上把握住了传统环境危机事件的一些既有特点。

近年来，社会环境发生了非常大的变化，新媒体手段的普及、过往危机个案化应对模式的不足、"群体性事件"这种容易将政府和社会进行对立的话语逐渐式微等，对环境危机事件及其研究造成新的影响。另外，环保督察方案实施以来，环境事件带来的舆情危机又有了新的特点，开始检讨环保力度与居民生活、环保与经济发展的关系。适时总结这些新的特点，对于我们把握危机的应对很有必要。有鉴于此，本文在现有研究的基础上，基于上海交通大学舆情研究实验室数据库中 2010、2011、2012 三年"中国环境问题类舆情"报告及《2013 年中国公共卫生类舆情事件报告》为数据来源，并结合十八大以来环保相关热点事件的新趋势，分析当前环境危机事件出现的新特点。

1. 新媒体时代，环境舆情呈现全媒体传播特征

近年来新媒体在一些群体性事件中的表现说明，随着网络技术的成熟、使用难度的降低，新媒体越来越成为民众表达利益的新途径和进行利益博弈的新平台，成为公共危机事件扩散的重要渠道。根据上海交通大学舆情研究实验室数据库中 2010、2011、2012 三年"中国环境问题类舆情"报告给出的数据，2010—2012 年影响较大的环境舆情事件首曝媒介占比分布（图 1）显示，新媒体所占比重为

---

① 这是在中国知网上，用"环境危机事件""环境群体性事件""突发环境事件"这三个关键词检索 2000 年到 2014 年的文章作来源排列得出的结果。

58%，占比超过半数。2013 年，环境舆情事件中新媒体的首曝率更是达到 80.7%。① 在我国转型社会体制性利益表达管道尚不完备的条件下，新媒体在公众参与过程中扮演着动员者和组织者的角色，使个体感知到的风险快速问题化、公共化，而参与者亦借助新媒体平台缔结行动的外部社会支援网络②，使得环境危机事件通过新媒体迅速扩散构成舆情危机。

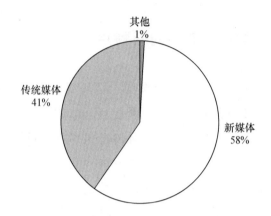

图 1　2010—2012 年影响较大的环境舆情事件首曝媒介占比分布
资料来源：何筱媛等：《2012 年环境舆情年度报告》，载谢耘耕主编：《中国社会舆情与危机管理报告（2013）》，社会科学文献出版社 2013 年版，第 51 页。

新媒体传播导致舆情危机的特点有：

第一，主体多元、手段便利。随着微信等更多新媒体的出现以及新媒体自身的改良和发展，网络动员平台呈现出比以往更多元化的特点，参与者可以通过微信、QQ 群、微博、各大论坛、人人网、豆瓣、本地网站、电子邮件等多种互联网媒介工具进行网络动员，而美拍、抖音以及各直播平台更提供即时声音图像传播。这些通信工具都具有群聊的功能，也具有信息的转载和转发功能，在事件发生过程中，不少信息通过这些通信工具逐渐扩散，并将网络动员深入到现实生活中的社交群体。③ 手机终端的搭载也使得传播手段更为便利，由于手机终端具有极强的机动性，使得公众参与或进行网络动员成为随时随地都可以发生的事情，手机终端扩散舆情有巨大潜力。

---

① 上海交通大学舆情研究实验室：《2013 年中国公共卫生类舆情事件报告》，载谢耘耕主编：《中国社会舆情与危机管理报告（2014）》，社会科学文献出版社 2014 年版，第 139 页。
② 尹瑛：《冲突性环境事件中公众参与的新媒体实践——对北京六里屯和广州番禺居民反建垃圾焚烧厂事件的比较分析》，载《浙江传媒学院学报》2011 年第 6 期，第 32 页。
③ 何筱媛等：《2012 年环境舆情年度报告》，载谢耘耕主编：《中国社会舆情与危机管理报告（2013）》，社会科学文献出版社 2013 年版，第 51 页。

第二，传播方式多、速度快。2012年环境舆情调查的数据显示，网络新闻、论坛社区、微博等成为舆情传播的重要方式（图2）。2013年所有环境舆情事件中均有微博的参与。其中，微博和论坛的平台均有多种。从已知各个微博的影响力来看，新浪微博达到100%；腾讯微博为98.3%；搜狐微博为94.8%；人民微博为93.1%；网易微博为87.9%。① 从微博的时效性来看，2011—2013年的环境舆情事件由微博首曝与事件发生的时间差大多在半天以内，2013年有50.0%的环境舆情事件从事发到微博曝光的时间差在半天以内，微博首发与事件曝光的时间差有79.3%也在半天以内。② 也就是说，一起环境事件发生的一天之内，就会经由微博传播扩散至全社会。

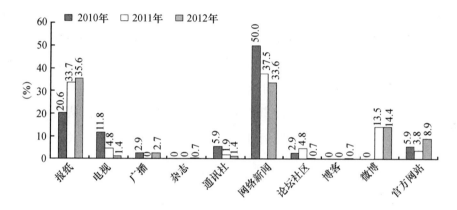

图2 2010—2012年影响较大的环境舆情事件首曝媒介占比分布图
资料来源：何筱媛等：《2012年环境舆情年度报告》，载谢耘耕主编：《中国社会舆情与危机管理报告（2013）》，社会科学文献出版社2013年版，第51页。

第三，波及面广、扩散效应大、动员能力强。随着智能手机和手机互联网络的发展，手机网民的数量逐年增加。2014年，中国已有400多万家网站、13亿手机用户、6亿多网民；截至2014年6月，移动端已成为中国互联网的第一大入口。③ 这极大扩展了环境舆情危机可以波及的人群数量。情感是网络动员方式中主要的动员方式，并采用信息铺天盖地转发、"轰炸式""刷屏式"的扩散方式，两者结合大大增强了新媒体的动员能力。在环境类舆情事件的网络动员中，由于环境涉及广大公众的利益，所以更容易引发公众情感上的认同和共鸣。

---

① 上海交通大学舆情研究实验室：《2013年中国公共卫生类舆情事件报告》，载谢耘耕主编：《中国社会舆情与危机管理报告（2014）》，社会科学文献出版社2014年版，第133页。
② 同上。
③ 《国家网信办：预计今年中国智能手机用户将超5亿》，http://news.cnfol.com/it/20150313/20309186.shtml，2018年10月19日访问。

总之，新媒体对危机的传播具有主体多元、手段便利、传播方式多、速度快、波及面广、扩散效应大、动员能力强等特点，与网络时代信息传播的互动性与及时性、海量性与多元化、个体性与多媒体化不谋而合，让相对静态的"问题情境—危机处置"模式不堪为用，网络背景对于复杂化公共危机的展演特征起到了至关重要的作用，公共危机的突发性与紧急性、不确定性与易变性、快速性与不可控性，以及危害性与破坏性等特征更为明显。

2. 环境事件关注度持续高热，议题趋向多元化

环境事件类型既包含大型灾害事件，也包含环境污染和安全生产事故事件，但其中比较容易引发舆情和群体性事件的多为污染事件。分析 2004—2017 年全国范围内环境事件的数据（图3）可以看到，污染事件在全国环境类事件中的占比总体不高，峰值是在 2005—2006 年，此后污染事件占环境事件的比重持续下降，但污染事件的总量自 2013 年以来没有明显下降，近 5 年来基本持平。污染事件仍然存在，人们对环保意识的不断增强，加上十八大以来，中央对环保的要求一再提高，环保督促力度一再加大，使得环境事件关注度仍然高热。然而，从关注的议题来看，2013 年前后环境事件关注议题有比较大的区别，2013 年之后关注的环境事件议题趋向多元。

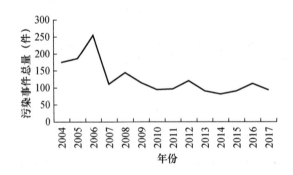

图 3　2004—2017 年污染事件在环境事件总量中的占比分析
资料来源：李生才等：《国内环境事件》（季度统计报告），载《安全与环境学报》2004—2017年的数据资料，最后由笔者进行了汇总分析。

2006—2013 年，在群体性事件加速增加的背景下，环境危机事件研究倾向于关注具有暴力性，尤其是已经造成重大公共安全危机和舆情危机的事件，但总体趋势是从单一灾害类事件向多议题转变。以上海交通大学舆情研究实验室在 2010—2013 年有关环境舆情年度报告为例：《2010 年中国突发事件危机管理总报告》中当年重大公共危机事件集中在环境事件，分为两大类：一是突发自然灾害；二是突发公共安全危机。①《2011年中国环境舆情年度报告》突出"因环境污染引起的群体性事件在2009—2011年急速增加，2011年达到顶点"②。《2012年环境舆情年度报告》指出，"2012年环境舆情事件高发，涉及地区更为广泛，环境污染、灾害事故、环境政策、新建和在建项目、环保活动等事件不断进入公众视野"，并在事件类型中指出："环境污染问题突出，工业污染为主因；灾害事故类舆情占比逐年下降，环境政策类舆情比重骤增。"③《2013年中国公共卫生类舆情事件报告》则将2011—2013年3000多起网络舆情热点事件作为基础数据，指出："公共卫生类舆情事件共计547起，其中环境类舆情事件244起，食品安全类舆情事件183起，医疗类舆情事件120起。"④ 我们可以发现，这四年报告的关注点，从事件类型上看，已经从最开始的重大灾害类环境事件，扩散为重大灾害及工业污染类环境事件，又进一步扩散为包含环境类、食品安全类、医疗类等公共卫生类事件；从议题类型上看，已经从单一的灾害应对，扩展到环境污染、灾害事故、环境政策、新建和在建项目、环保活动等事件；从关注的主体上看，也已经从单一给政府作政策分析建议，扩展到突出关注公众多方参与。

2013年之后，随着党和政府高度重视环境问题，各级政府及各部门加大力度出台环保政策，"河长制""街巷管家"等环保和民生相关措施不断落实，环境事件导致的群体性事件骤然降低，危机引发的关注度开始降低。以2016年8、9、10月的全国舆情数据⑤为例，三个月内舆情事件一共为305起，直接涉及生态环境的舆情事件为2起，并且扩散程度不高。

近5年来，环境事件的媒体报道自由度加大，媒体对事件的报道逐渐走向理性化，批评性报道也有所增加，环境政策类舆情比重持续加大。具体来说，侧重于关注环境污染、环境破坏事件的整体过程，关注环境背后政府与企业、企业与民众、民众与政府之间的利益冲突，关注污染灾害、应急策略、处罚措施、政策机制、法律出台等一系列问题，同时还涉及信息公开、执政理念、经济发展、文化教育的各

---

① 文学国、范正青、刘文：《2010年中国突发事件危机管理总报告》，载文学国、范正青主编：《中国危机管理报告（2011）》，社会科学文献出版社2011年版，第4页。
② 万旋傲等：《2011年中国环境舆情年度报告》，载谢耘耕主编：《中国社会舆情与危机管理报告（2012）》，社会科学文献出版社2012年版，第89—109页。
③ 何筱媛等：《2012年环境舆情年度报告》，载谢耘耕主编：《中国社会舆情与危机管理报告（2013）》，社会科学文献出版社2013年版，第43—72页。
④ 上海交通大学舆情研究实验室：《2013年中国公共卫生类舆情事件报告》，载谢耘耕主编：《中国社会舆情与危机管理报告（2014）》，社会科学文献出版社2014年版，第136页。
⑤ 数据来源：博约科技：《全国舆情分析》，载《决策》2016年9—11期。

个领域。以 2017 年第 4 季度为例，涉及环境事件舆情规模最大的一次是京津冀农村的"煤改气""煤改电"工程，不同于以往对蓝天占主导性的讨论，"气荒""河北农村入冬取暖""环保政策对民生影响""环保对当地经济发展影响"等更多元议题被广泛讨论。

随着环保标准在政府决策和考核中所占比重的提高、环保政策的不断完善以及产业加快转型带来的环保福利，环境事件的关注度仍将持续高热，但是议题由对抗性、暴力性的环境群体性事件危机，开始向环境与民生、环境与经济、环境政策的完善等方面多元扩散。

3. "邻避效应"衍生"奈避效应"，社会协商机制难以推进

"邻避"（NIMBY）是环境学专业术语，创始人是 1987—1989 年担任英国环境事务大臣的保守党人尼古拉斯·雷德利（Nicholas Ridley）男爵。"NIMBY"一词原文为"Not in My Backyard"（中文直译为"不要建在我家后院"），是指任何人都不愿意将可能对自己造成危害的设施建在自己周边的一种心态。"邻避"一词后来被媒体和学界广泛使用，用来描述在现代化与城市化进程中，许多集体消费的必要公共设施与非集体消费的生产设施均面临因设施的外部性扩散，进而引起设施周边居民的反对与抗争，即邻避冲突。① 西方学者从 20 世纪 70 年代开始，从政治学、社会学等方面对邻避冲突进行了大量研究。20 世纪 80 年代，我国台湾地区的学者开始针对台湾地区的邻避现象进行理论探讨。② 近年来，我国大陆地区关于邻避冲突的研究开始增多，并且由质性研究扩展到案例研究。

有学者将我国邻避运动出现的标志性事件定为 2005 年 4 月 10 日的浙江东阳事件，当地居民因为反对化工厂的兴建而爆发了大规模抗争运动。③ 2013 年 5 月，北京举办了首届"邻避运动案例研讨会"。部分邻避运动案例撰写者、部分案例当事人、相关学者以及一些环保志愿者出席了研讨会。会议透露的信息表明，我国已经全面进入邻避运动时代，整个社会都应当开始讨论如何应对邻避运动，以让公众参与环境保护的意识成为保护环境的有效力量。除浙江东阳事件外，典型的邻避冲突还有 2012 年启东、什邡和广州南德的三起反新建项目的事件。④ 这三个典型的邻避

---

① 谭鸿仁、王俊隆：《邻避与风险社会：新店安坑掩埋场设置的个案分析》，载《地理研究》2005 年第 4 期。
② 邓君韬：《"邻避运动"视野下 PX 项目事件审视》，载《湖南社会科学》2013 年第 5 期，第 85—88 页。
③ 王奎明、于文广、谭新雨：《"中国式"邻避运动影响因素探析》，载《江淮论坛》2013 年第 3 期，第 36—43 页。
④ 万旋傲等：《2011 年中国环境舆情年度报告》，载谢耘耕主编：《中国社会舆情与危机管理报告（2012）》，社会科学文献出版社 2012 年版。

运动，都是由于担心当事企业在当地修建的排污设施会对当地民众生活产生影响，进而通过一系列的社会动员（包括网络动员），整合各方面力量来实质性地表达反对意见，试图阻止项目的开展。这些邻避运动的特点是：（1）案例分散且独立。启东是担心日本王子纸业集团准备在当地修建的排污设施会对当地民众生活产生影响，市民集结造成冲突，最后以政府妥协、项目停建结束事件。什邡是因钼铜项目引起民众质疑，并引发市民集结、冲突，最后以政府妥协、项目停建结束事件。这几起冲突的发生过程相似，但项目本身没有联系，都属于各地区"自家后院的事"。（2）事件没有扩展，同类项目在其他地区尚没有全盘被拒。比如，日本王子纸业集团在广西、广东、江苏、上海等地的基地仍然存在，也没有引起当地大的反对，但上述事件倒逼王子纸业集团从姿态上加强对环保的重视，专门在公司"宪章"中提出了8项"行动指针"，还制定了"环境行动目标2015"。

然而，有一部分环境事件则出现"邻避效应"逐步增加的情况，导致部分邻避运动引起连锁抗拒反应，进而发展为所有地区全盘拒绝，"邻避效应"衍生出"奈避效应"。"奈避效应"（Not in Anybody's Backyard, NIABY），是指一些地区的所有居民都会反对在其社区内进行的可能导致污染的发展计划。比较典型的是 PX 项目事件：早期的 PX 项目事件，如厦门 PX 项目事件、大连 PX 项目事件都属于典型的邻避效应。但随着 PX 项目的整个演化——"厦门 PX—大连 PX—宁波 PX—昆明 PX—成都 PX—九江 PX—茂名 PX"，对 PX 项目本身的争议以及早期 PX 项目反抗模式的示范效应，现在 PX 项目在我国已经引起连锁抗拒反应，民众谈"PX"色变，凡是要建 PX 项目的地方，民众都会集结反对，2015 年福建漳州 PX 化工厂的爆炸，似乎更印证了民众反对 PX 项目的绝对理由。与 PX 项目类似的还有垃圾焚烧厂项目。继上海松江因垃圾焚烧厂项目引发市民反对后，广州花都、浙江余杭，以及上海其他地区相继爆发反建垃圾焚烧厂事件。如今垃圾焚烧厂项目也成了"谈虎色变"的项目，无一不招致预建地区反对。

"奈避效应"促使危机事件出现新的特点，即环境危机事件不再孤立，扩展性极强，凡是同样项目所涉及的地区，都会招致一致性的质疑和抗拒。[①] 随着现有邻避运动模式积累所衍生的"奈避效应"不断扩散，社会协商机制难以推进。这使得"压力型体制"下的地方政府，要么采取临时措施，为了解决危机作出口头承诺，风头过后再作更改（比如什邡钼铜项目的重启）；要么从一开始便收紧权力，不对

---

① 秦静：《环境群体性事件中邻避冲突的产生、发展及应对》，载谢耘耕、陈虹主编：《新媒体与社会》（第六辑），社会科学文献出版社 2013 年版，第 219—230 页。

项目进行公开研讨，抱着"躲避公众眼睛"的侥幸心态，违规操作。这些都会降低政府公信力，导致危机应对的进一步恶性循环，社会协商更加难以进行，甚至诱发更大危机。

4. 国际影响加大形成外部压力，运动式治理累加成"环保风暴"

进入21世纪以来，随着中国在国际上影响力的加大、对外交流的增多，中国国内环境问题也逐渐开始产生国际影响。其中具有标志性的几组案例是"PM 2.5监测入国标"事件和2014年的"北马"和"APEC蓝"事件。

"PM 2.5监测入国标"事件的过程被学者分为三个阶段：潜问题时期、显问题时期、政策化时期。[①] 潜问题时期自20世纪八九十年代始，至2011年9月止。该阶段PM 2.5问题尚未成为社会公共性事件，政府环保部门及科研机构是其关注主体；媒体与公众关注不多。显问题时期为2011年10、11月，此阶段最突出的特征表现为普通公众对PM 2.5表现出空前关注。关注缘起于2011年10月，灰霾天气笼罩北京，官方对此事前事后都未作出解释，民间疑窦丛生。10月22日，地产企业家潘石屹在其微博上发布一张含有美国大使馆北京空气质量自测数据的截图，其中PM 2.5指数达到439，被鉴定为"有毒害"。此后短短两天内，这张截图被转发近五千次，媒体对此也大力报道，"PM 2.5"这个专有名词迅速进入普通公众的视野中。此后环境科研机构、公众及媒体等非政府主体在该问题上迅速达成高度共识，对政府环保机构形成巨大压力，而网络及平面媒体在社会对话网络构建中发挥了关键性作用。在各方博弈下，事件进入政策化时期。2011年11月《环境空气质量标准》修订稿再次征询公众意见，2012年3月1日国务院常务会议通过《环境空气质量标准》修订稿，至3月5日PM 2.5首入两会政府工作报告标志着政策化阶段的完成。

"PM 2.5监测入国标"是国际影响对环境事件产生压力机制的较早案例，当时的影响仍限于间接影响，只是采用了美国大使馆的监测数据。而2014年的"北马"和"APEC蓝"事件，则是国际影响直接引发国内环境政策产生较大变动的典型案例。事件起源于2014年10月的北京国际马拉松，当时因为雾霾，参赛者多佩戴口罩跑步。各式口罩齐上阵，使得媒体关注点全在口罩上，而因为"北马"的国际影响力，"北京雾霾"一下子扩散开来，造成国际负面影响。在紧接着的11月，在北京召开APEC峰会期间，京津冀同步实施道路限行和污染企业停工等措施，以保证

---

① 张雪：《转型期政府环境信息公开动力机制论析———以"PM 2.5监测入国标"事件为例》，载《城市发展研究》2012年第9期，第62页。

空气质量达到良好水平。网友形容当时北京天空的蓝色为"APEC 蓝"。继这次"APEC 蓝"之后，京津冀形成了每逢重要活动必采取应急措施以保障蓝天的行动机制，并逐渐扩散至其他城市。这给环境危机事件带来一个新的特点：国际影响加大形成外部压力，倒逼出应急式环保救济机制。

学者对于这种应急式环保救济的讨论多从"运动式环保"视角展开。毛寿龙教授和周晓丽博士曾就山西和无锡的环保个案展开讨论，认为山西制定的对空气质量改善工作的奖励办法及无锡"水危机"引发的一场严肃查处企业违法排污的"环保风暴"，都可以被称作"运动式、阵风型措施"。① 杨志军和肖贵秀则以"环保专项行动"为切入点，从更广义的政策视角探讨了"运动式治理"。在选取 2003—2015 年"全国环保专项行动"作为运动式治理研究对象进行分类及个案分析后，他们既发现"单个专项行动执行力度越大，运动式治理效果越突出"，也提出对运动式环保专项行动的模式反思，如运动式环保专项行动使得政策客体（环保污染企业）的负作用形象在政策结构中体现出来；运动式环保专项行动遵循的"决策经验主义"，内在逻辑含有渐进理性原则和有限理性策略，任何明显体现突变的决策行为都要被抛弃，采用游击式政策风格，集中力量打一阵，等待时间停一阵，试图用手段的非常规实现结果的常态，建立某种运动式的长效机制；运动式环保专项行动虽然实现了结果形式常态化，但是却没有达到治理效果的确定性，也就是治理长效性。② 总的来看，环境事件的"运动式治理"模式在具体的执行层面不仅导致效率损耗，而且在社会层面无法建立起可持续的动力机制，需要进一步探讨长效治理机制。

三、新时期环境危机事件的挑战及政府应对

党的十八大以来，以习近平同志为核心的党中央高度重视并大力推进生态文明建设，全党全国贯彻绿色发展理念的自觉性和主动性显著增强，忽视生态环境保护的状况明显改变。党的十九大报告把坚持人与自然和谐共生作为基本方略，进一步明确了建设生态文明、建设美丽中国的总体要求。为了着力解决突出环境问题，首先在宏观层面进一步深化改革，提出建设美丽中国发展目标，并完善环境相关法律法规、加大环境立法，推动经济发展方式转变，实现和谐发展，加强服务型政府建

---

① 毛寿龙、周晓丽：《环保：杜绝运动式——以山西和无锡的个案为例》，载《中国改革》2007 年第 9 期，第 65 页。

② 杨志军、肖贵秀：《环保专项行动：基于运动式治理的机制与效应分析》，载《甘肃行政学院学报》2018 年第 1 期，第 67—68 页。

设，实行环境善治；其次在中观层面，改革体制机制，加快污染防治基础制度建设，构建政府为主导、企业为主体、社会组织和公众共同参与的环境治理体系；最后在微观层面，推进现代化治理，构建危机应对科学体系，建立包括环境舆情应对专业化、环境危机事件应对体系规范化等一系列危机应对技术体系，来提高环境危机事件的专业化应对水平。然而，如上文所述，新时期的环境危机事件出现新的特点，因此对政府应对提出了更为严峻的挑战。

其一，在宏观层面，地方政府对于经济发展与环境保护关系厘清不足，导致环境问题"防患"意识缺乏，使得应对停留在"出现问题—解决问题"的传统模式上，同时在环境立法不足的背景下，政府无法可依，应对被动。当大规模网络动员愈演愈烈、舆情危机已经形成时，政府反应时间不够①、应对手段不足、没有可行的解决策略，导致危机恶化，成为继"市场失灵"之后的"政府失灵"，加剧危机事件处理难度。

其二，在中观层面，长效治理机制缺乏，应急式环保救济容易发展成运动式治理，进而引发"环保风暴"，有碍于建立社会协商机制和可持续的环保动力机制。首先，舆情爆炸性飞速扩散使得事件迅速升级，导致公众理性缺失②，政府信息捕捉出现"灯下黑"、回应困难。接着，舆情升级可能导致的群体性事件，会逼迫地方政府在"压力型体制"下迫于舆论压力而放弃客观程序，采取"救火式"对应，甚至取消项目了事。这种善后处置的"悬浮性"，有可能用全盘放弃代替良性的倒逼机制，导致一些迫在眉睫的民生型项目"无处可去"（比如垃圾处理、变电厂等），既不利于倒逼企业负起责任，也没有建立涉环项目的社会协商机制，不能防止"邻避效应"衍生"奈避效应"，无法从根源上消解危机。

其三，在微观层面，现有的个案均呈现出各参与主体主动参与不足、参与协商不足、有效参与不足等特点，导致政府尤其是基层政府成为全盘负责环境事件的唯一主体，加大了基层政府的治理压力，使得环境危机事件的应对更加复杂。虽然目前各级地方政府已经开始构建科学的危机应对体系，但管理构架呈现"耗散式"，

---

① 上海交通大学舆情研究实验室的《2012年环境舆情年度报告》数据显示：在需要主体介入干预的141起环境舆情事件中，87.9%的事件主体都有干预。其中，13.5%的事件主体在事件发生前就进行了干预；其他均为事件发生后干预，其中事发后一天以内就采取干预举措的环境舆情事件比例为27.7%。然而，如前文所述，事发一天之内，事件可能经由微博等新媒体扩散至全社会，已经形成了舆情危机。

② 彭利国、沈念祖：《PX安检》，载《南方周末》2011年11月10日。2011年11月，《南方周末》曾在南方周末官方网站、腾讯、新浪、搜狐等网站上针对"公众PX认知度"进行过一次调研。调查结果显示：有近一半的受访者表示对PX完全不了解；仅有8.0%的受访者知道PX低毒，与汽油、柴油同一级别；而错误地认为PX有剧毒、是高致癌物的比例高达43.7%。

"上面千条线，下面一根针"，各条块部门分头指挥基层，由于权威基础上层级节制无法延展到政府外，一方面，导致基层政府压力重重，疲于应付；另一方面，社会各相关主体深感参与不足。

基于此，为了进一步健全和巩固环境危机事件应对的体制机制建设，实现美丽中国的发展目标，作为在环境治理中承担主导职责的政府，需要及时把握新时期环境危机事件的新特点，探讨完善政府应对策略。

1. 宏观层面：平衡经济发展与环境保护的关系

环境保护与发展之间的关系，短期内可能是负相关关系，但长期来看却是正相关关系。正是这种交叉关系，使得在发展的前一阶段，一些地方政府为了短期发展利益而牺牲环境。目前，党中央已经确立美丽中国发展目标，将环境保护与发展置于同等重要的位置。然而，在国家治理战略层面上，环境保护在治理战略的排序上仍位次稍低。十八大以来，中央成立各重要工作领导小组作为党中央决策议事协调机构，主要负责相关领域重大工作的顶层设计、总体布局、统筹协调、整体推进、督促落实。但是，迄今没有建立中央环境治理工作领导小组，仅有的每年一度召开的"全国环境保护工作会议"也只是由环保部组织，并且至今仍未制定《国家环境保护督察条例》，而是使用《环境保护督察方案（试行）》，说明环境治理国家战略还只是部门行为。打造"绿水青山"、建设"美丽中国"、实现生态现代化被放在 2035 年到 21 世纪中叶建成社会主义现代化强国的长期规划中，也让位于现阶段更为重要的全面建成小康社会和全面从严治党等战略，这种排序位次上的差异使得生态文明建设效果不能马上看到。[①]

因此，下一阶段需要进一步探讨平衡经济发展与环境保护的关系。经济发展和环保之间的关系实质上是短期利益和长远利益的关系。我国正在转变经济发展方式，由高能耗产业向技术创新产业转变，要明确先发展后治理的道路已经不再适用，如果环境资源得不到保护，经济发展便无法健康持续，促使经济发展和环境保护协同发展的任务刻不容缓。[②] 通过推进经济增长与环境保护协同发展，才能优化经济和环保的关系，实现经济增长与环境保护的和谐发展。

2. 中观层面：完善协商民主制度并建立环保行动长效机制

部分涉环项目由于产生"奈避效应"，民众谈项目色变，导致一些迫在眉睫的

---

① 杨志军、肖贵秀：《环保专项行动：基于运动式治理的机制与效应分析》，载《甘肃行政学院学报》2018 年第 1 期，第 69 页。

② 李豫新、程谢君：《经济增长与环境保护协同演进关系探究》，载《林业经济》2017 年第 3 期，第 66 页。

民生项目"无处可去"的"零和博弈"结局，反映出我们在环境事件上参与主体间对话协商路径严重不足。为防止"邻避效应"衍生"奈避效应"，迫切需要拓宽协商渠道，探索完善涉环项目的社会协商机制。党的十九大报告提出，协商民主是实现党的领导的重要方式，是我国社会主义民主政治的特有形式和独特优势。要推动协商民主广泛、多层、制度化发展，要加强协商民主制度建设，形成完整的制度程序和参与实践。重大环境项目应加强协商民主制度的应用，通过媒体宣传、及时回应、问卷调查、专家论证、第三方参与监督、听证会、圆桌会议、市民对话等形式充分协商，做到信息公开、程序透明、多元协商、监督完善，达到利益主体"多方共赢"局面。

同时，还应探讨建立环保行动长效机制。运动式环保专项行动反映出中央和地方之间治理互动过程，中央政府更多扮演激励地方政府的引导者角色，地方政府则担当追求绩效的行动者角色，同时地方政府之间还存在利益博弈。在中央与地方关系层面，"绿色GDP"考核试图解决激励机制目标校正问题，然而经济、政治、文化、社会和生态文明建设"五位一体"格局形成一种"多重目标下的任务驱动"模式，造成地方政府角色模糊和职能扭曲，地方逐渐丧失动力机制，形成单向的行为模式，即履行其受托责任，上面的行动方案是什么，本级政府就怎么干，依葫芦画瓢，各地方没有差异。于是，运动式环保专项行动虽然实现了结果形式常态化，但是却没有达到治理效果的确定性，缺乏治理长效性。因此，要进一步探讨中央与地方环保行动互动机制、地方与地方环保协同机制，一方面达到中央与地方统一的环保与经济协同发展的目标，另一方面鼓励地方积极探索在社会层面建立起可持续的动力机制，并在区域间形成产业协同、环保协同的联动机制，以形成环保行动长效机制。

3. 微观层面：构建基层多元主体共同参与的协同治理格局

党的十九大报告提出，社会治理要打造共建共治共享的社会治理格局，要完善党委领导、政府负责、社会协同、公众参与、法治保障的社会治理体制，提高社会治理社会化、法治化、智能化、专业化水平。环境危机事件多发于基层，基层处于事件最前沿，因此在面对环境事件时，最重要的就是抓住时机、立足基层。具体到基层的公共危机应对，有学者表示担忧，认为在公共危机的应对上，由于"权威基础上层级节制无法延展到政府外；治理主体多元性的前提是价值取向与合法性基础；分权基础上的自愿互动模式将面临'集体行动困境'或'囚徒困境'，分散利益会驱使交易成本高昂"① 这三个因素的制约，危机应对的多元主体之间缺乏协调性，各自为政。这就对基层环境危机事件应对提出了两方面要求：一方面，我们需要引入多元主体共同参与，实现政府治理和社会调节、居民自治良性互动；另一方面，仍需要不断总结基层案例经验，探索完善基层社会协同治理的具体路径。

党的十八届三中全会通过了《中共中央关于全面深化改革若干重大问题的决定》，提出"推进国家治理体系和治理能力现代化"，推进基层治理现代化是实现国家治理现代化的基础工程。而多元社会力量参与公共治理活动，改变了我国政府传统的社会治理的理念和方法，加速以政府为主导的、多种社会主体参与的公共治理模式的制度变迁，是进一步推动治理体系和治理能力现代化的积极探索。

基层治理的多元主义，既承认政府治理的正当性，认为政府在治理社会的多种力量中处于核心位置，又强调政府、企业及公民社会的协调互动。其提倡服务理念，强调建立有效的渠道，将市场和竞争机制引入公共事务治理；致力于设计民主、开放的公共组织，强调公私部门间的对话、参与及合作；注重发挥公民及企业在发现问题、提供信息、影响决策等方面的作用。在多元主义的治理模式下，政府和其他社会治理主体之间不是冲突关系，而是合作伙伴关系。具体来说，一是通过两者的合作，将其他社会治理主体引导到公共事务治理方面，利用市场经济的"竞争原则"和"效率原则"，改善并提高公共服务的质量和效率；二是通过两者的合作，删减和终止政府的某些职能和业务，缩小和减少政府活动的范围，既为政府减负，也将部分应该由社会承担的事项交由社会去办，从而焕发社会的活力。因此，将环境危机事件处理的重心落在基层，引入多元主体共同参与基层社会协同治理，就是实现多元社会主体与政府之间的资源整合、协调互动、合作治理，最终实现政府治理和社会调节、居民自治良性互动。

---

① 夏志强：《公共危机治理多元主体的功能耦合机制探析》，载《中国行政管理》2009 年第 5 期，第 124 页。

自媒体时代突发事件网络舆论的政府引导困境及其破解

夏荣宇*

摘　要：随着网络信息技术的不断创新与发展，自媒体时代已经悄然拉开了序幕。在自媒体的时代背景下，突发事件的发生及其在网络中形成的舆论走势和演化都有着新的特征。对于突发事件的应对和处理，不仅要体现在针对事件本身的处理上，更要体现在对其引发网络舆论的应对和引导上。本文以两起突发事件为案例，以危机生命周期为视角，比较和分析在突发事件发生后，政府对网络舆论的引导措施及其效果，由此探讨政府在自媒体时代的网络舆论引导困境。在此基础之上，提出了政府对于自媒体时代网络舆论引导的优化对策。

关键词：自媒体；突发事件；网络舆论；政府引导

一、问题的提出

网络舆论的研究滥觞于舆论研究。早在19世纪，就有学者对社会舆论展开了研究。法国学者塔尔德就是该研究领域的先驱，他在1899年完成的著作《社会舆论与公众》，系统地探讨了社会舆论与社会民众的相互作用与影响，开拓了新的研究领域。之后，美国著名的政论家和专栏作家沃尔特·李普曼早期的著作《舆论学》更是新闻传播学的奠基作品。李普曼指出，在世界的广阔性与人类认知有限性的双重影响下，人类需要用外界的信息弥补认知上的空缺。因此，人类实质意义上

---

* 夏荣宇，南京大学政府管理学院博士研究生。主要研究领域：社会风险与公共危机管理。

的生活环境是一种由已经被认知的环境与外界提供的信息环境所组合而成的"假环境"。① 而舆论在这种环境中，有着举足轻重的地位。在国外，法律并没有给予政府控制舆论的权力，因此，如果政府想进行议程设置和政治宣传，最好的办法是和媒体进行合作。萨维尼·希瑟认为，网络舆论可以为政党所利用，引导选民形成新的选举意见。②

国内学界对于网络舆论的研究兴起于2000年，在中国知网以"网络舆论"为关键词进行搜索，2000年之前，以网络舆论为研究对象的文章较少，并且大多与网络舆论无较强关联。2000年之后，有关网络舆论的研究迅速增多，针对性也明显增强，网络舆论逐渐成为学界研究的一个热点问题。但受到技术等因素的限制，国内对于网络舆论的研究还处于探索阶段。我国有学者认为网络舆论是随着网络媒体的兴起而出现的一种新型话语权表达形式，由于网络的发展在我国尚且处于一个起步阶段，但网络所蕴含的发展潜力与研究价值已经被学界所发现，因此，对于网络舆论的研究虽然开始的时间较晚，但在学界众多学者的努力下，已经取得了很多颇有价值的研究成果。

网络舆论在自媒体时代更具有复杂性，在当前这个信息泛滥的社会背景下，更需要合理引导。关于网络舆论引导的对策性研究相当之多，彭鹏提出，网络舆论的引导工作应当在宏观与微观两个层面开展。不仅要加强网络领域的立法工作，更要重视网络把关人对于网络舆论的调控作用。③ 谢金林认为网络舆论的引导要建立在政府与社会民众能够形成意见共识的基础之上。④ 关梅则认为，在实施引导的过程中应当辅以控制性的手段，将二者有机结合才能发挥出网络舆论引导真正的效用。⑤ 肖文涛、范达超认为对网络舆论的引导在制度层面和法律层面都要进行，应当不断完善相关的制度建设，从源头处减少网络舆情事件的发生，加之必要的法律监督手段。⑥

自媒体时代悄然到来，使网络中一种迥异于传统的新型舆论形式——网络舆论开始兴起。网络社会所有的虚拟性、隐匿性与高容纳性使得网络舆论的内容更加直观与多元。自媒体时代是一个人人都可以制造舆论的时代，这些多元且复杂的网络

---

① 〔美〕沃尔特·李普曼：《舆论学》，林珊译，华夏出版社1989年版，第3页。
② Savigny Heather, Public Opinion, Political Communication and the Internet, *Politics*, Vol. 22, 2002, p. 7.
③ 彭鹏：《网络舆论的功能和调控策略》，载《南京政治学院学报》2005年第3期，第117页。
④ 谢金林：《政府要有效引导网络舆论》，载《理论探索》2010年第2期，第119页。
⑤ 关梅：《网络舆论的社会意义及其引导策略探析》，载《东南传播》2009年第9期，第65页。
⑥ 肖文涛、范达超：《网络舆情事件的引导策略探究》，载《中国行政管理》2011年第12期，第27页。

舆论的背后隐藏着社会民众多元的价值形态以及诸多的利益诉求。特别是在突发事件发生后，网络舆论所表现出的价值色彩和发展态势都愈加复杂。因此，如何了解网络舆论中所蕴含的深层信息以及对网络舆论进行有效的引导是当前社会治理的重要挑战之一。

二、案例的引入及分析——基于危机生命周期的视角

本文的案例选取了两起社会影响较大的突发事件，一起是发生在2015年8月12日的天津港的爆炸事故，另一起是发生在2016年1月5日的宁夏银川公交纵火案件。在两起事件中，政府对于突发事件的网络舆论应对产生了不同的效果与社会影响。

（一）天津港爆炸事故网络舆论演化

天津港的一声巨响震动全国，也使网络上的舆论彻底沸腾。当前是以自媒体为代表的网络时代，网民在网络上享有高度的话语表达权，所以事故一经发生，网络舆论便不断产生和分化。

1. 危机酝酿期

2015年8月12日22时56分，新浪微博用户"Rainy_邓"发布关于爆炸事故的第一条微博"开放区惊现大火，又瞬间熄灭了。什么情况"。该消息发布后的短短30分钟内就得到了网友的关注与回应。随后，另外一位微博用户"小寶最爱昱昱"上传了内容为"重大火灾，爆炸声跟打雷一样！"的微博，并附带了一段爆炸的视频。[①] 随后，在微博及微信朋友圈上大量网民开始上传爆炸的视频，对爆炸事故进行实时报道。在这一时间段内，新浪微博出现多个相关的热门话题，其中，由新浪微博用户"@新浪天津"主持的话题#天津塘沽大爆炸#的阅读量达到4.7亿，讨论数达到126.5万。从13日开始，网络舆论中除了对于天津的祈福祝愿之外，开始产生了对于爆炸区有毒化学物质扩散的恐慌和对政府的质疑。敏感的议题开始出现。

2. 危机爆发期

事故发生的初期，网民只是简单地通过自媒体对事故的进程进行了播报。但随

---

① 曹佳艺：《"天津港8·12爆炸事故"网络舆情危机研究》，郑州大学2016年硕士论文，第11页。

着事态发展，大量带有主观色彩的网络舆论开始在微博、微信、博客等自媒体平台上衍生。除了为受灾地区祈福类的舆论，网民主要的关注点有两个：一是事故发生地及周边地区的环境问题；二是前去救援的消防人员的安全问题。第一，此次事故是危化品发生爆炸引起，所有爆炸之后危化品残留物是否会影响事故发生地及周边地区的环境，是人们首要关心的事情。在事故发生后，政府对于该问题基本处于"失声"状态，没有发布权威的信息。一时之间，网络谣言充斥着整个网络。第二，在发生事故后，虽然当地政府已经派遣大量消防官兵前往天津港进行各项救援工作，但由于事故过于严重，使多名消防官兵因公殉职。从而，引起网上对于政府的质疑。至此，自媒体平台上的各种舆论场逐渐形成了一股舆论风暴，席卷整个网络社会。

3. 危机扩散期

天津港爆炸事故事发突然，猝不及防，但当人们从震惊中回过神来，便开始溯因追责，而当地政府则首当其冲。纵观事故的发展过程，在事故的发生初期，政府除了以官方媒体的形式对事故做了简单的报道之外，并无权威的分析数据发布，不能满足群众的信息需求。当地政府在初时的"失声"后，又在前几次的爆炸事故新闻发布会上引发了次生的舆情危机。在新闻发布会上，对于记者所提的疑问大多以"不了解""不清楚""需要再问清情况""不在我的职责范围内"等回避、推卸式回答应对，一度中断新闻发布会直播进程。对于相关焦点信息的回避和关键人物的不断缺席造成公众质疑声四起，各种谣言滋生。[①] 在这种情况下，自媒体平台上也出现了两种声音：一种是对网络消极言论的抵制，不仅积极就相关的消极言论作出积极的回应，还发布了政府相关部门对于事故的救援信息予以佐证；另一种则主要是对政府的质疑，综合民众的质疑之声对政府施压发问，更有一些自媒体为博取关注度和点击率故意造谣、传谣，对政府形象造成严重损害。自媒体的出现，放大了网络中的各种声音，使本次事故的舆情危机在爆发之后持续发酵，并呈波浪趋势出现新的舆情危机，网络舆论危机迎来新的高潮。

4. 危机恢复期

网络舆论有着自我消亡的特性，在天津市政府认识到行为的不足之后，对事故发生的各方面信息展开了详细的调查，并及时调整了应对舆论的策略，在后几场发布会上十分明确地回应了记者及群众所关心的问题，不再有次生舆情的产生。在政

---

① 左芬：《突发事件网络舆情的负面效应及其应对研究——以天津港"8·12"爆炸事件为例》，湖南师范大学 2016 年硕士论文，第 25 页。

府部门出台了调查组关于事故详细的调查报告，并处理了相关责任人以及实施后续的抚恤工作后，网络上对于爆炸事故的相关讨论逐渐淡化，并随着新话题的诞生而逐渐消亡，天津爆炸事件也慢慢淡出了人们的视野。

（二）宁夏银川公交纵火案件

2016年1月5日7时许，银川市公交公司301路公交车由贺兰县天骏花园开往银川火车站途中，在109国道金盛国际家居广场门口突然发生火灾。

1. 危机酝酿期

2016年1月5日，一条微博打破了银川市的宁静，上午7点10分，用户名为"手机用户1992907111"的微博用户在微博上首先发文："特大消息：银川301公交在贺兰109国道着火，死伤不明……！！！"[①] 这是该案件在网络上的第一条相关信息，也预示着舆情的开始。上午9点过后，关于案件的信息在网络中快速蔓延，这表明案件已经逐渐引起了社会的关注。大量网民在微博中转发关于案件的各种情况，但此时还没有任何官方的权威信息出现在网络中。民众对于真相的渴求与官方权威信息的匮乏引发了一些民众对于政府的质疑和不满，网络舆论危机的萌芽开始出现。

2. 危机爆发期

在网民发出需要官方全面、权威信息的呼声后，政府迅速作出回应，但官方发布的信息也只是对案情作了一个简单的汇报，除了提供受伤人数以外，相比较之前网民通过自媒体发布的案件信息并没有更多的补充。官方虽然发声及时，体现出对于网络舆论的重视，但仍未能解民众信息之渴。政府部门虽然发布了关于案件的基本信息，但未对案件定性，此次案件到底是车辆故障自燃、恶性犯罪事件还是恐怖袭击事件引发了媒体报道的井喷，公众对于案件的性质存在诸多质疑。而谣言也在网络中悄然出现，有关纵火案件的网络舆情逐渐升温，舆论危机逐渐形成。

3. 危机扩散期

案件的定性问题引发了网络舆论的热潮，政府在舆论格局产生变化后也迅速采

---

① 《银川公交纵火案舆情分析报告》，https://mp.weixin.qq.com/s?__biz=MjM5OTM0MzI2MQ==&mid=403394486&idx=1&sn=25d0e338716ec1657692eeffc8afbd37&mpshare=1&scene=1&srcid=1017Hn60lzfSrUFDiKAgs3Gr#rd，2018年6月20日访问。

取了应对措施，首先，当地政府部门利用官方媒体"@银川发布"，以连续滚动的形式对事态发展、人员救治、案件侦查、官方善后的方式等各种信息以及进程进行系统的播报，从而使政府成为案件权威的信息源。其次，政府部门及时对案件进行定性，宁夏是民族自治区，社会环境较为复杂，因此，政府部门对于网络舆论更加重视，在1月5日15时，当地政府就召开了新闻发布会，对案件性质作出定义，并向民众提供了案件的详细信息，稳定了民族关系。再次，政府加强了对于网络谣言的治理，案件发生后，网络上任何与案件相关的信息都可能成为敏感信息，引发舆论热潮。所以，当地政府部门在网络谣言刚产生时就迅速回应并辟谣，及时纠正、引导网络杂音。最后，信息的更新有赖于事实的进展，在案件发生后，当地警方的迅速破案不仅稳定了民心，也为民众提供了更多的可靠信息。同时，当地政府也以实际行动让社会民众再次相信政府的工作能力，使民众不会因为部分行为失当而全盘否定政府的工作，避免了陷入"塔西佗陷阱"的困境。

4. 危机恢复期

在当地政府有效的舆论应对与引导措施下，由纵火案所引发的网络舆论态势整体回归平稳，网民、各大媒体也理性发表言论，净化网络中过于偏激的声音。政府部门对于舆情的处理和媒体及理性网民对于网络的自觉净化引导了网络理性的整体回归。在政府部门对案件作出最后处理后，网络上并无二次舆情生成，有关纵火案件的舆论渐渐消失于网络。

三、政府网络舆论引导效果的比较

在上文所引两起突发事件中，政府部门虽然在网络舆论危机中作出了相应的舆论应对与引导措施，但取得的效果却各不相同。政府对网络舆论的引导效果主要体现在，政府对网络舆论危机作出引导措施后是否有次生舆情的产生，还是使网络舆论危机逐渐平复，进而平稳过渡到恢复期。

（一）新闻发布会的效果比较

天津港爆炸事故发生后，政府部门一共召开了十四场新闻发布会，但前五场新闻发布会效果都十分一般，不仅没有发挥稳定民心，引导舆论的作用，反而引发了次生的舆情危机。（见表1）

表 1　天津港爆炸事故新闻发布会政府回应效果

发布会	是否准时	正向回应	次生舆情	出席发布会人员
第一次（13日下午4点30分）	是	1. 公布安置情况 2. 公布环境监测情况，公布刺激性气味来源	1. 分管安全副市长未出席、安监部门未有官员出席 2. 危险品爆炸物居民区距离"还是蛮远的"（张勇） 3. 有没有氰化物未回应 4. 具体起火爆炸原因不清楚 5. 经济损失未回应 6. 发布会直播至记者提问环节中断	天津市滨海新区区长张勇 天津市公安消防局局长周天 天津市卫计委主任王建存 天津市环保局局长温武瑞
第二次（14日上午10点）	延迟10分钟	1. 通报伤亡情况，一名幸存者获救 2. 首次通报救援中爆炸情况 3. 通报环境情况	1. 中转仓库，无法给出危险品详细信息 2. 消防具体处置方法目前不清楚 3. 安全评估报告需向交通部门沟通 4. 发布会直播至记者提问环节中断 5. 发布会结束时，现场多名记者大喊："只峰是谁？"	天津市委宣传部副部长、市政府新闻办主任龚建生 天津市公安消防局局长周天 天津市卫计委主任王建存 天津市安监局副局长高怀友 南开大学环境科学与工程学院教授冯银厂
第三次（14日下午6点）	是	1. 通报救援进展，明火扑灭 2. 安置情况通报 3. 伤亡情况通报	1. 回应中使用："这个情况不了解，需要下来问一下"；"这个情况我需要找同事核实一下" 2. 发布会直播至记者提问环节中断	天津市委宣传部副部长、市政府新闻办主任龚建生 天津市公安消防局局长周天 天津市滨海新区常务副区长张锐钢 天津市滨海新区民政局局长郭志寅 天津市滨海新区卫生局局长尹占春
第四次（15日上午10点）	是	1. 伤亡通报 2. 初步确认危化品种类及危害 3. 通报环监测情况 4. 可部分公开安评报告 5. 辟谣只峰谣言	1. 安评情况交通部门掌握 2. 记者们要求港口部门出现发声 3. 发布会直播至记者提问环节中断 4. 消防员家属冲击发布会现场 5. 回应中多次使用了"不掌握""不了解""无法回答"等否定性词语	天津市委宣传部副部长、市政府新闻办主任龚建生 天津市安监局副局长高怀友 天津市环保局高级工程师包景岭
第五次（15日下午5点）	是	1. 伤亡通报 2. 救援进展、心理干预及卫生防疫工作 3. 青年志愿者参与救援情况	1. 爆炸是否确认源头回应："不清楚" 2. 危险品与小区建设距离问题回应："不是我的职责" 3. 编外消防员谁统计未获回应 4. 伤亡具体数据回答："不掌握" 5. 发布会直播至记者提问环节中断	天津市委宣传部副部长、市政府新闻办主任龚建生 天津市公安消防局局长周天 天津市卫计委主任王建存 共青团天津市委书记徐岗 天津蓝天救援队行政队长李怡爽

资料来源：《天津爆炸事故舆情全方位分析》，http://www.hnr.cn/news/yuqing/yqjj/201510/t20151009_2121665.html，2018年6月20日访问。

从上表中可以看出，在前五次的新闻发布会中，政府部门虽然对于事故的基本情况作了简单的介绍，但仍旧无法满足民众的信息需求，对于关键信息，政府的回避更是引来质疑，导致了次生舆情的产生。表格中反映出政府的这五场舆论应对效果较差，因为政府在信息获取及发布方面的工作显然准备不足，因此在新闻发布会上面对民众的疑问时只能"含糊其词"或者回避式应答，导致了新闻发布会直播中断的情况发生。但在科技如此发达、信息传播如此高效的当下，社会民众完全可以根据各种手机视频、文字消息等还原中断的环节。在自媒体时代，像暂停直播这样原始的舆论回应方式在应对网络舆论危机时无异于饮鸩止渴，不仅无法有效地引导舆情的发展，更会引发社会民众的质疑、成为滋生谣言的温床。

由新闻发布会引发的次生舆情使天津港爆炸事故的网络舆论危机变得更加复杂和严重。政府部门随即转变了舆论引导策略，将获取的有关事故的各方面详细信息发布给群众，并正面回应群众的疑问，才渐渐获得了民众的认可。

反观宁夏银川公交纵火案事件，案情发生当日的下午5点，银川市政府立即就银川301路公交车纵火案召开了新闻发布会。这次发布会由银川市副市长马凯领头，一同出席的还有宁医大总医院副院长贾绍兵、银川消防支队参谋长吴克辉、银川市交通局副局长、公交公司总经理柯念国以及银川市公安局副局长史跃文。此次出席新闻发布会的相关负责人都是掌握案件关键信息的主要负责人，能够及时地为社会民众解惑答疑，安抚社会民众不安的情绪，同时也表现了政府负责的工作态度与积极的工作效率。从后期舆情发展来看，本次新闻发布会不仅没有导致大的次生舆情，社会民众对此次发布会中政府的态度及做法持有较高的认可度，无形中树立了政府的权威形象。

（二）政府信息发布的效果比较

突发事件引发的网络舆论是以相关信息为基础而生产的，在突发事件发生后，政府方面所发布的信息对于网络舆论的演化有着十分重要的意义。

在天津港爆炸事故发生后，自媒体便立即形成了相关的舆论热潮。而天津当地的官方媒体却处于一种"失声状态"，具备地缘优势与信息发布优势的天津本地政府与主流媒体在事故发生后的第一时间并没有抢占信息的制高点。事故发生于8月12日23点30分左右，但直到13日3点52分，"@天津发布"才发布了第一条与事故相关的消息，主要内容还是地方领导亲临现场这样无关痛痒的信息。更令人啼笑皆非的是，作为官方权威媒体的天津电视台到8月13日上午10点仍在播放韩剧，因此有网友戏称"天津是座没有新闻的城市"。天津卫视在事故发生后 12 个小时才开始报道，但报道的内容也还是相关的领导指示，并没有发布社会民众最迫切想了解的核心信息。

反观宁夏银川公交纵火案的政府信息发布情况，国内媒体微博并未成为最核心的信息源，而是来自银川市委外宣办、市政府新闻办官方微博"@银川发布"在 2016 年 1 月 5 日 9 点左右发布首条权威信息后，并没中断过对案情信息的提供，其连续滚动地对事态发展、人员救治、案件侦查、官方善后进行了多维传递，披露了大量第一手信息，有效抢占了信息制高点，以实时、权威的信息链进行了相关的议程设置，不仅使社会民众能在第一时间了解案件的真相，也使得社会民众能够理性地看待案件，有效减少了网络上非理性声音的出现。更值得一提的是，当天"@银川发布"工作至凌晨，事态基本平稳后才停止信息发布。如此的尽职尽责，社会民众不仅心生敬佩，也认可了政府在此次案件处理中的态度与行为。

（三）政府部门负责人对网络舆论的回应效果比较

政府部门负责人作为政府的代表对于网络舆论的回应，是引导网络舆论的有力手段。从天津港爆炸事故的前几次新闻发布会可以发现，历次新闻发布会参会人员均有变化，且新闻发布会的信源和官方回应层级均不统一。甚至首场新闻发布会召开时主要负责人都未能到场，安监部门也没有出席，这样的发布会一经召开便备受社会民众的质疑。此后的新闻发布会上，虽然安监部门有所回应，但本应出席的分管市领导却迟迟未露面。网上因此而出现了"副市长哪去了"的质疑声音。在后几场新闻发布会中，政府部门相关负责人才出现并正面回应了民众对于事件的疑问，使新闻发布会的整体效果开始好转。

而在宁夏银川公交纵火案的新闻发布会中，政府部门的相关主要负责人全部到场回应民众的有关疑问，银川市公安局副局长史跃文更是从抓捕现场直接赶到新闻发布会现场，向民众发布最新的权威信息。这样的舆论应对在稳定民心、引导舆论、塑造政府公信力与权威形象方面都是具有极大作用的。因此，政府舆论应对的措施可能在四类案例事件中都有所体现，但应对措施的具体内容、权威信息发布的及时性和有效性、政府相关负责人在舆论引导关键时期是否缺位，是造成各类事件政府舆论应对效果不同的关键因素。

四、自媒体时代网络舆论政府引导面临的困境

本文所引的两起事件都表明,当下网络舆论仍旧不能很好地实现自我过滤与净化的功能。因此,当下社会中的网络舆论是需要被政府所引导的。在文中所引的事件中,政府也都作出了相应的网络舆论引导,但效果却有着较大的差别。可以看出,在自媒体时代,政府对于网络舆论的引导仍面临着一些困境。

(一) 社会根源的困境

社会根源困境是自媒体时代网络舆论引导最为本质的困境。舆论缘起社会,可以说,舆论是社会的一种特殊表现形式。舆论在某种程度上反映了社会中的价值取向以及社会中一直未能得到解决的矛盾和问题。

1. 知情权与表达权的缺失

知情权与表达权是信息时代社会民众最为基础的权利之一,在突发事件中,信息在事件发生后成为一种"稀缺资源",突发事件发生后其传播的过程往往会存在信息的空白地带,这些空白地带则可能是社会民众希望知晓或者发表言论的关键信息节点。如果在这一方面无法有效满足社会民众需求,则社会民众的不满情绪就会倾斜到网络中,使网络中的信息出现混乱。因此,在知情权与表达权双重缺失的情况下,一旦突发事件发生,网络舆论就会变得异常复杂、冲突不断,政府网络舆论引导的策略与手段也会受到较大的阻碍,陷入困境。

2. 社会民众的非理性认知及表达

理性与非理性是人类精神生活的一对基本现象,人是理性与非理性的矛盾统一体,既能够根据事物的现实情况作出严谨、合乎逻辑的分析及决策,又会因为某些主观意识和客观情况影响自身的判断变得偏激进而产生非理性的想法及行为。突发事件的发生使网络中产生了很多偏激的声音,这些非理性的表达实质上是自媒体的时代背景与转型期间的社会背景双重影响下社会民众的多元价值观的体现。转型期间社会矛盾众多且复杂,类似于突发事件这样的情况容易激化社会矛盾,产生非理性的舆论表达,而自媒体时代则在一定程度上解放了社会民众的话语权,导致了网络舆论中的非理性色彩逐渐浓厚。

3. 网络公共领域制度缺位

公共领域这一概念最早由汉娜·阿伦特提出,她认为公共领域是一个可以让人

相互自由交流与沟通的平台。而后的哈贝马斯发展了这一概念，建立了公共领域理论，其提出，公共领域是国家与市民社会之间的张力场，介于二者之间并对其进行调节。① 随着技术的发展和社会民众思想的开放，网络公共领域出现了，网络有着公共领域所要求的一切特性，并且由于网络自身的隐匿性，在网络公共领域中形成的公众意见，更能够代表社会民众的心声。但由于我国网络公共领域处于一个发展起步阶段，缺乏相对稳定和完善的相关制度规范，导致网络公共领域比较容易发生冲突和混乱。也正是因为缺乏相关的制度约束，所以制造网络舆论几乎不用担心要为这些舆论背负相应的社会责任。因此，在突发事件发生后，网络上的谣言和非理性表达才会频繁地出现，甚至一度成为网络公共领域中的"公众意见"，引起社会民众的恐慌，从而使政府对网络舆论的引导陷入困境。

（二）舆论引导策略选择的困境

不同的突发事件中，政府采取网络舆论应对及引导策略也不尽相同。从上文的比较中可以看出其产生的引导效果也是有着较大的差别。这种差别其实也是政府引导策略选择困境的一种体现。

1. 舆论引导机制的缺陷

在本文所引的突发事件中，政府的网络舆论引导大都是一种较为被动的舆论应对型引导机制，这样的舆论引导不仅会滞后于网络舆论的演化和发展，其效果也不能尽如人意。这种被动式的网络舆论引导是因为缺乏一个长期的网络舆论引导机制。此外，政府应对和引导由突发事件所引起的网络舆论还缺乏一个有效的短期引导机制。从本文的研究视角来看，突发事件的网络舆论演化分为四个阶段，在不同的演化阶段，网络舆论也呈现出不同的演化特点，但政府部门的网络舆论的引导却没有根据各阶段的特点而及时采取相应的引导策略，从而容易使得网络舆论失控，引发网络舆论风暴。

2. 舆论引导方式之难

在过去，政府部门对于网络舆论特别是由突发事件所引起的网络舆论采取的一般都是信息管制式的行政引导方式，利用政府部门的权威，通过强制性的命令或指示来干涉网络舆论的发展态势，以达到调节网络舆论的目的。这种强行向社会民众灌输概念的引导方法存在着诸多弊端。政府用行政方式引导网络舆论以期使网络中

---

① 〔德〕尤尔根·哈贝马斯：《公共领域的结构转型》，曹卫东等译，学林出版社1999年版，第170页。

的声音一致和协调，反而引发了社会民众更大的质疑与不满，使网络舆论风暴更易生成。

3. 政府与媒体关系的窘境

在当下的突发事件中，政府与媒体的关系处于一个尴尬的地位，如上文所述，政府在引导网络舆论时一般使用行政的方式进行引导，甚至有时政府会对媒体的信息披露进行管控，造成"媒体政治化"的现象。受到这样传统的体制影响，政府与媒体的关系并不融洽，处于一种相对割裂的状态。这就造成了在突发事件发生后，政府与媒体缺乏有效联动。媒体不能有效地将相关信息在政府与社会民众之间进行有效的传递和反馈。甚至在某些情况下，政府与媒体在突发事件所引起的网络舆论中会在某种程度上形成一种对立关系。这样的政府与媒体的关系不仅不利于积极有效地引导网络舆论，反而会扩大网络舆论的负面影响，加剧网络舆论风暴的生成。

（三）引导技术困境

技术在网络舆论的产生、演化乃至之后的引导中都扮演着极其重要的角色。突发事件引发的网络舆论引导困境中，同样存在着技术上的困境。

1. 专业网络舆论引导技术培训的缺乏

当前我国对于网络舆情引导的专业技术培训尚不到位，缺乏具有专业素养的网络舆情分析人员和网络舆情引导策划人员。专业引导技术培训的缺乏使现有的网络舆论引导人员在处理由突发事件引发的网络舆论冲突和舆情危机时，无法对网络舆论进行精准的科学研判，在协调各方利益以及帮助政府对于事件及网络上的各种舆论作出正确的处理和回应方面也存在一定的缺陷。

2. 网络舆论预警与研判的低效

网络舆论的预警工作是应对与引导舆论发展的重要手段，但当下政府对于由突发事件所引发的网络舆论的预警工作效果的确是差强人意。政府在突发事件发生后的第一时间往往没有能够对可能出现的各类网络舆论做好预警工作，这就使得政府在事件发生后无法很好地应对来势汹汹的网络舆论，在新闻发布会上只能一味回避问题，激发社会民众的不满情绪，扩大事件的不良影响。同样，政府对于网络舆论的研判也是低效的，在突发事件发生后，对于网络上的各种舆论无法准确地分析判断出其内在的价值色彩，及其演化态势，致使网络舆论逐渐失控。

3. 网络舆论决策评估体系的不完善

网络舆论的引导并不止于舆论的平息，每一次突发事件引发的网络舆论危机以及政府的处理和应对都是十分宝贵的经验。缺乏突发事件中政府舆论引导的评估体系，突发事件中舆论引导的效果很难精确衡量，评估过程缺乏可操作性，评估的结果也缺乏说服力。① 本文引入的案例事件中，都缺少了事后对于政府在事件中对于网络舆论引导决策的评估。每一个突发事件都是特殊的个体，事后无法进行评估，但社会民众在突发事件制造的网络舆论中蕴含的价值诉求却是类似的，政府在回应这些价值诉求时作出的决策行为的不同也影响着网络舆论的演化方向及网络舆论引导的最终效果。因此，如何引导决策评估体系的构建对当下的政府来说也是一个难点与挑战。

五、破解困境：自媒体时代政府网络舆论引导的优化

在自媒体这个信息泛滥的时代，为了在网络舆论的"潮流"中指引正确的舆论方向，政府需要加强自身网络舆论引导能力建设，实现网络舆论引导的优化，突破上述困境的制约。

（一）社会层面的政府引导优化

社会根源层面的问题是最为本质的问题，自媒体时代政府对于网络舆论引导的优化不能浮于表面，而应当更加深入，因此引导的优化应从社会根源方面着手。

1. 重塑社会民众的知情权及表达权

知情权的重塑要求政府部门实现科学、全面的信息公开。目前，我国的政府信息公开方式和程序与信息高速发展的新媒体时代存在脱节现象，政府机构还是大多通过信息公开厅、公开手册、公开栏、政务服务热线等方式发布政务信息。② 因此，对于社会民众知情权的重塑，政府需要融入自媒体时代的元素。随着网络舆论的兴起，政府微博、政务微信应运而生，这种官方的新兴媒体平台不仅给政府与民众的交流提供了一个有效的渠道，也拉近了政府与民众之间的距离。

表达权的重塑则重在解决政府回应的问题，社会民众的表达需要得到政府权威声音的回应才有意义。对于网络舆论的回应，政府需要积极建立和完善网络新闻发言人制度。网络新闻发言人代表了政府应对社会民众舆论表达的一种态度，作为政

---

① 陈明：《政府应对突发事件舆论引导研究》，华中科技大学2013年博士论文，第120页。
② 何美林：《新媒体时代政府信息公开存在的问题及对策研究》，沈阳师范大学2017年硕士论文，第19页。

府代表的网络新闻发言人可以在网络舆论中积极地回应社会民众的问题,从而发挥舆论引导的作用。

2. 主流价值理念的构建

自媒体的时代是一个价值多元的时代,社会民众的价值观念都有所不同。因此,网络舆论的引导需要构建并宣传主流的价值观念。政府在包容多元价值观念的同时,也要大力构建主流价值观念,以"民主""法治"等社会主义核心价值观的主流价值理念来影响社会民众在网络舆论中的认知行为及表达行为。主流价值理念的构建同时需要适应经济的发展,价值观从本质上来说属于社会意识范畴,价值观的建构若能与经济基础相适应,那么,它的"为我""排它"功能就可以积极地发挥。① 以主流价值理念的构建对社会民众进行引导,就可以从意识形态的源头来遏制网络舆论中的非理性意识和想法的产生,那么非理性的表达就自然地减少,并且价值理念的引导影响会更为深远、范围也更广。

3. 完善网络公共领域的制度建设

政府需要引导和帮助网络公共领域形成较为完善和成熟的制度体系。以正式的制度体系规范社会民众在网络舆论中的言论,使社会民众在网络公共领域中带着责任与义务进行信息的获取与发布,这样才能真正改善网络公共领域的大环境,以网络公共领域制度的不断完善作为维护网络公共领域的和谐稳定的约束力,以及推动网民素质与网络公共领域整体发展的推动力,以此来引导网络舆论在网络公共领域中的正向发展。

(二) 策略层面的政府引导优化

自媒体时代的网络舆论十分敏感,舆论态势变化十分迅速,因此,对于网络舆论的引导要注重策略。

1. 舆论引导机制的健全

网络舆论引导机制的优化分为短期机制的构建与长期机制的完善。(1) 构建网络舆论引导的短期机制。突发事件从发生到平息一般会经历四个阶段,即酝酿期、爆发期、扩散期和恢复期。在这四个阶段里,由突发事件引发的网络舆论也都呈现出不同的态势及演化趋势。因此,网络舆论引导短期机制也要根据每一阶段内网络舆论的不同特点进行建构,在不同阶段内实施不同的引导行为,如此才能及时应对

---

① 魏晓笛:《我国社会转型时期价值观现状及重构》,载《理论导刊》2002 年第 6 期,第 93 页。

复杂的网络舆论。(2)完善网络舆论引导的长期机制,主要在于对网络舆论引导宏观上的把握。长期机制之所谓"长期",并不是因为其是一成不变的,而是因其通用性和标本兼治性。[①] 因此,网络舆论引导的长期机制的完善需要根据既有的网络舆论应对机制融入"民主""法治"等主流价值元素而形成,并根据时代的要求而不断地调试。这样的动态舆论引导机制才能在战略的高度上发挥谋篇布局的作用。

2. 舆论引导方式的完善

对于当下网络舆论引导方式的优化,关键在于突破固有的行政式的网络舆论引导,转变为议程设置式的网络舆论引导。在自媒体时代背景下,议程设置是政府应对舆论危机最有力的武器,良好的议程设置不仅能够帮助政府在网络舆论危机中重新掌握舆论的主动权,还能通过话题的设置影响社会民众,潜移默化地引导社会民众在网络社会中理性、有序地发言。[②] 政府通过合理的议程设置也能够让社会民众便捷地知晓政府对于突发事件的进一步处理方案,在满足社会民众对于信息需求的基础之上,形成理性的网络议题,引导网络舆论的良性循环。此外,政府也应当着重完善自媒体监管方面的法律法规,把自媒体的监管纳入到法制化的轨道上来。

3. 政府与媒体关系的重建

在突发事件中,政府与媒体关系的窘境是受传统的行政体制影响而逐渐形成的。政府若要缓解与媒体的尴尬关系,就要主动拉进与媒体的距离,谋求合作,在网络舆论的引导中实现与媒体的有效联动。首先,政府应当为媒体对于突发事件的舆论报道创造良好环境,提供必要的资金和政策支持,主动引导媒体对突发事件进行科学、合理的报道。其次,完善相关法律制度也是十分必要的,法律可以明确规范政府在突发事件中信息公开的义务,也约束了媒体在事件中的报道行为,使政府和媒体双方的权责得以明晰。最后,政府还要学会利用文化的软约束去联合媒体稳定社会情绪,为政府处理突发事件及其网络舆论危机提供精神助力。

(三) 技术层面的政府引导优化

自媒体时代是先进技术开拓的时代,在自媒体时代中技术处于一个十分重要的位置,网络舆论的引导离不开技术的支持。

[①] 官承波、李珊珊、田园:《重大突发事件中的网络舆论——分析与应对的比较视野》,中国广播电视出版社 2012 年版,第 246 页。

[②] 丁卓菁、曹开云:《Web2.0 时代议题设置的策略研究》,载《新闻爱好者》2011 年第 2 期,第 42 页。

1. 专业人才团队的培养及建设

专业人才团队的培养及建设是网络舆论引导技术优化的前提与基础。在应对突发事件引发的复杂网络舆论时，政府部门需要培养一支专业素养较高的网络舆论引导队伍。这支队伍由两部分专业人才组成，一部分是拥有计算机专业知识的技术人才，能够对网络中的海量信息进行分析、汇总等定量分析，为政府部门对网络舆论引导制定策略时提供数据支撑。另外一部分则是由传播学、心理学、社会学、管理学等人文社科类专业人才组成，这一部分的专业人才能够依据既有的数据信息，结合当前的社会状况、社会大众的心理需求以及政府管理的需要对网络舆论进行定性分析，并提出具有实践意义的网络舆论引导方案。

2. 网络舆论引导的技术植入

网络舆论引导中实际上包含着多种引导技术，这些引导技术在突发事件中能够获取关键信息，对事件中网络舆论的检测预警及分析研判都有着重要的作用，不仅能够大幅节约时间成本，并且能够提高精准度。在网络舆论的引导中，时效和精准度无疑是一种巨大的引导优势。所以，政府应当积极地在网络舆论引导中进行技术的植入，例如大数据技术就可以成为政府网络舆论的信息收集和监测工作的有力工具。

3. 网络舆论决策评估体系的建构

对于网络舆论决策评估体系的建构，首先，需要建立一个科学的舆论引导决策评估指标体系，使该指标体系能够准确细致地划分出政府不同决策行为的优劣，从而能够体现政府网络舆论引导效果的差别；其次，需要有一个不同领域、不同专业的专家库，对决策评估体系进行周期性的调试与维护，以保证整个决策评估体系能够稳定长效地运行。只有建立起一个科学、完善的网络舆论引导决策评估体系，才能让政府在之后的网络舆论应对中少走弯路，作出科学合理的舆论引导决策。

国家治理

治理变革的机制—程序互动因*

涂明君**

摘　要：库依曼和梅茨等欧陆学者的治理理论研究脱胎于复杂系统理论，治理理论的哲学基础是复杂系统理论，其前沿是机制研究。互补系统论视野下的治理分析框架为"行动—机制—制度—治理"模式，它从人的行动及其机制出发，认为可重复的稳定机制是重正性制度和内稳态系统的根源，目的—机制互补与互动是治理的原点与根本因；个体行动通过行为机制形成社会制度并在每个环节反馈互动；机制是作为动词的组织（organizing）的内生性要求，制度（包括程序）是作为名词的组织（organization）的社会化规定；机制具有自然、本真、正式、实践四种形态；实然机制与应然程序的互动是治理变革、制度变迁的直接动因。

关键词：交互行动（作用）；系统；制度；机制；程序

治理因何兴起，又为何要变革、转型？原因很多、很杂，将之归结为当代社会的高度复杂性和不确定性[①]并以系统分析的方法（含复杂性研究、控制论、信息论等）化约复杂性予以应对，不失为一种可接受的简化。这意味着系统分析在治理研究中占有重要地位，值得深入辨析。

---

* 本文系国家社会科学基金后期资助项目"国家治理体系和治理能力现代化视域下的程序观念百年演变及其当代价值"（项目编号：18FSH004）阶段性研究成果。

** 涂明君，日本爱知大学现代中国学博士、中国人民大学哲学博士、中共中央党校政治学博士后，天津行政学院副教授，兼任中国人民大学人文社会科学发展研究中心研究员。主要研究领域：系统治理。

① 〔法〕让-皮埃尔·戈丹：《何谓治理》，钟震宇译，社会科学文献出版社2010年版。

一、复杂性、交互行动（作用）治理、互补系统论

1. 库依曼基于交互行动的治理理论

治理的理论基础是什么、有哪些？国际知名的两大学术出版机构试图回答这一问题：2011年，赛奇（SAGE）出版公司推出马克·贝弗（Mark Bevir）主编的《赛奇治理手册》，一网打尽似地罗列了10个理论：政策网络理论、理性选择理论、解释理论、组织理论、制度理论、系统理论、元治理理论、国家—社会理论、政策工具理论、发展理论。其中，系统理论能够探析自治组织等元治理议题，[1] 与其他理论多有关联，具有基础性的哲学意味。2016年，爱德华·埃尔加（Edward Elgar）出版社推出《治理理论手册》，[2] 在其所列举的10个基础性分析理论中，复杂系统理论定位依然如此。[3]

从其论著来看，现工作于美国但出生、受教、初出道时活跃于英国的贝弗本人属于解释学派而非系统学派，他对治理系统属性的了解基本上来自安德斯·埃斯马克（Anders Esmark）、布兰斯（M. Brans）和罗斯巴赫（S. Rossbach）（该学者背后的理论支撑是卢曼（Niklas Luhmann）），而其最初、最主要的影响是库依曼（Jan Kooiman）。[4] 对治理进行（复杂）系统论解释的学者多活动于欧洲：除了荷兰的库依曼、德国的梅茨（Renate Mayntz），[5] 还有地处欧美之间的英国的斯托克（Gerry Stoker）[6]、

---

[1] Mark Bevir (ed.), *The SAGE Handbook of Governance*, SAGE Publications Ltd., 2011.

[2] Christopher Ansell & Jacob Torfing (ed.), *Handbook on Theories of Governance*, Edward Elgar Publishing, 2016.

[3] 国内的状况：虽然出版机构无系统集成大作，但少许学者对系统理论有较系统梳理，如王诗宗：《治理理论及其中国适用性——基于公共行政学的视角》，浙江大学2009年博士论文。另，黄顺基、张康之、林坚、田鹏颖、吕志奎、吴彤、王宏波、韩庆祥、段培君、王亚男、殷杰等人的论述均支持复杂系统范式之于治理的基础地位。

[4] Mark Bevir, *Public Governance*, SAGE Publications Ltd., 2007.

[5] Renate Mayntz, Governing Failures and the Problem of Governability: Some Comments on a Theoretical Paradigm, In Jan Kooiman (ed.), *Modern Governance: New Government-Society Interactions*, SAGE Publications Ltd., 1993, pp. 14-20.

[6] Vasudha Chhotray, Gerry Stoker, *Governance Theory and Practice: A Cross-Disciplinary Approach*, Palgrave Macmillan, 2010.

罗茨（R. A. W. Rhodes）①和希克斯（Perri 6）②等人。他们交流互动，深化了治理的系统属性研究。其中，库依曼和梅茨的研究有着更自觉和更鲜明的复杂系统哲学意识。库依曼的代表作有两部，一是1993年主编的《现代治理》（*Modern Governance*），二是2003年独著的《治理之治》（*Governing as Governance*），它们代表了库依曼纯理论思考的两个主要阶段。后来，库依曼还将其理论运用于全球渔业治理的实证研究③，在一定程度上显现了对治理的系统论解释具有现实适用性，并非只是理想主义的空谈。

1993年的《现代治理》以动态性为基础，用多元性、复杂性、动态性三个特征描述了治理的系统属性：（1）交互作用使系统从一种状态或位置转向另一种状态或位置，使系统具有动态性；因此，互动是产生动态性的动力的表现形式——动力产生非线性或者（个别情况下）线性因果关系模式。互动的方式和后果很多，世界于是变得越来越个性化、分化、专门化、多样化。（2）多样性主要指的是系统现象层面上的各个方面。多样性意味着所有的变化、分化、专门化都是可能的，所以，尽管多样性也可能是简单的多样性，比如单纯的、同质的量的积累，但更多的多样性却是对差异较小但关系却高度分化的某种关系——复杂性关系的现象描述。（3）复杂性是对系统现象的关系结构及其原因的描述，即许多部分的多重互动的复杂性及其后果的复杂性，其根本原因在于系统的互动以非线性居多。治理的任务可以归结为卢曼所谓"所有社会系统的基本问题在于降低复杂性"这样一个基本观点，而其具体方法，有西蒙（Hilbert Simon）所谓运用有限理性对系统的多种等级结构进行尽可能令人满意的"大致分解"，有卢曼所谓系统内或系统与其环境之间的重要的互动模式的消减和选择，还有利用控制论的负反馈等概念操作动态性。库依曼写道，如果控制论大师阿什比（Ashby）的论断是正确的："多样性只能被多样性所破坏"，那么我们至少可以这样说：不存在某种统一的治理模式包治天下，治理方式本身是多变、多样、复杂的。然而，如果真想要实现善治，那就最好还是考虑并妥为运用系统理论（含复杂性研究、控制论、信息论）的基本观点和方法。④

---

① R. A. W. Rhodes, *Understanding Governance: Policy Networks, Governance, Reflexivity, and Accountability*, Open University Press, 1997; R. A. W. Rhodes, Mark Bevir, *Governance Stories*. Routledge, 2006.

② Perri 6, Diana Leat, Kimberly Seltzer, Gerry Stoker, *Towards Holistic Governance: The New Reform Agenda*, Palgrave Macmillan, 2002.

③ Jan Kooiman, Svein Jentoft, Roger S. V. Pullin, *Fish for Life: Interactive Governance for Fisheries*, Amsterdam University Press, 2005.

④ Jan Kooiman, *Modern Governance: New Government-Society Interactions*, SAGE Publications London, 1993.

为了进一步解释治理为何具有上述三种复杂系统特征，2003年，库依曼以"相互行动（作用）"（interaction）①为基点，对治理的元素、模式、阶次和能力展开了颇有新意的分析、阐释和归纳，提出了几组颇具创新性的范畴，建造了一幢"交互治理"（interactive governance）的"政治社会治理"（social-political-governance）大厦。该理论认为，（1）交互作用具有意向性和结构性两个相互联系的方面；意向性表现为图景、工具和行动，有相互参照（interference）、相互博弈（interplay）和相互干涉（intervention）三种类型；相应地，相互作用具有自治（self-governance）、合治（co-governance，或译作协治）和官治（hierarchical governance）②三种模式，交互作用的特性决定了社会和治理具有多元性、动态性和复杂性。（2）具有意向性和结构性的交互作用形成三阶次（order）社会—政治治理，其最表层的第一阶为解决问题和创造机会的日常治理活动，第二阶为制度，最深层的第三阶为元治理，即作为整个治理基础的规范和原则。（3）要想提升治理能力，就必须综合上述研究成果，然后高质量地系统运用。③

库依曼的交互治理理论中有许多值得重视的理论观点：如交互作用双方的平等性；交互作用导致的多元、动态和复杂；相互参照、相互博弈、相互干涉的划分虽然略显生硬和学术化，但有助于细分研究；每个行动者都兼具个体性、合作性和集体性；角色理论中内在认同与外在经验的张力；结构要素是治理交互作用具有稳定性（stable 或 relatively constant）的保证形式；结构和个体行动递进互动；对治理的三阶次划分……

库依曼的观点对人们理解治理之于管理的殊胜之处，无疑很有帮助。但也应该看到，作为一本探讨治理和治道的社会政治学专著，库依曼侧重的还是大厦或大树地上主体部分的柱梁墙顶或枝干茎叶，作为地下部分基础或树根的治理哲学则关注不够，这也就使得某些地上部分的来路不够清晰。比如，相互作用遵循哪些基本原则？角色理论中内在认同和外在经验是一种什么样的紧张关系？为什么呈现出这样一种张力？这种张力为什么没有破坏而是造就了角色？自我（self）与交互行动（作用）是什么关系？自我的形成（即自我认同）中相互作用起了什么作用？自我与合作（co）有何深层关联？结构与个体行动如何递归互动、相互促进？用相互参照来解释自治（self-governance）与卢曼自我参照是何种关系？这些问题都需要进

---

① "action"在英文里既有行动的意思，也有作用的含义，还有反应的含义。——引者注
② 官僚科层制治理，本文简译为官治。——引者注
③ Jan Kooiman, *Governing as Governance*, SAGE Publications Ltd., 2003.

一步阐明。其中最主要的问题，就体现在对行动者（actor）的描述不够丰满和清晰，这直接导致了对交互作用过程及其关系的分析欠缺行为主体；而造成这一问题的根本原因，则是在交互作用的稳态（相对稳定性）这个核心基点上蜻蜓点水，没有进一步深入研究这种稳态对行动者、对交互作用、对治理究竟意味着什么。

2. 从"未完成的社会系统论"到互补系统论

库依曼著作的缺憾只是一个代表，在治理主体上没有从哲学根源上很好解决"自"与"合"的关系问题，大体上是当前欧美以帕森斯、卢曼、吉登斯等人的社会系统论为基础的系统治理理论的一个共性问题。中国的状况与之类似，如张康之认为应像法国复杂系统论学者莫兰说的那样超越整合还原论与整体论，用合作治理来应对20世纪后期以来越来越复杂和不确定的社会环境。张著系统阐述了合作的理念、体系以及通过信任建构合作（治理）的过程，但其信任范畴参照的是福山、吉登斯、沃伦等政治哲学、社会理论的解释，[①] 和库依曼一样也没有触及信任何以"信"、治理何以"治"、系统何以稳定这些基本的哲学问题。

虽然欧美学术界将卢曼基于复杂性研究的社会系统论对帕森斯（Talcott Parsons）基于一般系统论的社会系统论的超越视为当然，中国学术界更是在复杂性研究兴起后视系统论如敝屣，以为它不过是20世纪80年代狂热病之一种，要"超越系统论"。如果说欧美的系统治理理论在接受卢曼的同时还能关注到巴克利（Walter Buckley）等人的社会系统观点的话，中国学者则是完全拥抱卢曼，基本上放弃了怀疑、批判和反思就视复杂性、不确定性、风险性为当然了。

卢曼从自我参照、自我复制得出功能系统分化的结论是正确的，但他对于自我参照、自我生产与系统内稳态的内在关联缺乏深刻认识，所以被系统内各功能运作的"极端复杂性"所迷惑，在系统稳定性上含糊其辞，不承认系统之间的可通约性和可整合性。如其早期（1970年）称"任何一个具有较高价值的秩序，往往通过较少的可能性来维持其稳定性"。这要么是对内稳态无知，要么是没有信心。[②] 他后期（1984年）一方面说系统既稳定又不稳定，一方面又称系统具有趋于不稳定的内在属性。[③] 显然，这是一个颇具后现代风格的表述。

卢曼的功能—结构系统论强调行为功能及子系统的独立地位——这不仅支持了自组织的观点，也将当代社会解释为日益分化，并以分化导致多元化和复杂化，这

[①] 张康之：《走向合作的社会》，中国人民大学出版社2015年版。

[②] Niklas Luhmann, *Soziologische Aufklaerung Bd. I: Aufsaetze zur Theorie sozialer System*. Mit. F. Becker, Köln und Opladen: Westdeutscher Verlag, 1970, p. 70.

[③] Niklas Luhmann, *Social Systems*, Standford University Press, 1995, pp. 49-50. 译自1984年德文版。

一判断直到今天都还有众多的信奉者。身处后现代主义大潮中的卢曼对实证科学有着比帕森斯更深的质疑，反对人本中心主义的卢曼更强调人之于系统的渺小性、局限性、非充分性，所以他从根本上否认系统（包括人这样的系统）能够形成和维持某种共同的价值观念系统，更不用说彼此分化而独立的系统整合成一个"完整"的世界。卢曼的世界，是由多质的、多中心的、大小不同的系统相互交错构成的混乱的世界。所以，虽然这个"乱世"当中的各个系统表面看来是自律地运作，但这种自组织的游戏在时间序列上必然遭遇风险，具有高度的不确定性。

卢曼系统分化与整体无序的内在悖论，我们另文将详细批判，这里要说的是，早在1987年，日本社会学家富永健一就指出要在帕森斯和卢曼的基础上"继续研究、认真推敲，使未完成的社会系统论成为较高层次的社会学理论。"① 可惜的是，国内外主流的系统论研究在20世纪90年代都发生了复杂性转向。正如吴彤所说，后者偏重经验和技术层面而在哲学省思上不够深入，② 这使得富永健一的上述期待三十年来几无进展。但令人惊奇的是，也是在1987年，他所期待的较高层次社会学理论的基础，我们现在所探寻的库依曼交互作用的深层哲学基础，其实在中国已经诞生：刘大椿科学活动论和互补方法论、金观涛系统的哲学正好就在这一年完成，它们是20世纪80年代面向世界、面向现代化、面向未来的中国在科学哲学热和系统热中结出的果实，我们可以将之综合表述为互补系统论。

《互补方法论》写道："在我们的思想中，应当允许互补的观点、方法、程序同时并存，重要的是善于比较和作具体的取舍"。③ 本文认为，这一观点有助于消融认识论乃至存在论中一元论与二元论的严重对立，是理解交互作用的基本精神。《系统的哲学》在采用坎农（Cannon）内稳态和艾什比控制论基本思想的基础上构建的功能耦合系统论，对组织生成、演化的分析④有助于我们破解"手段—目的""功能—结构"等一系列"鸡与蛋"类型的循环陷阱，从而洞察治理主体、交互作用和治理过程的系统本质。在互补系统论的视野下，自我与合作并非库依曼所理解的两种、两层治理，它将自我本身看作一个相互作用的合作系统，其核心思想，就是在对机制深入剖析基础上的"机制—目的互补"与"机制—程序互动"。

---

① 〔日〕富永健一：《关于功能理论、社会系统理论及社会变动问题的再思考》，载《社会学研究》1987年第1期。
② 吴彤：《复杂性的科学哲学探究》，内蒙古人民出版社2008年版。
③ 刘大椿：《科学活动论·互补方法论》，广西师范大学出版社2002年版。其中《互补方法论》部分1987年作为中国文化书院的讲义以《比较方法论》为名印行。
④ 金观涛：《系统的哲学》，新星出版社2005年版。

二、基于互补系统论的系统机制说

1. 四种类型的系统机制说

和帕森斯、卢曼、库依曼一样，互补系统论也以社会中人的行动为出发点，[1] 同梅茨力图更深入地探究行动并聚焦到机制一样，[2] 整个系统治理理论最为基础和关键的概念也是机制。《通往善治之路》[3] 在导论"治理的逻辑"中对此有较为详尽的阐述，兹简述如下。

同样是从研究人的行动出发，系统机制说既不认为行动取决于人的主观意志，即意志论或目的论，也不认为人要完全听命于自然或宗教之上帝的安排，即决定论或宿命论，而认为人的行动应顺应自然规律，有其内在恒常性（constant）；自然机制下的行动结果恰好是他人行动的条件，即两个或多个自然机制（行动）实现具有互补性的耦合；自然机制都具有稳定性和可重复性，它们表征着系统形成稳态，系统机制说将这种升华了的自然机制称为本征机制（或本真机制）。在这个"行动—（系统稳态）—机制"阶段，并不是机制单方面地决定目的，更不是目的（意志）单方面地决定机制，而是机制本身即成为他者和系统的目的。没有机制就不会有目的，不形成目的的机制也不具有系统的意义。机制和目的一开始就是互补的。

接下来，在社会文化的作用下，本征机制被社会化、正式化为正式机制，人们一般称之为程序，并将其运作边界和载体正式化为体制，程序和正式的体制合起来就是制度。正式制度表征正式组织的形成。[4] 这是系统机制说的第二个阶段，即"机制—（体制）—制度"阶段，正式制度形成阶段。新制度主义——无论社会学还是政治学、经济学的新制度主义对此都有大量论述，[5][6][7] 系统机制说与它们的本质区别在于：系统机制说的机制是实然之物，而作为正式机制的程序是应然之物。

---

[1] Niklas Luhmann, *Introduction to Systems Theory*, Polity Press, 2013, pp. 180-8. 卢曼不仅引用了梅茨的观点"系统理论如果不研究行动，就像一个胖女人没有胃"，并且夸大为"没有上半身，根本就没有躯干"。

[2] 普朗克研究所网站"http：//www.mpifg.de/people/rm/forschung_en.asp? media = print&media = print&"显示，梅茨当前工作的第一条为社会宏观现象分析的理论陈述，其核心概念是社会机制（Current Work：types of theoretical statements in the analysis of social macro-phenomena, concepts of social mechanisms）。

[3] 涂明君：《通往善治之路：互补系统论视角下国家治理现代化求索》，社会科学文献出版社2017年版。

[4] C. I. Barnard, *The Functions of the Executive*, Harvard University Press, 1968.

[5] Peter L. Berger, and Thomas Luckmann, *The Social Construction of Reality*, Doubleday Anchor, 1967.

[6] R. L. Jepperson, Institutions, Institutional Effects and Institutionalization, in W. W. Powell and P. J. Di Maggio (eds), *The New Institutionalism in Organizational Analysis*, University of Chicago Press, 1991.

[7] W. Richard Scott, *Institutions and Organizations：Ideas, Interests, and Identities*, SAGE Publications, Inc., 2013.

以上两个阶段总称为"个体反应—行为机制—社会制度"模式，而它在第一阶段所形成的机制，是制度形成前行为者的行为方式，强调的是系统内所有行为者在未受外界影响时完全依据自身意识所形成的系统运行的内在机理，可称之为本源机制或自然机制。自然机制只有一种运行趋向：由内向外地实然演进。演进的结果，就是自然机制在受到"系统外部"政治文化等因素的影响下，被进一步重复和正式化。正式机制是二阶机制，是调节自然机制的机制——上述库依曼的制度二阶说与此类似。帕森斯所谓"社会控制机制"，强调的是外在的规范和价值对系统行为——主要是低阶（一阶）行为机制的规训和控制，体现的是从外向内的调节控制和应然要求。《通往善治之路》认为，正式机制仅仅属于应然层面，只有当它被实施、成为实然形态之后才是实然运作的机制，才可以被叫作机制，我们称之为实践机制。实践机制具有实然性，在某种程度上回归到了自然机制，但它还要回应正式机制中的"外在"要求，所以又不是"纯粹"自然的行为机制，而是混杂了内在本然与外在要求的机制。

从"行动—（系统稳态）—机制"到"机制—（体制）—制度"，这就是基于互补系统论的系统机制说之"个体反应—行为机制—社会制度"模式的两个阶段，它将机制区分为自然机制、本征机制、正式机制（程序）、实践机制四种类型。

2. 与帕森斯、卢曼和梅茨机制观的比较

《社会行动的结构》注重人的自主意志的行动理论，似应水到渠成地形成自然机制和本征机制的观念，但帕森斯显然更在意其《社会系统论》中的"社会控制机制",[①] 关注外部环境对系统的规训与控制。帕森斯错将实证科学当成自然实在——他原本是要反对社会达尔文主义和行为主义，结果却是反对以纯生物的、生理的"行动条件——通常是遗传和环境——所产生的、与规范无涉的客观影响作为终极说明原因"。这样一来，他的重点就从行为者转向规范——"行动作为一个过程，实际上就是将各种成分向着与规范一致的方向改变的过程"[②]。规范在社会行动形成社会秩序中起主导作用，帕森斯注重的是正式机制、调控机制，没有认识到更具根源性的自然机制、本征机制。

卢曼对"verfahren"的探讨与我们对机制的研究有很多相似之处。"verfahren"的意思是处理方法、行事方法、做法、工作方法、操作方法，大致对应于英语的

---

① Talcott Parsons, *The Social System*, First published in 1951, New edtion published 1991 by Routledge.
② Ibid.

"methode"或"procedure"①。卢曼认为"verfahren"源于两个行动者基于纯粹心理期待的相互交错的行动,记录并通过在自身系统中建构起减少复杂性的必要程序来处理对方的复杂性,通过这种不断地作出选择和程序化的化约步骤,区分出自我系统;然后,系统内诸要素适当地调整系统中的顺序和网络,选择一种符合于该系统各种事件有序化的时间结构,通过这种时间化的简化程序对系统的结构作出规定,以使系统自律和自我参照;系统内诸因素达成功能的同一化是作为整体的系统的一体化协同运作。②卢曼根源于事物(事实)维度的沟通网络③与我们所定义的自然机制颇为相似,它们都是从功能本身和原初状态出发,从偶然中建立起必然的、初步稳定的动态结构;不同之处在于:卢曼更加明确地以规范有序为目标,目的性太强。我们认为,卢曼在对本征稳态缺乏信任的前提下将有意识的沟通过早介入到机制的形成过程,这是他关注"verfahren"程序多于"mechanism"(机制),未专门论述机制的重要原因。

曾经在1973年与卢曼合著《公共职业中的个人》④的梅茨在晚年很重视对机制的理论研究。2002年,梅茨主编《行动者—机制—模式》(德语版),⑤2003年,她将其关于机制研究的主要观点以英文论文Mechanisms in the Analysis of Social Macro-Phenomena(《宏观社会现象分析机制》)投稿至SAGE旗下的《社会科学哲学》,于2004年发表。该文首先从对关系相关性解释力不足的分析开始,从而引出她自己具有系统分析属性的"因果重建"(causal reconstruction)和机制研究的必要性,然后指出由于机制术语的定义含混和散漫谈论导致对机制的研究在质和量上都呈下滑趋势;接下来,梅茨在梳理其他学者,如梯利⑥等人关于机制的本体论、认识论、本质主义解释的基础上,强调作为因果连接的机制——如I-M-O模型中的M(即mechanism)首先是"生成机制"(generative mechanism),同时也指出了以个人行动及其机制为中心概念的"宏观—微观—宏观模式"(macro-micro-macro model)虽然关注到了环境机制、认知机制(environmental, cognitive mechanisms),但忽略了"关系机制"(relational mechanisms)。文章最后,梅茨有意回避了卢曼式的一般社

---

① 资料来源:http://www.godic.net/dicts/de/verfahren。
② Niklas Luhmann, *Social Systems*, Stanford University Press, 1995.
③ 时间维度、社会维度、事实维度三个概念,参见〔德〕尼克拉斯·卢曼:《法社会学》,宾凯、赵春燕译,上海人民出版社2013年版。卢曼于1972年的原著中首次提出三维度说。
④ Niklas Luhmann, Renate Mayntz, *Personal im öffentlichen Dienst: Eintritt und Karrieren*, Nomos, 1973.
⑤ Renate Mayntz (ed.), *Akteure-Mechanismen-Modelle. Zur Theoriefähigkeit makro-sozialer Analysen*, Campus, 2002. 较之库依曼,梅茨不仅关注行动,而且对行动者亦有分析。
⑥ Tilly, Charles, Mechanisms in Political Processes, *Annual Review of Political Science*, Vol. 4, 2001, pp. 21-41.

会理论探究（not to search for a general social theory à la Niklas Luhmann），而只是经验性地总结道："机制所研究的是连接理论，它是对产生某一结果的重复发生过程（recurrent processes）及其内在关系的一种因果解释；我们有很多集体行为机制的解释模型，但缺乏对制度和结构性配置起关键作用的生成机制的'系统化论述'（systematic treatment）"①。

显然，梅茨基于社会系统论的"行动者—机制—模式"分析框架，与基于互补系统论的"个体反应—行为机制—社会制度"虽然存在一些差异，但在形式上极为相似，在内容上也有许多相通之处。比如，与斯科特认知因素②相类似的行动者的认知机制中，既有实在的意识，也有实在的规律，其生成性、过程性都具有一定的自然属性；而环境机制中固然有文化等外在因素，但也不乏自然机制的成分。梅茨所谓机制的重复性，则正是互补系统论所强调的本征机制的最重要特性。尤其是其关于机制恒常性（constant）的判断，更是自然和本征机制所最为倚重的与意志分立的根本属性。而其关于结构和模式的阐述，也可以丰富我们正式机制的描述。

然而，由于没有引进系统稳态和功能互补这两个关键概念去分析结果（outcome）及其与行动（者）的关系，梅茨并没有解释机制为什么具有重复性、恒常性，没有区分行动者认知中的主观和客观因素，没有深入辨析环境机制与行动者认知的关系，没有以机制为分水岭，将自然的行动与人为的模式这两阶段行为、两层次飞跃进行有意识的比较和区分——虽然她的"行动者—机制—模式"分析框架已经明白无误地显示出存在两个阶段。要想向机制的"系统化论述"的理想迈进一步，要想通过机制的分析更清晰地洞察治理的本质，则不仅要在互补系统论的基础上强调机制—目的互补的观点，还必须在此基础上将从帕森斯到梅茨的机制概念中所隐含的实然与应然关系作出更明确的表述。

三、治理变革的动因：机制—程序互动

1. 实然机制与应然程序的区分

机制和程序，虽然都被用来表示事物"运动"的方式，但就其词源而言还是有分别的。一般而言，机制表示事物（不仅仅包括人）行动的方式，而程序的本义则

---

① Renate Mayntz, Mechanisms in the Analysis of Social Macro-Phenomena, *Philosophy of the Social Sciences*, Vol. 34, No. 2, 2004, pp. 237-59.

② W. Richard Scott, *Institutions and Organizations: Ideas, Interests, and Identities*, SAGE Publications, Inc., 2013.

表示人（仅仅指涉人）做事的方式。机制可指世界万物，程序仅仅是人为事物，是人工物。但在拟人化的用法下，尤其是"社会"一词被泛化、人为的人工物充斥整个世界的背景下，程序也就不仅仅专属于人而也属于物，被严重泛化了。

日常语言难免含混，学术语言则必须严格。我们认为，应将机制界定为实然之物，将程序界定为略含实然性的应然规定；必须将应然性排除在机制之外，只要含应然性，就已经不是纯粹的实然机制，而是受到了外部影响的程序。"机制—制度"阶段之后的正式机制不宜被称为机制——因为它已经不再是作为动词的组织（organizing）的实然运作，而宜称为程序，是作为名词的组织（organizations）"所订立的"制度，与法规、伦理准则为同级概念。程序导引或约束实然机制的运行。纯实然的机制——如钟表运转，我们最好不要称为程序。换言之，机制是作为动词的组织内部的事情，具有由内向外的势能；① 作为制度的程序则是作为名词的组织内的事情。

除了梅茨和威廉姆森（O. E. Williamson）等少数学者，其他人大多都不屑于将机制作为重要范畴专文探讨——直到今天，机制还是被作为制度的一个从属概念与体制并称，很多人以为程序就是机制，机制就是程序，概念含混不清。鉴于上述势力之强大，我们也不反对将程序所规定的应然性、机制性要求简称为程序机制、应然机制——治理理论中的许多机制，如《治理机制》② 中的机制大多属于此类，这些治理机制反映了应然性要求，但并不表明应然是这些机制的第一属性。治理机制首先必须能够实然运行，即具有能行性，这才是它的第一属性。

2. 实然机制与应然程序的互动

接下来就是从制度到实际组织治理的阶段，我们称之为"制度—治理"阶段。在此阶段，应然程序中规定的程序机制、正式机制要在实践中运作，如果正式机制顺应本征机制的要求，那它就成为良性的实践机制，并有可能引导本征机制走向更高层次；如果正式机制所反映的集体意志或长官意志与其他广大参与者的意志，或者与本征机制存在较大冲突，那它的能行性就会降低，甚至有可能无法继续运转，成不了或者只能成为短命的实践机制。所以，一个系统要想能够存续，关键是要处理好"程序—机制"的互动关系。

综合来看，较之梅茨的"行动者—机制—模式"分析框架，基于互补系统论的治理机制说就变成了"交互行动—行为机制—正式制度—组织机理"的框架，可简

---

① 人们有时将机制叫作机能，就是对它引而不发时所体现的势与能的模糊认识。
② 〔美〕威廉姆森：《治理机制》，石烁译，机械工业出版社2016年版。

称为"行动—机制—制度—治理"模式。我们认为,这绝不仅仅是形式上的变化,它之所以多出了一个制度环节,是将机制从制度概念中析取出来,强调机制实然性与程序应然性存在本质区别。可重复的机制是在各子系统的反馈调节中逐渐自发形成的相对稳定有序的作用方式,是组织之为组织的根本。人为的程序是调节机制的机制,它受一定的政治文化影响,被赋予理论性、应然性。机制和程序的互动状况决定着各个子系统之间的互动状况:相对稳定的社会具有相对稳定的机制和程序;技术、经济、社会等因素的变化导致实然机制发生变化时,应然程序当作出相应调整;应然程序如果顺应实然机制,则能起到良性的调节作用;应然程序如果悖逆实然机制而无法建立新的实然机制,系统将无法保持稳态,走向崩溃。

综上,在将行动者个体自主与组织系统互补作为基本假设的前提下,我们简单阐述了治理的逻辑,即(与目的互动的)机制—程序—制度—组织系统的框架。它以具有互补性的科学系统论为理论基础,认为社会系统最原始的出发点是人自然的行为机制,两个或多个随机行为相互碰撞、冲突,然后互动互补地适应性调节、形成相对稳定的可重复机制,系统初步形成本征态,此时的机制为本征机制;同时形成的,还有彼此的、系统的目的。基于行为间功能耦合的目的—机制的互补(互相依赖)互动(彼此促进),是系统的基石。一开始的时候,每个行为者的目的是可以纯粹自主、不受任何外在意志所强制的,这里的机制具有实然性。接下来是机制的社会化和正式化,形成受系统相关各方博弈后的总意志所制定的程序;程序必具必然性,是为应然程序。应然程序包含着对机制的应然要求,是为调整后具有应然性的正式机制,付之于实践,就是实践机制。实践机制运转的结果反馈回来,触及各方意志,于是再经历新一轮互补互动……如果这些互动能持续下去,那就表现为组织系统的存续演化。

简而言之,在这套"交互行动—行为机制—社会制度—治理模式"的分析框架下,系统的运转主要依赖于实然机制—应然程序之互动主轴的驱动。系统之良性运转需遵循以下原则:应然程序应顺应实然机制之内在规律,应然机制的实然运转应促成应然程序背后之意志(表现为道德、伦理、法意、文化等)的实现,机制—程序互动为治理变革、制度变迁(或创新)的直接动因。

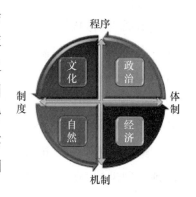

机制—程序互动说可以从历史中找到大量实证性的经验证据,如非洲大多数国家在独立后都采用了议会多党制程序来规定国家社会该如何运转,但"非洲社会传

统上却是另外一种运转机制",这一悖逆使得非洲难以走出贫穷和战争。不惟强调本国特色的中国如是观之,以上判断即或在西方承认多元现代性的政治家和学者中也是一个共识。① 正是因为有此共识,才有了20世纪80年代末对非洲治理危机的关注,② 才引发了90年代治理理论的兴起。机制—程序互动,是治理兴起与变革的根本动因。

四、结语

综上,我们在梳理帕森斯—卢曼—库依曼和梅茨等欧陆社会系统论所蕴含的治理理论的复杂系统理论基础及其局限性的基础上,从中国学者20世纪80年代就具有的互补系统思想出发提出系统机制说,确立了"交互行动—行为机制—正式制度—组织机理"作为探究治理逻辑的分析框架。系统机制说与欧陆社会系统治理理论有颇多相通之处,也在创新性提出四机制说的基础上以机制—程序互动的视角深化了自治与控制的关系研究,这对于实务界更清醒地认识工具理性与道德意志的关系,从而更妥当地处理市场社会与政府国家的关系,当不无助益。接下来,还可展开对互补系统治理与巴纳德—西蒙—马奇、奥尔森和威廉姆森这条理性选择理论所蕴含的新制度主义系统治理理论的比较研究,进一步探究组织治理的本质,走出治理理论的"复杂丛林"。

---

① 陈彦、杨觉华:《全球化与世界整体治理思维——法国人类进步基金会主席皮埃尔·卡蓝默访谈》,载《法国研究》2007年第1期。

② World Bank, *World Development Report 1989: Financial Systems and Development World Development Indicators*, Oxford University Press, 1989.

政治和解何以成功?
——基于印度尼西亚和菲律宾的比较分析

张熹珂 郑钦文*

摘 要：政治和解一直是东南亚国家治理其国内分离主义运动的手段，但是大多数东南亚国家的政治和解都以失败告终，鲜有成功之例。2005年，印度尼西亚与自由亚齐运动所达成的政治和解为东南亚国家提供了一个成功的范例；而菲律宾棉兰老地区的分离主义运动在历史背景、运动特征等方面都与亚齐较为相似，却未能达成政治和解。本文通过对2005年印度尼西亚亚齐地区政治和解与2014年菲律宾棉兰老地区的政治谈判进行比较研究，发现政治和解的成败主要取决于"相互伤害的僵局"、双方的让步与妥协、卓有成效的调停者、和平协议的落实这四方面要件。在本文所比较的案例中，"相互伤害的僵局"是促成政治和解的首要因素。

关键词：政治和解；冲突治理；分离运动；亚齐；棉兰老

"冷战"结束以来，民族国家尤其是新兴民族国家的内战和分离主义运动代替了国家间战争，对国家的稳定和发展造成了极其复杂的影响。对于一个国家而言，由于其积重难返的历史因素和冲突方之间的复杂关系，内战和地区分离主义运动不仅持续时间更久，而且更加难以终止。在东南亚，地区分离主义运动以及分离地区与中央政府间的紧张局势往往由来已久。很多东南亚国家在独立前就处于地区武装冲突、宗教与族群分离主义的状态中；在国家独立之后，由于国内分离主义运动的不断扩大和分离组织武装斗争的日益激化，不少东南亚国家至今仍遭受地区分离主义运动的困扰，使其国家建设和政治发展的道路充满了曲折和艰险。

---

* 张熹珂，华东政法大学政治学与公共管理学院副教授，硕士生导师。主要研究领域：政治学理论和比较政治。郑钦文，华东政法大学政治学与公共管理学院硕士研究生。主要研究领域：比较政治。

地区分离主义运动至今仍是东南亚国家社会稳定和政治现代化的重要障碍。回顾历史可以发现，伴随着宗教和族群冲突而发生的地区分离主义运动不仅使得政府军与分离武装军之间频繁发生武装冲突，更导致大量平民在暴乱中丧生和受伤。因此，对于新兴民族国家的国家建设和政治发展而言，如何以和平方式治理国家内部的冲突与暴乱，是一个至关重要的问题。不少东南亚国家尝试通过政治和解的方式来治理和解决其国内的地区冲突与分离主义问题，尽管也有成功的案例，但大多仍以失败告终。例如，印度尼西亚政府就以和平方式与其亚齐地区分离主义组织达成和解，结束了亚齐地区多年的冲突与暴乱。然而，失败的案例亦比比皆是。从20世纪70年代初起，菲律宾南部棉兰老穆斯林聚居区就不断出现反抗菲律宾政府和要求独立的反政府武装，并不断爆发大规模的武装冲突，造成数十万平民流离失所。菲律宾政府曾多次试图与棉兰老分离组织达成政治和解，但屡屡以失败告终。

鉴于菲律宾棉兰老分离主义运动与印度尼西亚自由亚齐运动（Gerakan Aceh Merdeka，GAM）之间在历史背景、运动特征与谈判历程方面均存在一定相似性，本文选取菲律宾2014年和平谈判与印度尼西亚2005年和平谈判进行案例比较，通过对两国政治和解的过程进行追踪，试图回答这一问题：政治和解何以成功，其决定性因素何在？具体来说，究竟是什么原因促成了印度尼西亚政治和解的最终成功，又是什么因素导致菲律宾政治和解的失败？在什么情况下，政治和解更加有可能成功？影响政治和解的决定因素是什么？需要说明的是，本文所强调的政治和解指的是分离主义冲突和争端的最终解决，而非单指武装冲突中暴力手段的结束（即停火）。鉴于本文属于小样本研究，因此，选择通过过程追踪来建立因果关系，并在案例分析和比较的基础上，运用求异法进行论证。

一、印度尼西亚和菲律宾分离主义运动的相似性

印度尼西亚和菲律宾两国的分离主义运动及其政治和解一直受到国内外众多学者的关注和研究。国内学者在这方面的研究多是通过理论分析和个案验证的方式对冲突终止的途径与条件进行研究。而国外学术界对东南亚国家分离主义冲突与政治和解的研究较为丰富。比如，Rizal G. Buendia从身份认同的角度重新审视了菲律宾南部地区的分离主义运动。他认为，菲律宾分离主义运动主要是由于菲律宾国内对摩洛民族的身份认同过于轻视造成的。因此，解决棉兰老分离主义问题并达成政

治和解，不仅需要强化菲律宾人民的国家意识，也需要强化摩洛人的民族认同感。①
Elizabeth F. Drexler 则立足印度尼西亚的案例，从印度洋海啸后印度尼西亚军队与自由亚齐运动的关系入手，分析了 2004 年印度尼西亚政府与自由亚齐运动进行和平谈判并最终达成政治和解的原因。②

关于东南亚分离主义运动的研究表明，其众多分离主义组织往往拥有独立的武装力量，并通过武装斗争的方式来争取族群和地区的双重独立，而且都遭到了来自本国政府和军队的强制镇压。作为东南亚国家分离主义运动的典型案例，菲律宾和印度尼西亚两国具有较大相似性，主要表现为以下几点：

首先，在历史上，不论是亚齐还是棉兰老地区都从未在行政意义上从属于印度尼西亚和菲律宾，而且亚齐和棉兰老地区人民都具有浓厚的反抗外来侵略、维护自身独立和宗教信仰的传统。历史上的亚齐曾经是独立的伊斯兰王国，在 16 世纪初叶至 19 世纪初，亚齐王国统治着苏门答腊北部及马来半岛一些地区，是马来群岛一带的贸易中心。1873 年 3 月，荷兰派远征军入侵亚齐。亚齐人民的抗荷战争持续了 30 年之久，是印度尼西亚近代史上时间最长的一次反殖民侵略战争，亚齐也成为印度尼西亚最后一个被荷兰殖民者征服的地区。与亚齐类似，历史上的棉兰老地区为苏禄及马京达瑙等苏丹国，摩洛人实际上是由于共同信仰伊斯兰教而联结在一起的菲律宾南部的各个民族的统称。面对西班牙人的殖民统治和政教合一政策，摩洛人始终坚持地区独立和伊斯兰教信仰，并通过武装斗争激烈反抗殖民侵略，最终这场"摩洛战争"持续了 320 年之久。这也部分地解释了自由亚齐运动和棉兰老摩洛伊斯兰解放阵线（Moro Islamic Liberation Front，以下简称"摩伊解"）都旨在获得独立，而不仅仅是获得自治权的原因。

其次，不论是亚齐人还是摩洛人都属于穆斯林，对伊斯兰教的虔诚信仰使得他们难以同本国中心地区的新教徒、天主教徒达成共识。亚齐自古以来就是重要的港口，同时也是伊斯兰教进入印度尼西亚的"入口"，被称为"麦加走廊"。早在1205 年，亚齐地区就已建立了亚齐伊斯兰王国。长期以来，伊斯兰教对于亚齐的影响远比其对于印度尼西亚其他地方的影响要深刻得多，印度尼西亚中部和北部地区多信仰基督教、天主教等。而在菲律宾，由于西班牙首先占领了其中北部群岛，该地区以天主教为主流，而始终反抗西班牙统治的棉兰老地区则依旧保持着浓厚的伊

---

① Rizal G. Buendia, The Politics of Ethnicity and Moro Secessionism in the Philippines, Working Paper No. 146, November 2007.

② Elizabeth F. Drexler, *Aceh, Indonesia: Securing the Insecure State*, University of Pennsylvania Press, 2008, p. 209.

斯兰教信仰。

再次，不论是亚齐还是棉兰老地区，都拥有丰富的石油、天然气等自然资源，这使得二者不仅受到了来自本国政府的重视，也从经济角度解释了为何不论是印度尼西亚还是菲律宾政府都对本国的分离主义运动采取强烈镇压的手段。在与分离主义组织的数次和平谈判过程中，自然资源尤其是石油和天然气的收入分成一直占据着重要地位。以亚齐为例，其石油和液化天然气收入长期处于分配不均的状态，近乎全部的自然资源收入都流入中央财政，再被分配到爪哇岛等中心地区，不仅使得亚齐长期处于落后状态，也造成亚齐人民的强烈不满。棉兰老地区的情况亦与此类似，棉兰老地区丰富的自然资源和广袤的肥沃土地吸引了大批的外国殖民者和北部天主教徒到棉兰老地区开垦荒地、开发资源并设立工厂，进行掠夺式的开发，但他们却不愿与棉兰老地区的穆斯林分享在这一过程中所获得的利益。

最后，两国中央政府及军队所采取的强硬态度也使得和平谈判长期难以开启。不论是自由亚齐运动还是摩伊解都遭到了政府军的强烈镇压，亚齐与棉兰老地区皆遭遇过来自多届政府的军事戒严法令。叛乱军与政府军之间对抗与反对抗、镇压与反镇压的武装冲突频繁发生，造成了巨大的经济损失和人员伤亡，也对本国社会经济发展和政治稳定带来了极大影响。

然而，尽管亚齐和棉兰老地区的分离主义运动拥有诸多相似之处，却有着不同的命运。那么，是哪些因素促成了自由亚齐运动与印度尼西亚政府的政治和解？与之相比，又是什么因素阻碍了棉兰老分离组织与菲律宾政府之间达成政治和解？我们将对这两个案例进行过程追踪并分析其因果关系。

二、2005 年亚齐和平谈判："相互伤害的僵局"、调停者与政治和解的达成

在对 2005 年亚齐和平谈判过程进行追踪之前，有必要首先对自由亚齐运动的历史和发展情况进行简单回顾。自由亚齐运动成立于 1976 年，以寻求亚齐地区的独立为目标，与印度尼西亚安全部队（Tentara National Indonesian，TNI）发生了多次武装冲突，据称超过 15000 人在历次武装冲突中丧生。自 20 世纪末以来，随着印度尼西亚前总统苏哈托的下台以及受到东帝汶独立运动的影响，亚齐地区的分离主义运动再次激化，印度尼西亚政府必须作出一个抉择：要么通过和平谈判，与自由亚齐运动达成政治和解，要么就让亚齐地区继续处于充满暴乱和仇恨的状态中。2000 年，印度尼西亚政府和自由亚齐运动在瑞士一个非政府组织的促成下开启了历

时一年多的和平谈判。期间历经多次谈判与波折，最终于 2002 年达成《停战协议》（Cessation of Hostilities Agreement，COHA），印度尼西亚政府同意给予亚齐更大的自治权并从亚齐地区撤军，但是冲突并没有完全消解。2003 年，梅加瓦蒂政府宣布了一项旨在永久消灭自由亚齐运动的"军事法令"，这一举动意味着 2002 年的《停战协议》毁于一旦，也意味着此前经多方努力达成的和平协议成果也随之作废。政府军随即展开近 30 年里规模最大的军事行动，对自由亚齐运动展开空中和地面的全力打击，亚齐地区重陷动荡与冲突之中。

转折点发生在 2004 年，新上台的苏西洛政府致力于以和平谈判的方式实现政府军与自由亚齐运动之间的停火并最终达成政治和解，从而实现亚齐地区的永久和平。2004 年 12 月的印度洋海啸为自由亚齐运动和印度尼西亚政府之间的谈判提供了一个十分重要的契机。在芬兰前总统马尔蒂·阿赫蒂萨里的斡旋下，和平谈判再一次启动，最终政府军与自由亚齐运动于 2005 年 8 月签署了《谅解备忘录》，自由亚齐运动的成员纷纷放下武器回归正常社会生活，这也意味着自由亚齐运动与政府军之间的真正停火。2006 年 7 月，印度尼西亚国会通过了《亚齐自治法》，在法律意义上明确给予亚齐地区更具体、更民主的自治权力。

在分析 2005 年《谅解备忘录》如何达成之前，我们必须了解一个首要的问题——是什么原因促成了自由亚齐运动与印度尼西亚政府重返和平谈判？一般来说，如果交战双方中有任何一方坚持认为其可以通过暴力来达到目的或维护利益，那么二者之间的和平前景就十分渺茫。只有当出现"相互伤害的僵局"（mutually hurting stalemate）时，两个截然对立的集团才更有可能放弃暴力抗争并考虑以和平方式来处理彼此间的矛盾。所谓"相互伤害的僵局"，是指冲突双方都被困在并且都意识到自己正处于一个僵局之中，仅凭暴力冲突不能为任何一方带来胜利。这就意味着双方有可能会选择冲突以外的方式，即和平谈判，来进行接下来的利益博弈。[1] 在亚齐，这种僵局出现在 2004 年，具体来说有两方面原因：

第一个原因，海啸所带来的灾难和重大损失催生了双方停火并全力投身救援的决心。2004 年 12 月，印度尼西亚苏门答腊岛附近海域发生强烈地震并引发海啸，共造成 22 万人死亡，而亚齐由于位于苏门答腊岛最西部，成为海啸中的重灾区，仅亚齐地区就有 12 万人死亡、10 万人流离失所。然而，当时的亚齐地区仍然处于梅加瓦蒂总统发布的"军事戒严令"的管控之下，任何通往亚齐的通道都受到了印

---

[1] I. Zartman William, The Timing of Peace Initiatives: Hurting Stalemates and Ripe Moments, *Global Review of Ethnopolitics*, Vol. 1, No. 1, 2001, pp. 8-18.

度尼西亚政府的严格管制。海啸之后，一方面亚齐伤亡惨重，急需大量的专业救助人员、医疗人员和药物援助，然而许多外国记者、国际医疗组织、救助组织等却无法进入亚齐提供帮助，使得国际舆论和许多亚齐人呼吁印度尼西亚政府和自由亚齐运动能够在灾难面前团结起来，从而能够尽快开放准入通道以便援救亚齐。在现实困境和国内外舆论的双重压力下，自由亚齐运动和印度尼西亚政府相继迈出了通往和平谈判的第一步——宣布停火。自由亚齐运动先是单方面宣布停火，随后印度尼西亚政府及军方也向自由亚齐运动表明了其态度的转变。由此可见，2004年海啸的确成为促使僵局出现的关键因素之一。在海啸所带来的现实困境下，印度尼西亚政府及军方不得不从武装冲突转移到伤员救援和家园重建上来。而双方宣布停火之后陆续到来的国外救援队伍和非政府组织也为亚齐带来了一些自由、合作的人道主义气息。

促使僵局出现的第二个原因，也是更加重要、更加隐性的原因，则是自由亚齐运动的战斗热情和印度尼西亚政府及军方的态度转变。自由亚齐运动本身是一个主张以武装暴力手段反抗印度尼西亚统治、争取亚齐独立的组织，但长期的武装斗争和备受孤立的国际地位导致自由亚齐运动，尤其是其上层领导者的战争疲劳感越来越严重，并使其对印度尼西亚政府及军方的强硬态度有所缓和。从更深层意义上讲，由于军方的长期打压，自由亚齐运动遭受了巨大的损失，其追求亚齐独立的目标渐渐松动，并转而对实现亚齐自治及自治权的具体内容进行了考虑。尽管大多数自由亚齐运动成员仍然坚持着他们以往宣誓致力于亚齐独立与自由的信条，但他们的现实处境又是十分令人绝望的，自由亚齐运动的主要上层领导者都意识到自由亚齐运动已经很难重获他们之前曾有过的国际影响力了。当然，2004年的印度洋海啸，加速了这一转变过程。

在上述两大因素的作用下，"相互伤害的僵局"逐渐形成。自由亚齐运动在单方面停火宣言中说道："海啸的发生给双方间的停火和亚齐的和平带来了希望的曙光。"之后，时任印度尼西亚副总统卡拉表示，"此次雅加达政府与自由亚齐运动之间所达成的共识并不是一次暂时的停火，而是永久和平的一个开端"。这次人道主义停火以及双方高层领导人态度的明显转变给亚齐又一次带来了和平的希望。

2005年8月，在芬兰前总统马尔蒂·阿赫蒂萨里及其"危机管理倡议"（CMI）[①]

---

① "危机管理倡议"（Crisis Management Initiative）由芬兰前总统、2008年诺贝尔和平奖得主马尔蒂·阿赫蒂萨里于2000年创立，是一个独立的非政府组织，致力于通过非正式对话和仲裁调停来预防和解决国家间或地区间冲突，其主要关注的是中东和北非、欧亚大陆以及非洲撒哈拉以南地区的和平进程。See Edward Aspinall, The Helsinki Agreement: A More Promising Basis for Peace in Aceh? East-West Center Washington.

的促成下，自由亚齐运动与印度尼西亚政府于芬兰首都赫尔辛基先后进行了五轮谈判，最终达成并签署了 2005 年《谅解备忘录》。《谅解备忘录》对自由亚齐运动和印度尼西亚政府之间的许多矛盾都进行了处理和调解，并涉及了有关亚齐自治的具体内容，包括政治参与与经济建设、人权与亚齐地方法规、自由亚齐运动成员的释放与特赦、将曾经的自由亚齐运动战士整合到亚齐社会中的具体方法、亚齐安全保障、成立亚齐监督使团以保证《谅解备忘录》中的规定能够实际落实等。[1] 虽然和平谈判获得了巨大成功，但达成这些具有重大历史意义的成果却经历了不少的波折。一方面，自由亚齐运动与印度尼西亚政府之间仍然缺乏和平谈判所需要的足够信任，尤其是自由亚齐运动方面；不论是出于当时双方实际力量相对悬殊的考量，还是从双方关于停火协议态度的积极程度来看，自由亚齐运动对印度尼西亚政府及军方的信任都是十分谨慎的。另一方面，双方对谈判过程中所出现的词义不同而产生的分歧也直接导致了谈判困境的出现。实际上，自由亚齐运动所主张的"自治"（self-government）与印度尼西亚政府所坚持的"特别自治"（special autonomy）两大政治和解方案在具体内容上并不存在巨大差异。毕竟，一场政治和谈本就意味着对立双方可以在一轮又一轮的谈判和相互妥协中重建信任，并重新厘清双方的原则界限和利益分配。而这次谈判困境的解决则有赖于芬兰前总统阿赫蒂萨里及其"危机管理倡议"所采取的更加柔和和机智的调停策略——"除非所有的问题都已达成一致，否则就意味着一切都还未尘埃落定"（nothing is agreed until everything is agreed）。这一策略对双方在谈判中的行为规范起到了较大的限制作用，并促使他们对自身的谈判姿态进行积极调整，从而使得双方对谈判重拾信心，之后的几轮谈判也得以基本平稳地进行下去。

双方最终达成的 2005 年《谅解备忘录》主要包括以下四个部分：第一，关于亚齐自治后的政治未来，主要是指亚齐地区的政治参与、地方选举及人权等问题，其前提在于，自由亚齐运动必须放弃争取亚齐独立，而印度尼西亚政府也必须同意在自由亚齐运动解散之后，其成员可以通过和平、合法的方式参与到亚齐自治之中。第二，有关自由亚齐运动的解散和亚齐的非军事化问题，具体包括自由亚齐运动成员的大赦和如何确定印度尼西亚军队驻留在亚齐的数量及责任问题。第三，成立亚齐监督使团，以保证《谅解备忘录》的规定能够实际落实等。第四，关于对亚齐的经济补偿以及亚齐石油和天然气的收益分配问题。[2] 在《谅解备忘录》签署之

---

[1] Elizabeth F. Drexler, *Aceh, Indonesia: Securing the Insecure State*, University of Pennsylvania Press, p. 208.

[2] Ibid.

后，尽管有部分亚齐公民对其具体内容抱有质疑甚至反对，但大部分亚齐人仍对此持积极态度，毕竟对于当时的亚齐来说，最重要的是通过法律来确保亚齐的政治地位和利益，而非对过去的伤痛念念不忘。自由亚齐运动和印度尼西亚政府签署的《谅解备忘录》不仅有关亚齐的停火和安全问题，更重要的是为构建亚齐未来的政治框架提供了具有效力的保证。2006年，印度尼西亚国会顺利通过了《亚齐自治法》。同年12月，亚齐举行地方性选举，前自由亚齐运动成员赢得了大部分政府职位。至此，亚齐终于通过政治和解的方式告别了战火和暴乱。

三、2014年菲律宾棉兰老地区政治谈判："僵局"的缺失、调停者与政治和解的失败

并非每个东南亚国家都能够通过一次或更多的和平谈判与分离组织达成政治和解，从而实现有效的冲突治理。菲律宾就是一个失败的案例。在1946年菲律宾脱离美国独立建国前，菲律宾南部棉兰老地区就一直是穆斯林的聚居地。在西班牙和美国的殖民统治下，菲律宾南部的摩洛人与殖民者进行了长期的斗争，两个殖民国家都未能将南部的摩洛人问题彻底解决。西班牙和美国三百多年的殖民统治虽然客观上促进了菲律宾现代民族国家的形成，但却是一个以信奉天主教的民族为主体的国家，而以摩洛人为代表的少数民族则始终处于若即若离的状态，并且长期以来都以建立属于摩洛人自己的国家——"邦萨摩洛"（Bangsamoro）为目标，这就为日后频发的分离运动埋下了伏笔。①

菲律宾建国以来，棉兰老地区的分离主义运动一直是历届菲律宾政府所面临的棘手问题。摩洛民族解放阵线（Moro National Liberation Front，以下简称"摩解"）、摩伊解和阿布萨耶夫组织（Abu Sayyaf Group）的相继成立使得棉兰老地区的分离主义运动更加组织化和集团化，并与菲律宾政府军不断发生军事冲突。有数据显示，政府军与分离组织之间的武装冲突共造成棉兰老地区约10万人死亡。与印度尼西亚一样，菲律宾政府也曾多次与各分离组织开展和平谈判和对话，并试图达成停火协议和谅解备忘录，但都宣告失败。2014年，在时任马来西亚总理纳吉布的见证下，时任菲律宾总统阿基诺三世与最大的反政府武装摩伊解签署了一项全面解决方案，以邦萨摩洛自治区取代棉兰老穆斯林自治区，实现菲南地区的自治。然而，2015年初，政府军在北拉瑙省与摩伊解再度发生激烈冲突并造成44名特警死亡的

---

① 陈衍德：《对抗、适应与融合——东南亚的民族主义与族际关系》，岳麓书社2004年版，第121页。

恶性事件，使得《邦萨摩洛基本法（草案）》最终未能在总统阿基诺三世卸任前获得国会通过，也意味着2014年谈判的最终失败。

与2005年的亚齐和平谈判不同，菲律宾2014年的政治谈判更像是此前许多次和解失败后的再次尝试与恶性循环。事实上，自从20世纪60年代棉兰老地区武装分离运动集中爆发以来，菲律宾政府与各分离组织进行了近半个世纪马拉松式的和平谈判，也曾达成过一些具有重大意义的和平成果。菲律宾政府曾与摩解先后签订1976年《的黎波里和平协议》与1996年《雅加达和平协议》，虽然双方最终就建立棉兰老地区穆斯林自治区达成一致并着手推行，却促使一部分成员从摩解中分离出来，成立了更加激进的摩伊解。摩伊解以及20世纪90年代成立的更为激进的阿布萨耶夫组织坚持在菲律宾南部成立独立的伊斯兰国，从而使得上述两个和平协议形同废纸。

20世纪末以来，面对日趋严峻的恐怖主义和分离主义冲突，处境艰难的埃斯特拉达政府不得不再次采取"大棒"政策。虽然阿罗约政府曾经试图重启谈判历程，但在"9·11"事件后，美国指责菲律宾阿布萨耶夫组织与基地组织有联系，把菲律宾南部描述成为"基地和伊斯兰原教旨主义者的天堂"，并派遣特种部队到达菲律宾南部协助菲律宾反恐，菲美军队还为此举行了代号为"肩并肩"的联合军事演习。① 这一系列举动使得菲律宾政府的态度日趋强硬，对和平谈判的诚意也大打折扣，和谈难以达成实质性成果，棉兰老地区重燃战火。

观察菲律宾政府与上述三个分离组织的历次政治和解过程中不难发现，菲律宾南部棉兰老地区的和平谈判中很难形成"相互伤害的僵局"。一方面，摩解、摩伊解和阿布萨耶夫组织之间的复杂关系导致了菲律宾政府难以同三方组织达成一个完整的和平协议，从而致使棉兰老地区的叛乱与冲突总是处于一个此消彼长的状态中。这使得谈判过程中的利益博弈变得更加艰难，一旦菲律宾政府向任何一方作出一点微小的让步，都意味着其余一方或两方也都自然增加了同菲律宾政府谈判的筹码，从而使谈判各方无法意识到，或者说不愿意承认冲突无法取得胜利。另一方面，菲律宾军方的强势态度以及美国的干涉，使得菲律宾政府的立场更加强硬，也就难以出现"相互伤害的僵局"。这也就意味着，即使和平谈判能够举行，也很难达成有意义的成果。

2014年3月，经过马来西亚政府的调停，在马来西亚总理纳吉布的见证下，时任菲律宾总统阿基诺三世与摩伊解签署了一项新的和平协议，规定将在棉兰老地区

---

① 许利平：《菲律宾反政府武装为何剿而不灭》，http://news.sina.com.cn/w/2008-08-22/174916159570.shtml。

设立新的"邦萨摩洛自治区",用以取代现存的棉兰老穆斯林自治区。2014年全面和平协议的内容主要包括四个方面:一是,菲律宾政府依然掌握着棉兰老地区的国防事务、外交政策和货币,但将给予摩洛穆斯林更大程度的自治权力。二是,摩伊解方面停止与政府的武装斗争并最终解除武装回归社会。三是,新设立的"邦萨摩洛自治区"将在与菲律宾政府保持一致的前提下拥有较高的自治权力,如社会保障和养老金、土地登记、人权、海岸警卫队、公共秩序和安全等。四是,有关棉兰老地区自然资源的收益分配问题,"邦萨摩洛自治区"将与菲律宾中央政府分享自然资源收入,其中包括75%的矿业资源收入收益和50%的化石燃料税收益。[①]

然而,发起一场战争十分容易,结束战争却是困难重重。2014年的和平协议所取得的脆弱成果没能维持多久。在协议签署不久,位于棉兰老岛的马京达瑙省就发生了激烈的武装冲突,造成了44名特种警察死亡。菲律宾民众由此对总统阿基诺三世怨声载道,甚至有天主教教会人士和参议员公开呼吁阿基诺三世辞职,许多菲律宾平民要求阿基诺三世放弃2014年的和平协议并为死者报仇。阿基诺三世的部分政治盟友也建议暂停实施2014年的和平协议中所规定的立法进程。之后不久,菲律宾武装部队就对摩伊解和阿布萨耶夫组织发起了军事攻击。2016年,菲律宾国会未能通过《邦萨摩洛基本法(草案)》,2014年的政治和谈最终破裂。尽管杜特尔特总统在其任内重启了谈判进程,并于2018年7月签署法案,允许在棉兰老地区建立"邦萨摩洛穆斯林自治区",但棉兰老地区的和平前景仍然是一团迷雾。

四、冲突治理与政治和解的条件分析

通过对上述两个案例的过程追踪和研究分析,可以发现冲突治理与政治和解所必需的四个基本条件——"相互伤害的僵局"、双方的让步与妥协、卓有成效的调停者、和平协议的落实与立法进程。由于政治和解实际上包含三个阶段,即和平谈判前、和平谈判的开启与和平协议的签署、协议达成后的立法落实,因此本文将按照这三个阶段依次分析政治和解的条件。

第一,和平谈判是政治和解的主要部分,然而和平谈判能否开启的关键则在于是否存在"相互伤害的僵局"。这种僵局的存在,意味着冲突双方可以做到暂时停火,并更多地考虑以和平的方式解决问题。通常来说,这种僵局的出现更多是由主客观两方面的因素造成的。主观上,双方均认为依靠暴力冲突并不能够带来胜利,

---

① Primer on the Annex on Power Sharing.

希望停止武装斗争；与此同时，至少有一方愿意并且能够主动停火以示诚意。客观上则是指某个特定事件所带来的现实需求导致双方不得不宣布停火。亚齐的成功就是如此，由于自由亚齐运动组织内部的战争疲惫感以及海啸所带来的现实救援需求，自由亚齐运动与印度尼西亚政府先后宣布停火，之后的和平谈判和《谅解备忘录》才有可能达成。而反观菲律宾的案例，2014年的政治谈判并未具备"相互伤害的僵局"这一前提条件，不论是菲律宾政府，还是摩解、摩伊解和阿布萨耶夫组织，都始终奉行"以暴制暴"的强硬态度。

第二，在和平谈判的过程中，每一轮谈判都需要双方的适当妥协和让步，同时还需要富有经验与智慧、卓有成效的调停者。首先，如果谈判任意一方只希望得到更多的利益和权力，却又拒绝作出有意义的让步，那么政治和解的最终成功必然微乎其微。从2005年亚齐和谈的具体过程可以看出，虽然经历了一些困难，但双方最终达成的《谅解备忘录》显示出了印度尼西亚政府和自由亚齐运动为彼此作出的许多让步——印度尼西亚政府同意赦免自由亚齐运动的成员，并承诺以立法方式赋予亚齐地区一系列自治权，而自由亚齐运动也作出了销毁武器、放弃独立口号并解散组织等允诺。而菲律宾政府与摩伊解在2014年达成的和平协议，更多地关注建立"邦萨摩洛自治区"以及双方的权力和资源分配问题，却在要求摩伊解放弃继续争取独立建国这一关键问题上未能形成旗帜鲜明的立场。这不仅意味着摩伊解对这次和谈有所保留，更间接导致双方所达成的和平协议难以获得民众的赞同和国会立法通过。其次，一个富有经验与调解智慧的调停者对于和平谈判也起到十分重要的作用。在2005年亚齐和平谈判的过程中，芬兰前总统阿赫蒂萨里及其"危机管理倡议"所采取的"除非所有的问题都已达成一致，否则就意味着一切都还未尘埃落定"的策略使得谈判得以顺利和有效地进行下去。而马来西亚政府在2014年菲律宾谈判中所起到的作用则十分微弱。一方面，一个优秀的调停者必须具备丰富的调解经验和富有智慧的斡旋技巧；另一方面，一个可以真正发挥积极作用的调停者必须具备非政府和第三方的独立特征和人道主义性质。相比之下，马来西亚属于菲律宾重要邻国之一，缺乏客观中立性，因此较难获得菲律宾政府和摩伊解等分离组织的信任，无法对和谈做出积极贡献。

第三，在和平谈判顺利结束之后，和平协议中具体内容的落实和立法的通过则代表了政治和解的成功和圆满达成。具体来说，冲突双方应当按照协议内容作出现实改变，政府方应当积极推进立法进程，而曾经的分离组织也必须停止对以往冲突和仇恨的重复，并将重心放在叛乱地区的建设和发展上。除此之外，拥有一定制裁能力和国际地位的第三方监督团队对于协议内容的落实也有很大的帮助作用。印度尼西亚政府与自由亚齐运动的 2005 年《谅解备忘录》达成之后，由欧盟和东南亚国家联盟所组成的亚齐监督使团到达亚齐并行使其监察责任；2006 年印度尼西亚国会正式通过《亚齐自治法》，使亚齐地区的和平与自治在法律意义上获得了保证。而在菲律宾的案例中，虽然菲律宾政府与摩伊解于 2014 年签订了全面和平协议，但 2015 年棉兰老地区的马京达瑙省爆发的武装冲突和暴乱却标志了和平谈判的失败，并最终导致和平协议落实与立法进程均告失败。

五、结论

理论上而言，东南亚国家治理其国内分离运动和族群冲突的最佳解决方案是政治和解。然而，如何通过政治和解使得原本已激战多年的冲突双方作出和平让步，比想象的要困难和复杂许多。通过分析和比较印度尼西亚和菲律宾政治和解的成与败，我们发现，"相互伤害的僵局"、双方的让步与妥协、卓有成效的调停者、和平协议的落实与立法进程这四个方面是政治和解得以达成的基本要件，在相当程度上决定了政治和解的成与败。

必须要承认的是，菲律宾棉兰老地区分离主义组织的多样性，以及其相互关系的复杂性同样对该地区 2014 年政治和解的失败产生了重要的影响，但是本文研究所发现的四项基本要件仍然可以作为预测一次政治和解能否成功的有效标准，并能从中思考如何进行有效政治和解的策略技巧，从而进行冲突治理并最终实现和平。

基层治理

户籍差异、教育获致与城市正义

——上海市流动儿童少年义务教育的实证研究

严善平[*]

摘　要：本文利用两次上海中小学生调查数据，实证分析了外地学生和本地学生的基本属性、分布情况、对现状和未来有关问题的想法、学力差异以及学力的影响因素。分析结果表明：全面施行"两个为主，一视同仁"政策以来，上海市流动儿童少年在就学环境方面有了明显的改善，绝大多数学生逐渐被纳入了正规的国民义务教育体系。外地学生因跟随父母流动而误学的情况大大减少；母亲或父母双方均为外地出生的学生的成绩甚至比母亲或父母均为上海本地出生的要好；父母的教育水平对学生的学力影响也十分微弱。但由于升学制度的限制，流动儿童少年在完成义务教育之后的出路十分有限，有些选择完全出于无奈。要消除实质上的教育机会不平等，政府有必要进一步发挥能动性，逐步缩小乃至消灭机会不平等的根源。

关键词：流动儿童少年；义务教育；教育机会；学力差异；"两个为主、一视同仁"

一、引言

近30年来，中国社会经济迅速发展，离乡进城人口急剧增加，城市化水平加速上升。2017年城镇常住人口占总人口比重达58.5%，基本实现了产业化与都市

---

[*] 严善平，日本同志社大学全球问题研究院教授，天津理工大学管理学院客座教授。主要研究领域：发展经济学、劳动经济学、农业经济学等。

化的同步进行。但是，城镇常住人口中有 2 亿多的农民工及其随迁家属，并非完整意义上的市民。长期以来，由于户籍制度而产生的城乡二元结构以及大城市内部的新型二元结构，严重约束了现代市民社会的形成和发展。[1] 打破制度壁垒、实现城乡一体化，必然地成为当代中国进一步发展的基本诉求。

进入 21 世纪以来，中央相继提出了科学发展观、构建和谐社会、以工补农、以城带乡、城乡一体化等理念和目标，在三农政策、户籍和社保等制度改革方面做了不少工作，也取得了一些阶段性成果。对进城务工人员随迁子女（流动儿童少年）的初等义务教育实施"两个为主、一视同仁"政策，就是一个引人注目的进步。[2]

赵树凯[3]、吕绍清、张守礼[4]、韩嘉玲[5]是较早对流动儿童少年教育问题进行学术研究的学者，他们通过田野调查，揭示了这个十分重要，但却没有引起社会和政府广泛关注的大问题。此后，随着流动儿童少年教育问题的社会化，大批调研报告纷纷问世，如周海旺等[6]、刘杨等[7]、寥大海[8]、高慧[9]、周潇[10]都从不同角度，详细描述了流动儿童少年教育的方方面面。田慧生、吴霓[11]，课题组[12]不但在制度层面对相关政策及其演变过程作了全面的整理分析，还在全国各地收集了较为翔实的统计数字，定量描述了流动儿童少年教育改革的成果。

---

[1] 严善平：《中国农民工调查研究：上海市、珠江三角洲农民工的就业、工资和生活》，晃洋书房 2010 年版。

[2] 严善平、周海旺：《教育公平与户籍身份：基于上海市中小学生的调查》，载《中国人口科学》2013 年第 2 期。

[3] 赵树凯：《边缘化的基础教育：北京外来人口子弟学校的初步调查》，载《管理世界》2000 年第 5 期。

[4] 吕绍青、张守礼：《城乡差别下的流动儿童教育：关于北京打工子弟学校的调查》，载《管理与战略》2001 年第 4 期。

[5] 韩嘉玲：《北京市流动儿童义务教育状况调查报告》，载《青年研究》2001 年第 8、9 期；韩嘉玲：《流动儿童教育与我国的教育体制改革》，载《北京社会科学》2007 年第 4 期。

[6] 周海旺等：《中国城市流动人口子女的教育状况研究》，上海社会科学院人口与发展研究所 2003 年调研报告。

[7] 刘杨、方晓义、蔡蓉、吴杨、张耀方：《流动儿童城市适应状况及过程——一项质性研究的结果》，载《北京师范大学学报（社会科学版）》2008 年第 3 期。

[8] 寥大海：《上海地区民工子女教育问题研究报告》，载《上海教育科研》2004 年第 12 期。

[9] 高慧：《上海外来人口子女义务教育现状》，载《当代青年研究》2010 年第 3 期。

[10] 周潇：《反学校文化与阶级再生产："小子"与"子弟"之比较》，载《社会》2011 年第 5 期。

[11] 田慧生、吴霓主编：《农民工子女教育问题研究：基于 12 城市调研的现状、问题与对策分析》，教育科学出版社 2010 年版。

[12] 中国进城务工农民随迁子女教育研究及数据库建设课题组：《中国进城务工农民随迁子女教育研究》，教育科学出版社 2010 年版。

随着"两个为主、一视同仁"政策的实施,绝大多数流动儿童少年在当地的公办中小学就读,与当地学生使用一样的教材、上同样的课。在此背景下,流动儿童少年教育问题的研究也突破了过去的框架,把视野从流动儿童少年扩展到公办学校的全体学生,强化了流动儿童少年与城市孩子的比较研究。例如,熊易寒[1]通过深入访谈上海公办学校的农民工子女,详细描绘了公办中小学内部的可视化二元结构,指出了流动儿童少年教育问题与现行高中升学、大学考试等制度的内在关联;苑雅玲、侯佳伟[2]对北京流动儿童少年择校与家庭背景之关系进行了研究,利用问卷调查数据,实证分析了流动人口家庭的社会经济水平、社会网络等因素对择校行为的影响。

但是,在大城市的公办中小学中,流动儿童少年与当地孩子在学习成绩方面到底有没有差距?这个差距有多大?又是怎么产生的?对这些问题的研究目前还积累不多,在定量把握问题的所在和内在机制方面,文献更少。本文利用两次问卷调查数据,试图对上述问题作实证分析。通过对本地学生与外地学生的比较研究,加深对流动儿童少年教育问题的理解,评价城乡一体化战略的实际效果、指出存在的问题、探讨相应的对策。

本文的构成如下:首先简要描述流动儿童少年教育问题的时代背景及其变化过程,其次概观全国以及上海市流动儿童少年的总体情况和相关的教育问题。在此基础上,我们利用两次问卷调查的微观数据,定量分析在特大城市学习生活的流动儿童少年的基本属性、对当下和将来有关问题的主观认识、外地学生与本地学生的学力分布、影响学力的个人和家庭因素等问题。最后,结合分析结果,思考流动儿童少年的教育机会平等问题。

二、流动儿童少年教育问题的时代背景及其变化过程

在当今中国,所谓"留守儿童""流动儿童"早已成了广为使用的日常用语,很多做父母的或许就是当事者,也许现在还在为此伤尽脑筋。父母因外出务工经商、不得已把子女留在农村老家的留守儿童也好,跟随父母进城的流动儿童也罢,他们能否接受正常的教育,特别是正规的学校教育,常常成为所有问题的核心。留

---

[1] 熊易寒:《底层、学校与阶级再生产》,载《开放时代》2010年第1期。
[2] 苑雅玲、侯佳伟:《家庭对流动儿童择校的影响研究》,载《人口研究》2012年第2期。

守儿童现象在20世纪90年代后期伴随着地区间劳动力流动的增多而出现,从2000年左右开始,由于举家进城的务工人员迅速增加,流动儿童现象也日益引起了社会的广泛关注。

从国际视野来看,留守儿童、流动儿童现象都非常独特,而在中国却不足为奇。因为户籍制度对农转非以及户口迁移严格限制,大批农家子弟长期在城市里工作生活,而户口却不能随迁,常住地与户口所在地分离。这种所谓的人户分离又滋生了很多其他问题,其中就包含了学龄儿童难以得到正常的家庭教育和学校教育、流动儿童与本地儿童的教育机会不均等,以及相关的社会正义等问题。

2001年7月,在北京参加第二次中国农村劳动力流动国际会议期间,主办方组织国内外与会者参观了当时很有名的北京知行打工子弟学校,目睹了民工子弟学校的教学条件。据国务院发展研究中心赵书凯研究员介绍,当时学界和政府部门十分关注汹涌澎湃的民工问题,起初并没有充分认识到流动儿童少年教育问题的重要性。为了解决随迁子女的学校教育问题,在北京郊区或部分城中村里,民工们自发地建立了一些非正式的子弟学校。由于潜在需求较大,带有经营性的民工子弟学校也相继应运而生。尽管教学设备、师资力量、教育经费等都很不规范,但政府对此又无能为力,所以很长一段时间里,民工子弟学校处于国家义务教育制度的边缘地带。

参照周国华、翁启文[1]的方法,利用中国知网检索系统,可以了解以流动儿童少年教育为主题的期刊论文的发表情况。如图1所示,从2000年左右论文数开始急剧增加,2008年多达124篇。在随后的10年中,论文数基本上在120篇上下。核心刊物刊登的论文数也呈现了大致相同的变化趋势,2000年仅有1篇,而2007年超过40篇,此后10年基本没有变化。由此可见,学界对流动儿童少年教育的研究与该问题的出现直至引起社会广泛关注的时期高度吻合,同时还可以推断,尽管流动儿童少年教育是个重要的社会问题,学界也非常关注,但该问题直到现在依然没有得到根本的解决。对此间的研究综述,可参见冯帮[2]、王中会等[3]。

---

[1] 周国华、翁启文:《流动儿童教育问题文献研究述评》,载《人口与发展》2011年第5期。
[2] 冯帮:《近十年流动儿童教育问题研究述评》,载《现代教育管理》2011年第3期。
[3] 王中会、蔺秀云、侯香凝、方晓义:《流动儿童城市适应及影响因素——过去20年的研究概述》,载《北京师范大学学报(社会科学版)》2016年第2期。

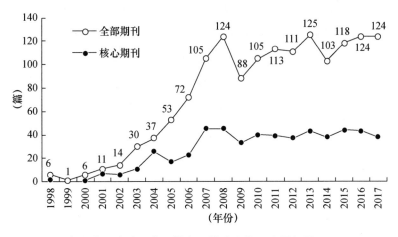

图1a 主题为"流动儿童+教育"的论文数（中国知网/20180804）

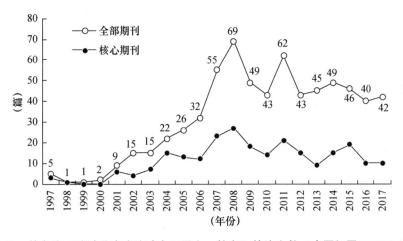

图1b 篇名为"流动儿童或流动人口子女+教育"的论文数（中国知网/20180804）

三、全国及上海市流动儿童少年及其教育问题

1. 全国留守儿童、流动儿童概况

长期以来，全国到底有多少留守儿童、流动儿童，谁也说不清。官方没有权威数据发布，学者也主要依据人口普查和独自的定义，推算有关数字。① 直到2015年，《中国统计年鉴》才首次发布了流动儿童和农村留守儿童在校情况，其中包括小学、中学的毕业生数、招生数和在校生数，以及进城务工人员随迁子女的移动范

---

① 段成荣、梁宏：《我国流动儿童状况》，载《人口研究》2004年第1期；段成荣、杨舸：《我国流动儿童最新状况——基于2005年全国1%人口抽样调查数据的分析》，载《人口学刊》2008年第6期。

围（省内、外省）等信息，表1是2015年全国情况的汇总。据此，我们可以对留守儿童、流动儿童的概括作以下描述。

2015年全国中小学在校学生中，农村留守儿童和流动儿童总数达3386万人，两者分别占总体的六成和四成。据2015年1%全国人口抽样调查和有关数据推算，当年全国农村6—14岁人口总数大约为8565万人。这意味着，在农村儿童少年中有24%的人不能与父母常年生活在一起，过着不寻常的留守生活，还有16%的人虽然与父母或其中的一方同住，但因其身份限制，同样被迫过着一种不安定的异乡生活。每百名中小学生中就有40人属于留守或流动儿童，这应该是个非常特异的社会现象。

特别是外省迁入的598万名流动儿童（占流动儿童总数的43.8%）的情况更为特异。由于普通高中和大学招生考试制度的严格限制，他们在读完小学或快要初中毕业时，必然面临是留城还是返乡的选择。

表1 进城务工子女和农村留守儿童在校情况（2015年）

	总计（①+②）	① 进城务工人员随迁子女（流动儿童）				② 农村留守儿童	农村留守儿童占比/%
		小计	外省迁入	本省外县迁入	外省占比/%		
普通小学在校学生数/万人	2397	1014	461	553	45.5	1384	57.7
其中女生占比/%	44.2	42.6	42.4	42.7		45.3	
初中在校学生数/万人	989	354	138	216	38.9	636	64.3
其中女生占比/%	44.2	41.6	41.1	41.9		45.6	
中小学合计在校学生数/万人	3386	1367	598	769	43.8	2019	59.6
其中女生占比/%	44.2	42.3	42.1	42.4		45.4	

资料来源：《中国统计年鉴（2016）》，中国统计出版社2016年版。

2. "两个为主、一视同仁"政策的形成与实践

如前文所述，20世纪90年代后期以来，地区间人口流动迅速增加，流动儿童少年上学难成了一大社会问题。在此背景下，国家教委1996年颁布了流动人口中适龄儿童少年就学试行办法，规定流入地政府要为流动人口中适龄儿童少年创造条件，提供接受义务教育的机会，同时还要求流动人口中适龄儿童少年就学应以在流入地全日制中小学借读为主。①

1998年，国家教委和公安部正式颁布实施《流动儿童少年就学暂行办法》，对流动儿童少年就学问题作了详细规定，进一步强调要全面实施"两个为主、一视同仁"政策。随后，国务院颁布了《中国儿童发展纲要（2001—2010年）》，对解决流动人口中适龄儿童少年的义务教育问题，提出了明确目标和具体措施。

2003年，教育部等六家单位联合发出了《关于进一步做好进城务工就业农民工子女义务教育工作的意见》，在强调"两个为主"的基础上，首次提出了在评优奖励、入队入团、课外活动等方面，学校要对农民工子女与城市学生"一视同仁"。自此，"两个为主、一视同仁"便成为流动儿童少年就学的基本政策。②

2006年，全国人民代表大会修订了《义务教育法》，对所有适龄儿童少年平等接受义务教育的权利等作了进一步规定。国务院在2008年发出《国务院关于做好免除城市义务教育阶段学生学杂费工作的通知》，为"两个为主、一视同仁"政策提供了必要的经济保障。

根据田慧生、吴霓③的有关调查数据，2007年，北京市有流动儿童少年40万人，占在校学生总数的36%，其中62%在公办学校就读；在成都、杭州、无锡各市，在公办学校就读的流动儿童少年分别占58%、68%、90%，在沈阳市、石家庄市达100%。根据高慧④的调查，2008年，上海市各类学校的流动儿童少年总数为40.2万人，其中就读公办学校的占61.6%。近年来，无论是大中城市还是地方城镇，几乎所有的流动儿童少年均在当地的公办中小学，或地方政府承认并得到财政支持的民办学校上学。"两个为主、一视同仁"政策基本上得到了贯彻实施。

这是一个非常可喜的进步，可以说是我国政府在构建和谐社会、实现城乡一体化方面迈出的重要步伐。但是，自2013年十八届三中全会提出"严格控制特大城市人口规模"之后，北京、上海、广州等特大城市相继提出了人口控制新政，并通过强化居住证、就业证、社保缴费年限等民工子弟入学条件的管理，实现外来人口规模的总量控制。

由于国家宏观政策的调整，在很多大中城市，流动儿童少年的学校教育问题依

---

① 高慧、周海旺：《上海外来人口子女教育制度研究》，上海社会科学院人口与发展研究所2016年调研报告。

② 高慧：《人口调控背景下上海外来人口子女初中后教育问题研究》，上海社会科学院人口与发展研究所2017年调研报告。

③ 田慧生、吴霓主编：《农民工子女教育问题研究：基于12城市调研的现状、问题与对策分析》，教育科学出版社2010年版。

④ 高慧：《上海外来人口子女义务教育现状》，载《当代青年研究》2010年第3期。

然没有根本解决。在"两个为主、一视同仁"政策下,民工子弟是否真正享受了与城市孩子平等的教育机会？他们是否可以完全摆脱户籍身份制约,通过自身努力来提高学力水平,以便在往后的升学、就业、晋升过程中也享有相对的平等机会,实现人生目标？在既有的文献中,还鲜有民工子弟与城市本地孩子在就学机会方面的比较研究。①

3. 上海市流动儿童少年及其学校教育问题

改革开放以来,伴随经济的快速增长,上海市吸引了大批来自全国各地的劳动力,常住人口从1978年的1100万人猛增到2016年的2420万人。其中,没有上海户口的流动人口同期从6万人扩大到970万人,常住人口增量的73%来自流动人口的增加。在上海常住的流动人口中,存有一大批随父母迁入的或在上海出生的所谓流动儿童少年。在国家流动儿童少年教育政策的影响下,这些民工子弟起初主要就读于非正规的简易学校,后来政府介入民工子弟学校的管理,加大对民工子弟学校的财政投入和整顿,进而把民工子弟学校纳入义务教育管理体系,逐步实现了流动儿童公办学校教育为主的政策方针。据高慧、周海旺②的分析,20世纪80年代以来,上海市流动儿童少年教育经历了三个具有不同特征的发展阶段:

第一阶段从1998年至2002年,采取了鼓励民工子弟学校简易办学的政策。1998年,在国家政策的规定和指导下,市政府规定,社会力量办学可以招收符合条件的外来流动人口中适龄儿童少年入学。专门招收流动人口中适龄儿童少年的简易学校的设立条件可酌情放宽。同时,对不符合条件的简易学校进行了取缔,对符合条件的予以扶持。

第二阶段从2003年至2012年,积极贯彻"两个为主、一视同仁"政策,缓解了流动儿童少年就学难的问题。此间,市政府出台了一系列的政策文件,通过降低入学条件、挖掘公办学校教育资源潜力、加大财政投入等举措,推进流动儿童少年接受公办学校义务教育。《文汇报》2011年1月6日报道,至2010年秋季开学,上海市47.1万名农民工同住子女全部在公办学校,或政府委托的民办小学免费接受义务教育,其中71.4%就读于公办学校（2003年为41.8%）。

第三阶段始于2013年,流动儿童少年就读公办学校门槛提高,教育机会不均问题有所恶化。十八届三中全会以来,为了控制城市人口规模,政府强化了对民工

---

① 冯帅章、陈媛媛：《学校类型与流动儿童的教育——来自上海的经验证据》,载《经济学（季刊）》2012年第3期。

② 高慧、周海旺：《上海外来人口子女教育制度研究》,上海社会科学院人口与发展研究所2016年调研报告。

子女在沪接受义务教育的条件,除了父母的上海市居住证或临时居住证,还要提供就业证、社保缴费证明,以至于达不到条件的子女和他们的父母不得已要离开上海。统计表明,2013 年以来,上海市的外来常住人口呈减少趋势,在沪就读中小学的流动儿童少年也大幅度减少。例如,嘉定区小学在校学生 2012 年有 3.7 万人,2015 年降为 2.7 万人,3 年中减少了 27%。

图 2 反映了改革开放以来上海市普通中小学在校学生数的变化。在 1978 年之后的 10 年中,上海市普通小学的在校生数基本上稳定在 80 多万人,但从 80 年代末开始,受计划生育政策和生育高峰周期的影响,小学在校生迅速增加至 116 万(1993 年);此后 10 年呈持续减少趋势,2004 年不足高峰期的半数;2006 年前后 3 年大致保持在 53 万人的规模,处于最低点;此后较快增加,2013 年达 79 万人,随后基本持平或略有减少。需要指出的是,2000 年以后普通小学在校生数的变化很大程度上与流动儿童少年的教育政策相关,同时,也正因为上海本地学龄儿童人数减少,客观上形成了流动儿童少年就读公办学校的良好条件。

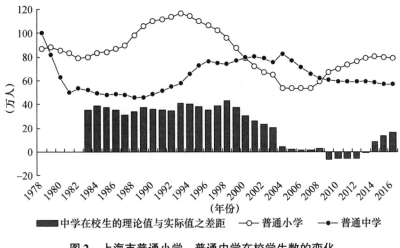

图 2　上海市普通小学、普通中学在校学生数的变化

相比之下,普通中学在校学生数的变化幅度要小得多,特别值得注意的是小学在校学生数与中学在校学生数的内在关联。因为小学有 6 个年级,初中加高中也是 6 个年级,如果完成中小学九年义务教育后的学生都能继续升学、上普通高中,表示普通中学在校学生数的曲线应该是小学在校学生曲线向右平移 6 年;小学在校学生数与 6 年后的中学在校学生数相比,如果前者大于零,则表示部分学生初中毕业后没有继续升学上普通高中,反之则表示初中生中存有相当比率的、无法在上海就读普通高中的流动少年。实际上,即便上海本地学生在结束义务教育后,也没有全部上普通高中,2014 年至 2016 年的理论值与实际值大于零便是佐证。综上所述,

我们可以推断，上海市中小学教育统计的结果与流动儿童少年教育政策的变化趋势基本一致，有关政策的变化特征（三阶段）也得到了验证。

四、大城市公办学校的流动儿童少年——基于问卷调查的比较分析

1. 调查设计与样本学生的基本情况

20世纪90年代以来，我们一直非常关注产业间、地区间劳动力转移，在上海等地开展了多次现地考察和问卷调查，同时也对上海市民工子弟学校的基本情况进行了观察研究。[①] 2012年和2017年的春节后，在上海社会科学院城市与人口发展研究所的配合下，我们对上海市公办中小学的学生进行了问卷调查。

为了让调查样本尽可能反映上海的总体情况，经过前期摸底了解和讨论，分别选取了位于市中心的静安区、近郊的嘉定区和远郊的青浦区，共抽取了6所公办中小学，再从各个学校的三年级至九年级分别抽出两个班。课题组在每个被调查的班级里对问卷调查的目的和意义，以及调查问卷填写中的注意事项进行了讲解说明，让被调查班的全体学生在当场填写调查问卷，填写完后调查员对每份问卷进行检查，发现错漏之处当场询问同学进行修改，保证了调查数据的质量。调查实施得到三区教育部门和各学校的领导、老师的大力支持。

两次调查分别获得有效样本1321人、1408人。由于准备工作比较充分，调查数字的质量基本上达到了预期水平。在问卷调查基础上，课题组还与学校教务处的老师、各调查班的老师进行了座谈交流，对学校和班级的基本情况进行了了解。考虑到中小学生对提问的理解能力，调查项目力求简要、通俗易懂、突出重点，主要有学生本人的属性特征、就学转学情况、对未来的学历和职业志向、期末考试成绩、父母及家庭的基本特征等。

由于多方面原因，仅仅依据户口或出生地难以判定学生的属性。在此，我们利用学生本人是否在上海出生，以及学生父母的出生地（省、直辖市、自治区）等信息，对所有学生进行了如下分类：① 父母均为上海出生、本人外地出生；② 父母一方为上海出生、本人外地出生；③ 父母及本人均为外地出生，加上父母学历均为高中水平及以下、本人为上海出生（本文把他们定义为流动人口在上海出生的子

[①] 严善平：《中国农民工调查研究：上海市、珠江三角洲农民工的就业、工资和生活》，晃洋书房2010年版；严善平、周海旺：《教育公平与户籍身份：基于上海市中小学生的调查》，载《中国人口科学》2013年第2期。

女）；④父母及本人均为上海出生；⑤父母一方为上海出生、本人上海出生；⑥父母均为外地出生、本人上海出生并且父母学历为大专及以上（见表2）。

表2 按本人和父母出生地划分的学生类型

		本人出生地	
		外地	上海
父母出生地	均为上海	①	④
	一方为上海	②	⑤
	均为外地	③	⑥

图3是按照上述分类得到的汇总结果。2012年调查显示，父母及本人均为外地出生的学生占全体调查对象的46.4%，大大高于父母及本人均为上海出生的学生（24.4%）；父母的一方以及本人均为上海出生的学生占14.3%；父母均为外地出生，而本人生在上海的占11.8%，在其他省市出生、接受高等教育后由国家统一分配来上海工作的一代父母，属于此类；还有极少部分学生出生在外地，但父母均为上海出生，比如在海外留学、工作的上海人把在国外生的孩子带回上海的情形应该属于此类。

在2017年的调查中，调查对象的类型发生了较大变化，③④类型的学生占比下降幅度较大，取而代之的是⑤⑥类型比率上升。这或许表明，在特大城市人口规模严格限制的新政下，纯粹意义上的流动儿童少年相对减少，通过获得高等学历、作为人才迁入上海的父母代人口相对增加，以至于纯粹意义上的本地学生比率也相对下降。

但是，在不同学年的学生中，上述学生类型的构成又明显不同。两次调查结果均显示，①②⑥类型学生比率在不同学年之间相差较小，而③④⑤类型学生随学年上升呈现了非常明显的变化，即外地学生占比随学年上升而下降，本地学生占比随

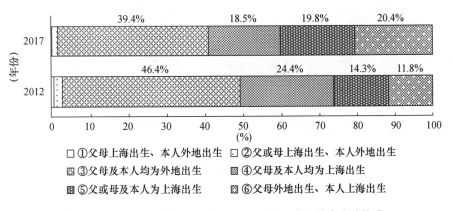

图3a 上海市3区6所公立学校三至九年级学生的出生地构成

学年上升而上升。同时还可以看出，随着时间的推移，这种变化的幅度有所减小。这可能与政府加强了对民办学校正规化管理、符合条件能在沪继续就读的外地学生相对增加有关。

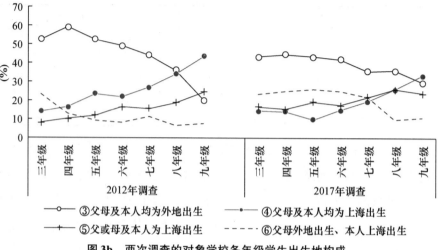

图 3b　两次调查的对象学校各年级学生出生地构成

但是，在不同区域上学的学生，其家庭背景的总体情况相差很大。图 4 是两次调查中学生父母的出生地构成。2012 年的调查结果显示，在静安区，土生土长的学生超过半数，而在远郊的青浦区，跟随父母流入的外地学生占了绝大多数，近郊区的嘉定区介于两者之间。经过 2013 年的政策调整，到了 2017 年，调查情况发生了较大的变化。结合现地调查的相关信息，可以认为，在市中心的静安区，出生外地但通过获得高学历而迁入上海的父母增加较多；在近郊的嘉定区，本地学生加速往市中心迁入，导致了外地出生的父母占比大幅上升；在远郊的青浦区，父母均为外地出生的占比下降，取而代之的是母亲外地、父亲本地出生的占比上升。

在问卷调查中，我们没有向学生提问本人及其父母的户口情况，但可以推测，

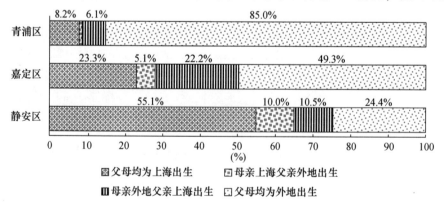

图 4a　2012 年调查 3 区学生父母出生地构成

外地学生中应该有一定数量来自其他城市的非农户口。在以下分析中，我们把前述分类的①②③类学生定义为"外地学生"，把④⑤⑥类学生定义为"本地学生"，并对这两个群体进行比较分析。

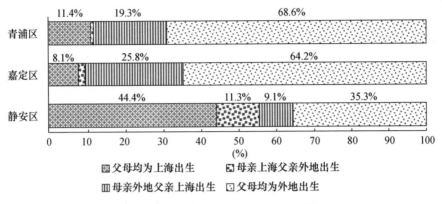

图4b　2017年调查3区学生父母出生地构成

我们再来考察一下学生年龄与所在年级的差距。首先，我们依据每个学生的实际年龄和所在年级相应年龄（按6周岁入小学一年级推算），计算出两者的差距（可称为"误学年限"），再按误学年限看所有学生的分布情况。图5是两次调查的结果。

考虑到入学的时期或计算上的误差，我们可以把误学1年或提前1年入学的同学排除在外，重点考察误学超过1年的比率。从图5可以明显地看出，在2012年的调查中，外地学生的误学程度大大多于上海本地学生。与年龄相比，误学2年的比率，本地学生仅有5.7%，而外地学生达21.4%。如果加上误学3年或误学更多的部分，外地学生的比率为30%，超过本地学生22个百分点。这其中有学习成绩不佳导致的留级，但更多的可能是外地学生跟随父母流动，因转学、适应新的学习环境，而不得不在较低学年学习。如果这个判断正确，我们则必须承认，户籍身份在中小学生的教育机会方面，已经产生了实质上的不公平，有大批外地学生不能和本地学生一样，按部就班入学、升级。

在2017年的调查中，这个问题似乎有了明显改善。如图所示，即使包括相差1年的学生在内，有误学的外地学生较本地学生也只高出10个百分点，如果限定误学2年以上的学生，两者相差才4个百分点。这或许表明，在政府强化了民工子弟学校整顿之后，能留在上海继续就读的流动儿童少年基本上实现了按部就班的正常状况。

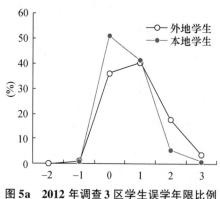
图 5a 2012 年调查 3 区学生误学年限比例

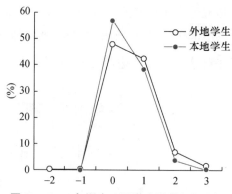
图 5b 2017 年调查 3 区学生误学年限比例

2. 本地学生与对现状和未来的主观认识

受户籍制度以及与此相关的普通高中、大学招生政策的影响，外地学生对将来的上学意愿与本地学生也有所不同。在两次调查中，本地学生选答大专及以上文化程度的占比分别为76%、72%，较外地学生的61%、70%高15、2个百分点。如图6a所示，本地学生在不同学年的占比相对稳定，而外地学生选答大专及以上的占比在小学阶段相对稳定，到了初中阶段则明显下降。小学生或许不知道在上海读高中、考大学的困难，但到了初中，他们渐渐明白了这一情况，因此对高等教育失去希望的学生占比也有所上升。如果这个推断成立，那就必须承认，当下的有关制度对外地学生具有较大的不公正性，对他们的无奈选择，我们有必要进行深刻反思。

当问及是否喜欢上海时，选答"喜欢"或"很喜欢"的学生占比总体来看还是很高的，本地学生比外地的更高。但如图6b所示，本地学生对上海的感觉与学年的关系不是很大，而外地学生随学年上升变化较大。在小学阶段，他们对上海的认同度较高，但到了初中，尤其是在面临高中升学的初三，对上海持反感的学生占比上升。

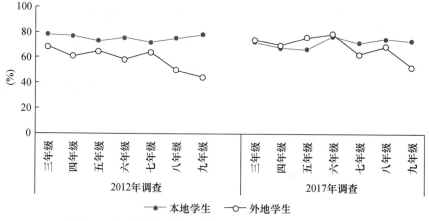
图 6a 自己将来想学到大专及以上文化程度的学生占比

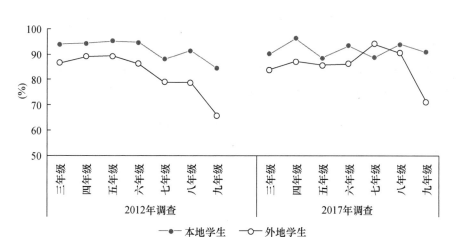

图 6b　喜欢或很喜欢上海的学生占比

从学生在家与父母用什么语言说话的情况，也可以间接推测外地学生融入上海社会的可能性。问卷调查结果显示（见图 7）：本地学生在家要么使用普通话，要么用上海方言与父母说话，但 2012 年至 2017 年的 5 年中，前者的占比上升幅度较大；外地学生也基本上与父母讲普通话或老家方言，说上海话的极少，并且，随着时间推移，讲普通话的学生占比大幅上升。究其原因可能有两个：一是在正规的公办学校，普通话教育比较普遍；二是在父母来自不同省市的民工家庭，普通话便成了日常交流的用语。汇总结果还表明，随着学年上升，用老家方言（包括本地学生的上海话）与父母说话的学生占比呈上升趋势。

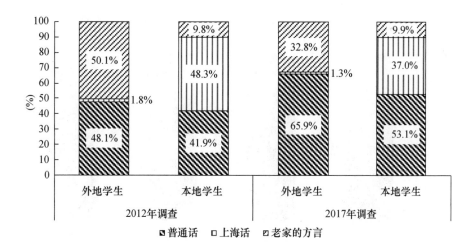

图 7　在家里，你和父母说什么话

对长大后想从事什么样的工作的提问，学生的回答结果呈现了有趣的倾向（见图 8）：在小学低学年，不少学生明确选择了军人、干部、科学家，但随着年龄增长,对未来想干什么变得不那么确定,持观望态度的学生占比快速上升。这说明,无论外地学生还是本地学生,他们在成长过程中渐渐认识到了现实的不确定性。还需指出的是,选答将来当工人、农民的学生占比在两次调查中都很低,仅有 2.5%、0.2%,而想当干部的占比在初中生中较高。从某种意义上,这也反映了当今中国社会的价值取向。遗憾的是,如此价值取向在尚未涉世的初中阶段便有如此明显的表露。

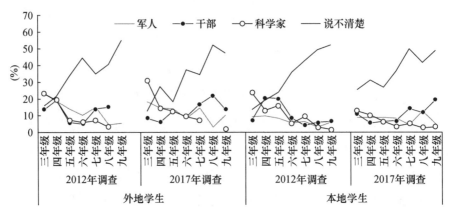

图 8　长大了想从事什么样的工作

外地学生与本地学生对长大了想去什么地方生活和工作的提问,做出的反应也有所不同(见图 9)。总体来看,希望留在上海的学生占比最高,在两次调查的 5 年间,本地学生和外地学生的占比均有所上升,且本地比外地的高 10 多个百分点;希望到国外的学生占比也较高,但呈下降趋势;对将来去向还说不清楚的学生占比

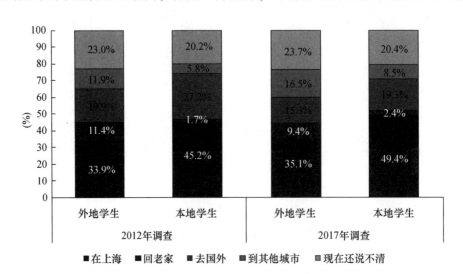

图 9　长大了想去什么地方生活和工作

在两次调查的外地学生、本地学生中呈现了大致相同的结果；外地学生选择回老家的占比下降、选择到其他城市的占比上升。据此可以推断，对特大城市人口限制政策出台实施以后，那些符合条件能继续在上海就读的外地学生中，选择留上海或去其他城市的可能性有所增大。另外，随着经济发展和生活水平的提高，中小学生对国外的憧憬有所减弱，并且这种情况在外地学生中也有显现。

五、外地学生与本地学生的学力差异及其影响因素——以上海市为例

在"两个为主、一视同仁"的新政下，大批农村出生的孩子跟随父母来到了上海，而且能与当地孩子一样，进入公办学校，免费享受义务教育。应该承认，这是一个重大的社会进步，与城乡一体化战略相辅相成。但是，也必须清醒地认识到，这些孩子将来能否继续在上海深造，进而在上海定居下来、成为名副其实的上海市民，除了户籍等因素的制约，还有他们的学力能否达到必要的水平。如果能够通过自己的努力，学好各门功课，取得优异成绩，即使要回老家读高中，将来也可以考取较好的大学，为下一步发展打好基础。反之，如果仅仅因为户籍身份就不能获得较好的成绩，则凸显了户籍制度带来的不公平。在本节，我们利用问卷调查的初中生的期末考试成绩、学生本人以及家长的相关信息，重点分析调查对象的相对学力、上海与外地学生之间的学力差异以及影响学力形成的基本要素。

1. 学力的评价方法

通常，我们可以用学生的考试成绩来判断他们的学力高低，期末考试、高考都是典型的学力测试。如果考生使用同样的考题，各自的得分则可以横向比较。但是，如果若干个年级的学生同时举行考试，而且各自的考题又不一样的话，则难以判定哪些同学的成绩相对较好或较差。

为了消除绝对分数难以直接比较的缺陷，本文采用偏差值指标进行实证分析。个人的偏差值可以用以下公式计算，即"$50 + （自己得分 - 样本均值）\times 10 / 样本的均方差$"，偏差值50表明个人的成绩与总体平均一致，大于50的则成绩好于总体平均。

在同一个群体内部，偏差值可以用来衡量个体之间相对学力的高低，而不同群体之间的偏差值往往没有可比性。通常，在绝大多数社会群体中，相对优秀的或相对落后的分子都存有一定的比率，并且这种结构十分稳定。在校学生也不例外，成绩好的基本上一直好下去，而成绩相对差的，往往难以彻底翻身。所以，我们利用

从问卷调查得到的成绩，评价本地学生与外地学生的学力分布，以及对学力形成的影响因素。

2. 本地学生与外地学生的学力分布

基于上述思路，我们分别计算了3个区6所学校六年级至九年级学生期末考试的总分平均值和均方差，再利用各区、各年级的平均值和均方差，计算出每位同学的总分偏差值。在2012年的调查中，三年级到五年级学生也有量化的期末考试成绩，而2017年调查中的低学年学生只有5等级的相对评价，所以下文的分析仅限于六年级和初中学生。由于偏差值反映的是同一个群体内部个人之间的相对学力，所以各学校、各年级的考试科目，以及各科目的满分数值对偏差值没有影响。

表3反映了3所公立学校六至九年级学生按外地/本地、调查年次，以及偏差值分组的构成情况。在高学年学生中，两次调查的本地学生都占比达六成，而外地学生仅有四成。显然，这与当下高中上学和高考制度对户籍条件的要求有关。再从学力的分布来看，2012年调查的调整后残差值都很小，没有统计显著性。这意味着，总体上外地学生与本地学生的学力分布不相上下。2017年调查的结果显示，外地与本地学生在学力较低组的占比大致相同，而学力居中的学生占比本地较高、外地较低，学力居上的学生占比刚好反了过来，外地学生相对较多。这个结果有点出乎预料，它至少可以反映，在上海的公办中学里，外地学生的学力并不一定比本地学生的差，倒是外地孩子的成绩总体上似乎更好一些。

表3 上海市3所公立学校六至九年级学生期末考试成绩的分布情况

按偏差值分组		指标	外地学生	本地学生	全体
2012年调查	偏差值<45	占全体比	10.5%	16.6%	27.1%
		调整后残差	-0.3	0.3	
	45≤偏差值<55	占全体比	14.5%	22.6%	37.2%
		调整后残差	-0.2	0.2	
	偏差值≥55	占全体比	14.7%	21.1%	35.8%
		调整后残差	0.6	-0.6	
	合计		39.7%	60.3%	100.0%
2017年调查	偏差值<45	占全体比	11.5%	16.2%	27.7%
		调整后残差	0.7	-0.7	
	45≤偏差值<55	占全体比	11.4%	23.8%	35.2%
		调整后残差	-3.0	3.0	
	偏差值≥55	占全体比	16.6%	20.4%	37.1%
		调整后残差	2.3	-2.3	
	合计		39.5%	60.5%	100.0%

注：调整后残差表示各项占比的实际分布与总体平均的偏离程度。该指标近似正规分布，其平均值为0，标准差为1。一般地，该指标的绝对值在2以上时，可认为该项与总体平均有显著差异。利用SPSS可简单算得。

3. 学力的影响因素

学力泛指学生对教学内容的理解程度，较多地表现为考试成绩。尽管学力不能全面反映一个人的综合能力，但在升学、就业、晋升等各个环节，书面考试的成绩好坏往往会影响一个人的终身。对学力形成的内在机制以及学力差异的产生原因进行分析，可以加深理解学校教育中的相关问题。

这里，我们采用多元回归，实证分析偏差值与学生个人属性、家庭背景等因素的内在关系。表4是对两次调查数据的模拟结果，依据同表的偏回归系数及其统计显著性，可以得到以下四个统计事实（均为其他条件相当情况下的边际效果）：

第一，如果仅从学生是上海本地还是外地的角度来看，两者之间的学力差异没有统计上的显著性。这与上述学力分布的情况基本一致。再进一步考察学生的家庭背景，还可以看出，与父母均为上海出生的学生相比，母亲为外地出生、父亲为上海出生的学生，或父母均为外地出生的学生，其学力显著较高，而母亲为上海出生、父亲为外地出生的孩子，没有显著差异。就是说，在公办学校接受义务教育的外地孩子，没有因为自己的户籍身份而落后于本地学生。这或许可以说明，城乡一体化战略在学校教育方面业已取得了一定的进展，户籍身份已经不是造成本地学生与外地学生学力差异的主要原因，初等义务教育的机会平等业已基本实现。

表4 上海市3所公立学校六至九年级学生期末考试成绩的影响因素（OLS回归）

	基本统计量		2012年调查	2017年调查
	2012年调查	2017年调查	回归系数	回归系数
常数项			45.318***	41.691***
男生（女生为0）	51.4%	53.2%	-2.140***	-2.111***
每天在家学习时间（5分位）	2.9	3.0	0.221	-0.244
将来想学到大专及以上文化（其他为0）	67.3%	70.2%	4.762***	6.723***
父亲的教育年限（年）	11.2	11.6	0.160	0.267*
母亲的教育年限（年）	10.9	11.0	-0.127	0.086
外地学生（上海本地学生为0）	39.8%	40.0%	-0.951	0.217
母亲上海父亲外地出生（父母均为上海出生为0）	5.7%	4.2%	1.469	-0.985
母亲外地父亲上海出生（同上）	15.9%	18.6%	1.468+	2.524**
父母均为外地出生（同上）	45.9%	53.8%	3.887**	1.826+
调整后的决定系数			0.066	0.121
样本量			652	655

注：***、**、*、+分别表示在1%、5%、10%、20%水平显著。

第二，学生对未来的学历期望越高，他目前的学力水平也相对越高。在两次调查的模型中，该变量的回归系数均为正数，且有较强的统计显著性。将来想读到大专及以上文化程度的孩子，他们的期末考试偏差值比其他孩子要高出许多，学生本人的主观意识对学力形成的影响十分明显。当然，主观意识与学力之间不一定是单方向的因果关系，更可能是较强的相关关系。成绩好了，渐渐地会萌发出远大的志向，有了大志，又会更加奋发学习，提高学力。

第三，父母的教育水平对学生的学力影响似乎不是很明显。父亲的教育在2012年调查中没有显著性，2017年调查显现的正面影响也较弱。相比之下，母亲的教育对子女成绩没有显著影响。一般来讲，母亲与孩子的接触机会相对较多，母亲的言行往往会直接影响孩子的学习。

第四，在家的自学时间长短与学力的关系没有统计显著性。与女生相比，男生的学力显著较弱。在中小学教育阶段，常见的"女强男弱"现象在模型中可以得到验证。①

六、实现流动儿童少年教育机会平等的思考

本文利用了两次在上海的调查数据，就外地学生和本地学生的基本属性、分布情况、对现状和未来有关问题的想法、学力差异以及学力的影响因素，作了比较详细的考察分析，加深了我们对流动儿童少年的教育问题，特别是新型城镇化政策出台以后在特大城市发生的一些新变化的理解。基于数据分析，我们认为：全面施行"两个为主、一视同仁"政策以来，上海市流动儿童少年在就学环境方面有了明显改善，绝大多数学生逐渐被纳入正规的义务教育体系。外地学生因跟随父母流动而误学的情况大大减少；母亲或父母双方均为外地出生的学生的成绩，甚至比母亲或父母均为上海本地出生的要好；父母的教育水平对学生的学力影响也十分微弱（在其他条件相当的情况下）。

不过，我们不能因此就认为，外地学生和本地学生享有均等的教育机会。正如宋映泉等②所揭示的那样，流动儿童少年在完成义务教育之后的出路还十分有限，其中很多是一种无奈的选择。由于政策限制，外地学生无法像本地学生一样，继续

---

① 周海旺、严善平、周安芝：《中小学男生相对弱化问题研究——以上海为例》，载《社会科学》2012年第12期。

② 宋映泉、曾育彪、张林秀：《打工子弟学校学生初中后流向哪里——基于北京市1866名流动儿童学生长期跟踪调研数据的实证分析》，载《教育经济评论》2017年第3期。

在上海就读普通高中，因此也就无法在上海参加高考，尽管部分学生可以有幸参加职高招考。① 同时，两次调查所显现的结果是既有政策环境下的产物。政府通过严格入学条件、强化学校管理，致使那些在沪时间较短、工作不太稳定、社保缴费时间不够、居住条件较差的外地人口，无法为子女在上海办理入学。结果，能留在上海的都是家庭条件相对较好的外地学生，而那些不够条件的流动儿童少年的教育机会就被人为地剥夺了。本来可以在上海就读的孩子失去了就学的机会，而在读的外地学生又面临着进一步升学的壁垒。

难道是上海市中小学的教育资源不够吗？似乎不是。长期以来，上海的人口生育率较低、户籍人口的迁入又限制得很严，本地学龄儿童总数锐减，再加上郊区的本地居民子弟逐渐流向中心市区就读，以至于郊区学校的师资、校舍等资源大量过剩。在我们调查的几所学校，各个年级的班级数不一样，各个班级的学生人数也不同。总体而言，随着学年上升，各学校的班级数和每个班级的学生人数均呈减少趋势。如果外地学生可以在上海升学、就读普通高中，也可以在上海参加全国高考，上述情况或许不会出现，当下的教育机会不平等也会得到一定程度的纠正。

当然，问题的症结可能还不在这里，城乡之间、地区之间由来已久的经济、文化、社会福利等方面的巨大差距才是引发问题的直接原因，矫正如此差距的社会机制尚未形成乃所有问题的根源。为了实现全面小康，在税制、财政等方面，政府有必要进一步发挥能动性，逐步缩小乃至消灭各种不合理政策造成的差距。城乡之间、地区之间的差距缩小了，人口流往大城市的必要性就会降低，人口过度集中引发的问题也可以避免。

总之，在目前的制度框架下，上海市流动儿童少年的教育问题业已得到基本解决，可以说外地学生与本地学生在较大程度上实现了一视同仁、初等教育机会均等。但同时还须指出，这些都是有条件的表面现象，实质上的教育机会不平等依旧存在，而这些问题又大大超出了教育机会的讨论范畴。

---

① 高慧：《人口调控背景下上海外来人口子女初中后教育问题研究》，上海社会科学院人口与发展研究所 2017 年调研报告。

身份与规则的叠加：医患冲突中的"法外私了"及其形成

——以榆林产妇跳楼案为例*

吴新叶**

摘　要："法外私了"是医患冲突治理中常见的现象，从经验上判断，医患双方都试图规避法律准绳。从行动者主观因素的角度上看，身份特质与规则偏好成为重要的影响因素，其中不准确的身份认知与两种规则的选择性取舍，决定着冲突双方博弈的结果。在行动过程中，医患双方在策略尝试、冲突"互动"和妥协等不同环节，均无法形成法治共识。因此，准确的身份认知、回归正式规则的偏好，才是未来依法治理医患冲突的关键。

关键词：医患冲突；身份认知；规则偏好；法治缺席

一、问题的提出

医患冲突是当前影响中国社会稳定的重大问题领域之一。由于种种原因，目前尽管尚无权威的统计数据，但屡屡见诸报端和各类媒体的消息能够管窥冲突的普遍性。在诸多冲突事件中，并不乏暴力冲突，其中最常见的是语言暴力，各种侮辱性

---

* 本文系国家社会科学基金重点项目"社会组织参与应急治理的政策激励研究"（项目编号：16AZZ015）、上海市浦江学者计划项目"社会组织参与特大型城市社会治理的政策优化与路径选择研究"（项目编号：17PJC038）阶段性研究成果。

** 吴新叶，法学博士，华东政法大学政治学与公共管理学院教授，博士生导师，上海市浦江学者。主要研究领域：基层政治与基层公共管理。

的语言公然出现于救死扶伤的公共场合，严重拉低了社会文明指数。在一些地方，因为不满医方针对医疗事故的处理结果，患方往往采取霸占办公地点、损坏医疗公共设施等破坏性手段进行抗争。还有一些地方发生医患冲突时，患方对医护人员采取如强迫下跪、殴打甚至杀医等极端行为给社会造成严重不良后果。从实施行为看，暴力是一种严重违法行为，本应在法治的轨道上予以解决，但反反复复发生的医患冲突均显示出法治缺席的共性。事实上，官方对依法治理医患冲突一直持积极态度，在卫生行政管理部门的各类文件中不乏"依法"治理的规定。但是，从2013年发生在温岭的袭医案件及其后续处置措施看，只是在李克强总理和最高人民检察院检察长曹建明作出批示与表态的情况下才依法予以解决，依法治理医患冲突的难度可见一斑。①

如果说严重暴力伤医只是极端个案的话，那么很多社会上普遍存在的"医闹"现象则是一种扭曲的医患关系之体现，更是值得依法治理的对象。在现实生活中，"医闹"往往能够取得更多的回报，"小闹小解决、大闹大解决"已经成为业内"共识"，成为"弱者"常用的武器。② 更为严峻的是，"职业医闹"已经粉墨登场，他们"活跃在大医院的周边，从谋划策略到人员的选择，再到收费标准的制定，甚至形成了一条完整的地下产业链"③。一旦得知医院出现诊疗问题，"职业医闹"同患者便有可能形成"同盟"关系，有些还作出承诺或订立合同，由"职业医闹"以代理人的身份向院方"讨说法"。"医闹"的形成和滋长无疑是社会法治水平不高的体现，而"职业医闹"的出现则是逾越法治底线的现象。对此，医院作为法人单位，在处理医患冲突时并不存在法治意识不高、法治能力不足等问题，但医院宁可在法律框架之外同"医闹"和患方达成赔偿协议，也不愿意作出诉诸法律的选择。2017年发生在陕西榆林的"产妇跳楼"事件在全国的影响很大，原本可以在"全面推进依法治国"的声势中成为典型案例，但结果仍然令人大失所望，法治再次沦为工具性的方案选项，而不是定分止争的准则规范。

总之，这种盛行的"法外私了"的做法是一个值得研究的社会问题。

---

① 刘琼：《李克强批示温岭医生被刺身亡事件，要求维护医疗秩序》，载《新京报》2013年11月1日。
② 韩志明：《"大事化小"与"小事闹大"：大国治理的问题解决逻辑》，载《南京社会科学》2017年第7期，第64—72页。
③ 邓为：《职业医闹，医患矛盾怪胎》，载《法制日报》2013年11月8日。

二、文献回顾

医患冲突在学术界虽有不同称谓，如"医患矛盾""维权""群体性事件""社会抗争""社会管理"等，但关注的焦点几乎是相同的，即都突出了政府对于社会关系"管"的特征。其理论意义是跳出了术语或概念的逻辑，并不再以暴力与否对事件进行定性。这是社会治理的进步。在西方，抗争聚集（contentious gathering）表达的是小规模公众表达诉求的方式。[1] 如果以国家信访制度进行比较的话，这种抗争聚集是一种非常规的"上访"方式，意在唤起"官方"注意并达到满足诉求的目的。从这个角度判断，医患冲突应该是社会发展过程中的一种常态，国家不宜给予过度警惕与防范，否则将出现政治优先于法治的可能，客观上不利于法治的入场。[2]

国内关于医患冲突的研究呈现多元化特征。从体制机制角度看，学者们侧重于分析"客观因素"。比如，当前日益增长的医患冲突事件类型众多，有医患信任关系的纠纷，有利益诉求"医闹"方式的变化，有社会舆论误导等，在这些复杂情势下，医疗卫生管理体制呈现出滞后性，既不能及时回应诉求也不能作出恰当决策。其中，以"维稳"为原则的"花钱买平安"做法是体制机制的常见应对方式。一般情况下，这种花钱摆平的做法多是以漠视法律或者以法律作为次选方案的做法，因此在治理过程中往往是"一案一议"，存在诸多不确定性的风险。

怀疑论者多侧重于研究冲突过程，认为冲突是复杂的或暂时的，或是特殊的，拒绝任何针对行动者的经验研究，并以证伪的方式驳斥经验研究的相关解释，因而不会研究冲突方的态度和身份立场。美国学者辜尔德（Roger V. Gould）对意志与暴力进行研究后发现，个体与个体之间冲突的导火索往往都是最琐碎的小事，大多数个人与团体之间发生的冲突也大体如此，但大多数人际暴力并不具有个人特征，而具有社会关系的特征。辜尔德借用非对称性社会关系理论进一步解释：冲突当事方的关系一旦发生变化，而且第三方支持者变得越来越不确定或无效的时候，冲突就会变得越来越频繁和具有破坏性。[3] 一定程度上，辜尔德的意愿论将事件过程同

---

[1] Charles Tilly, *From Mobilization to Revolution*, Addison-Wesley, 1978, p. 275.

[2] Mingjun Zhang, Xinye Wu, *Public Security and Governance in Contemporary China*, Routledge, 2018, pp. 189-190.

[3] Roger V. Gould, *Collision of Wills: How Ambiguity About Social Rank Breeds Conflict*, University of Chicago Press, 2003, vi-xii.

主体的主观性勾连起来,尽管没有直接的"身份"一词用来解释冲突,但"非对称性社会关系"已经内在地涵盖了身份对于行动者的重要性。同辛尔德立场类似的是著名政治冲突学专家查尔斯·蒂利(Charles Tilly),他直接使用了"身份""边界"与"社会关系"等概念来诠释冲突的形成、演进与克服。蒂利尤为关注"社会"层面的冲突现象,他不认为个体之间的互易型(transaction)行动有意义,认为只有不同个体结成的社会关系才可能产生一系列的互易行动,继而在彼此之间产生竞争、有益、联盟或其他关系,同时这种关系维持到足够持久的情况下才会形成社会联系。蒂利考察发现,在这些互易行动中,彼此之间创造的记忆、共享的理解以及自我改变等,总会跨越彼此的边界,继而形成身份特征。如果参与互易行动的个体形成了集体故事,那么集体身份就会形成并形塑个人的经验,而经验恰恰是认知的支撑之一,影响到身份认同的整个过程。"每个个人、团体或社会场所都有像它与其他个人、团体或社会场所一样多的身份",重要的是,"相同的个人、团体和社会场所,当他们从一种关系向另一种关系转变的时候,他们也会从一种身份向另一种身份转变"。① 这个推理的逻辑是:身份是个体的特质,当身份处于转变过程中时,就会发生"跨界"行为,从而破坏个体间形成的社会联系,冲突的规模和持续时间同身份认同与跨界频度和社会联系密切相关。

现有研究没有系统述及冲突主体的身份如何影响法治策略的选择,但关于法治的意义、战略安排与实施步骤等研究还是非常充分的。针对这种舍弃法治的冲突治理方式,学术界的批评声音最为集中。较早期的研究发现,法治不能走上前台的原因应该从法律自身寻找,尽管我国出台了《执业医师法》《医疗机构管理条例》《医疗事故处理条例》等法律法规,但以此来管理医院和医疗行为则局限甚多,要么是成文较早,要么不完善,调整的是局部关系,缺少专门的《医事法》或《卫生法》。② 近年来,随着"医闹"的盛行以及部分地方出现的暴力伤医事件屡屡发生,有研究对医院"放弃法治"的做法提出批评,强烈建议医方依法追究肇事患方的刑事责任或民事赔偿责任,以维护自身的合法权益。③ 在患方的角度,有研究比较了"协商解决""提交卫生行政管理部门裁决"和"司法诉讼"等不同方式,认

---

① 〔美〕查尔斯·蒂利:《身份、边界与社会联系》,谢岳译,上海人民出版社2008年版,第9页。
② 尹奋勤、梁金婵:《对构建和谐医患关系的法制思考》,载《医学与哲学(人文社会医学版)》2008年第8期,第52—67页。
③ 王硕、宋玉果:《医患纠纷的法律与人文思考》,载《中国卫生法制》2013年第4期,第50—54页。

为"医闹"方式"更有效用,成本更低、更便利、更快捷",而且能够化被动为主动。① 比较这些研究能够发现,大部分研究为宏大叙事,部分涉及成本—收益分析和社会资本等跨学科研究,有助于多角度认识当下中国医患冲突的现状和治理。但是,医患双方决定的作出,确实是一个发挥主观能动性的过程,其策略选择同彼此身份认知之间的关系是无法绕开的议题,国内鲜有相关研究。

受到这些研究的启发,本文试图从"身份认知"与"规则偏好"相互耦合的机制角度,为医患冲突治理作出尝试性的解释。

三、研究假设与分析框架

本文的研究假设是,在医患冲突中,行动者双方的身份特征决定着行动策略的选择,是影响法治缺席冲突治理过程的关键因素。一般而言,处于冲突状态的行动者有两种身份同时存在:一是行动主体自己宣称的身份,如患方多以"受害者""弱者"的身份示人,而医方则以"官""强者"的身份出现;二是行动者在冲突过程中实际扮演的角色,多数情况下是多重角色并存,鲜有单一身份的运转。比如,患方总以"受害者"身份同医方博弈,向社会展示"弱者"的无奈,但有时也会以"破坏者"的身份作出威胁性举动,一旦发生暴力则体现出"加害者"的身份特征;相对而言,医方身份受制于体制,其行为方式交替着"官""民"的角色。本文将这种身份叠加状态概括为"二重性"。

法治缺席医患冲突是行动者主观选择的结果。也就是说,冲突双方舍弃"法治"作为解决冲突手段这个选项,有其主观合理性。在工具理性的角度上,选择"非法治"途径并无不妥,唯有偏好与目标的差别。由于这种策略不具有法治的可预期性,冲突处置的时间和成本充满了不确定性,因而同法治所崇尚的法律面前人人平等、权利本位和司法公正等法治价值存在不同程度的紧张关系。应用于实践中,医患双方一般都会经过讨价还价、僵持和调解等不同阶段,历时很久,对双方都是心智的考验。在法治缺席的冲突过程中,尽管医患双方都本着解决问题的愿望,但双方都对自己的身份特征(本我)以及对方的身份特征(他者)有主观认知,并附以不同程度的身份坚持,在彼此博弈中作出身份的巩固或消解、领悟或确认、明白或联想等不同的决定。总之,身份认知、策略选择是理解法治缺席冲突治

---

① 林丽、赵江波:《医患关系紧张的原因分析与法律对策》,载《河南师范大学学报(哲学社会科学版)》2010年第5期,第138—140页。

理的关键变量。

（一）身份认知与法治缺席

本文认为，冲突方的行动同主体的认知状况直接相关。认知，尤其是主体的自我认知，属于能动性的主观范畴。无论是行动决定的作出和策略的选择，还是行动后的事态判断和后续行动的作出，都以这种或那种方式，同行动主体的身份认知状况发生不同程度的关联。一般情况下，行动主体的身份认知程度决定着冲突发生的可能性大小，并决定着行动策略的选择。有两种情况需要加以区分：一是行动主体对于自身的身份认知基本是准确的，并同自身的真实身份基本是相符的，在经过理性权衡后，不同主体之间发生冲突的概率较小；二是行动主体对自身的身份认知发生误判，并片面地以为自身的身份同相对方存在优势，因此发生冲突的概率大为增加，特别是在行动主体具有多重（本文重点研究"二重性"）身份的情况下，同冲突规模、冲突持续时间、行动策略之间密切相关。第一种情况因为事件发生概率小，难以列举具有代表性的事件；后者则非常普遍，如殴打南京市口腔医院护士陈星羽的江苏省科技馆干部袁某某及其担任江苏省人民检察院宣传处处长的丈夫董某某，他们主观上是误判了护士仅具有医院工作者的单一身份，而忽视了护士还有"女护士""医务工作者"等多重身份。显然，后两种身份恰恰是事件引起社会共鸣的因素，其他声援主体的加入都同这些身份"标签"有关。

医患双方的行动主体对自我身份和对方（他者）身份认知的准确程度决定着行动策略选择的取舍。以下为简单的关系矩阵：

		对他者认知	
		准确	不准确
自我认知	准确	A	B
	不准确	C	D

图1 身份认知矩阵

从冲突管理的角度看，A 象限是最理想状态，医患双方对自己的身份认知都很准确，达到了"知彼知己"的境地，因此行动的作出和策略的选择均处于理性状态，行动的不确定性最低。与此对立的是 D 象限，一方错误认知对方身份倒还其次，对自己的身份特征也缺乏准确认知，因而行动往往是草率的，冲突的风险极高，行动策略缺少预判，行动依据的随意性最高，为管理控制的重点。对于大多数医患冲突而言，B、C 象限为常见情况，"打打停停""边打边停""斗而不破"，适可而止，经过较量后双方均妥协罢手。如果将身份认知同法治缺席联系起来，这一矩阵大体能够推断法治的可能性：A 象限实现法治的概率最大，但现实中较难出现（本文不研究双方都接受法治的可能性问题）；D 象限为身份认知不准确的叠加状态，行动策略缺少章法，法治显然无法在场；处于"纠缠状态"的 B、C 象限比较复杂，行动主体对法治存在工具理性的取舍特征，法治基本上是双方博弈的筹码，不具有终极性的衡平价值，因而不是定分止争的准绳，本质上等同于法治处于缺席状态。B、C 象限的"纠缠状态"是本文的研究重点。

（二）身份认知与两套规则的偏好

裴宜理对中国社会抗争研究有一个著名的分析框架，即"规则意识"（rules consciousness）而非"权利意识"（rights consciousness）为指导人们采取行动的思想基础，突出表现为行动者采用官方的语言和不质疑、不挑战中央政府合法性的策略。[①] 尽管这一观点受到学术界的质疑多于肯定，很多学者并不认同裴宜理关于抗争者的规则偏好和策略选择的判断，但以规则考察策略的角度还是具有非常高的方法论借鉴意义。由于存在行动者有限理性、社会环境与行动者多重身份的干扰，医患双方的身份意图同规则选择呈现四种可能：身份认知准确与正式规则比照、身份认知准确与非正式规则比照、身份认知不准确与正式规则比照、身份认知不准确与非正式规则比照。需要说明的是，这里的"比照"是行动者主观上的"规则适用模拟"，是其作出进一步行动的依据，是"有限理性"的体现。本文侧重于研究医患冲突方案供给中的法治缺席问题，依法解决冲突的选项不在本文研究之中。

在冲突中，行动者的最初行为依据通常都是盲目的、宣泄的，而一旦冲突延续下去，各种变化随之伴生。图 2 显示了两种不同规则的模拟使用，以及行动者可能的行动选项。该图对正式规则与非正式规则的可能采用策略进行逻辑演示，并标示相应的行动逻辑与行动方案。本文认为，行动者所偏好的两套规则是有区分的，其中正式规则系指国家法律法规，以及各种政府规章和部门政策，体现出强制性的特征；而非正式规则是"法外"的各种规范、游戏规则或惯例，尽管不具有强制性，但却有很广泛的市场。图 2 中，为了显示强度，对行动者的规则秉持及态度作出区分，其中，"0"表示规则程度最低，为低度的规则偏好；而"1"则显示高度的规

[①] 鄢烈山：《中国人有"规则意识"、无"权利意识"吗?》，载《社会观察》2010 年第 3 期，第 70—71 页。

则性，达到偏好与秉持的最高值；介于二者之间的不再标示强度值，表示行动者在两种规则之间的取舍及其策略选择。这两种不同的规则维度自上而下、自左向右的变化显示冲突当事双方的行动策略与对规则接受程度的对应关系。

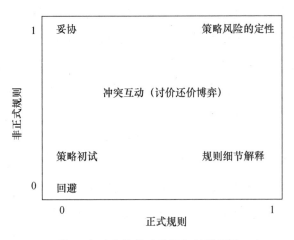

图 2　行动者的策略选择与规则适用

其一，身份认知准确 vs. 正式规则。图 2 中"策略风险的定性"位列就是身份认知准确、对正式规则偏好的展示，表明行动者的身份不仅不是模糊的，而且采取了法治衡平的准则，因而各自的行动策略容易定性，所以冲突解决的方案运转较为顺畅。这种状况是"依法治理"的理想状态，不属于本文的研究范畴，故略去。

其二，身份认知准确 vs. 非正式规则。图 2 中"妥协"位列所展示的是一种基于法治（正式规则）缺席状态下的行动可能性，表明行动者对有利情势采取了权衡策略，并对双方身份有准确认知，因此采取了"巩固"身份的行动。同"依法办事"不同，行动者比较"理性"地利用了各种非正式规则作为行动依据。比如，患方常见的"一次性赔偿"诉求在正式规则中得到满足的可能性不大，而且法院"再行主张"的判决并不能够为患方接受，这时患方与医方都会选择有利于自己的行动策略，意图在"协商"中占据有利位置。如果不"妥协"，患方的"闹"与医方的"拖"将无限期地耗下去。无疑，"妥协"是建立在双方准确的身份认知基础之上的，但正式规则的法治却处于缺席状态。

其三，身份认知不准确 vs. 正式规则。这体现在图 2 "冲突互动"的中间位列，为冲突双方及其利益相关者间的博弈，及采用策略的依据。根据法律，正式规则能够为冲突提供具体而明确的结果，即结果预期。但是，在双方处于对自己身份认知不准确的前提下，诉求预期与规则结果之间的差异难免会让行动者失望，因而拒绝法律（当然，因身份认知不准确而导致接受法律裁决的案例也不能排除，不包括在本文的正式规则中)。也就是说,越是身份认知不准确的主体,其法治预期越低,因此对正式规则的偏好只是工具性的策略选择,本质上仍然是排斥法律的。

其四,身份认知不准确 vs. 非正式规则。这也体现在图 2 "冲突互动"的中间位列,发生在冲突双方及其利益相关者间不断"纠缠"的阶段。当双方都选择非正式规则时,选择性策略及其博弈结果都存在很强的不确定性,因为作为正式规则的法律制度是缺席的;一旦选择性策略运用到极致便难以有充分的回旋余地,甚至有"勇敢者游戏"的那种恐怖结果,因此正式规则的出场会使选择性策略的风险得以确定;而当双方都鄙视规则时,无论是正式规则还是非正式规则均不在场。以医患冲突为例,规则不在场本质上是主体故意"回避"了医疗事件,医患双方对自己身份的识别均无特别暴露,因此不会发生冲突。但是,一旦患方有所诉求,非正式规则能够为患方提供有利的经验借鉴,患方期望这种尝试性的行动策略能够在医方那里获得回应。如果医方妥协了,患方的诉求得到满足,事件终结;否则,非正式规则会再次登场,冲突有闹大的风险,正式规则将继续处于缺席状态。一旦患方诉求超过医方的边界或容忍范围,正式规则的法律则有可能显现,并成为医方采取行动的依据,目的是迫使患方退步。这种规则的博弈会在冲突过程中长期存在,这便是图 2 中的"冲突互动"环节,国家法律时而在场时而缺席,其本质表明正式规则的工具属性与作用。这个博弈的互动过程常常伴随着"死结",非正式规则与正式规则交替出现,也同时交替失灵,对于冲突双方而言意味着失败或者挫折,但行动者在"风险定性"前并不会停止适用各自有利的规则。比如,医方偏好于使用正式规则,而患方则倾向于非正式规则,双方彼此尝试修补裂痕,并表示出对对方坚守规则的尊重,互动时间的长短取决于彼此尊重对方规则的程度。这里需要说明的是,冲突双方互动阶段时而出现的正式规则仅具博弈"砝码"价值,非正式规则是主导。

四、双重身份、事件延宕与法治缺席:以榆林案为例

本文选取的案例是陕西榆林产妇跳楼自杀事件,其中患方为自杀产妇的家属,医方为榆林市第一医院。选择该案例的依据有三:一是该事件中的医患双方在身份上具有二重性,并在事件过程中得以体现,符合本文的主题;二是通过对现有医患冲突的文献研究梳理发现,学者们多从体制机制、公众法律文化、医患信任关系等角度认知法治缺席医患冲突治理,而本文则是以身份冲突的视角对医患双方均加以剖析,即使在"体制内"的医方也有弃置法治的冲动和偏好,因此通过本案例能够

发现医院也存在冲突的身份，并以逃避法律的方式应对患方；三是同本文的假设相符合，本文认为行动者的身份特征具有二重性，并假设这是影响法治缺席的重要因素。本案例的患方从"加害者"身份到"受害者"身份的转变，以及医院的"官、民二重性"都在这个事件过程中有淋漓尽致的体现。同样重要的是，本案例即便产生过如此重大的全国性影响，但最终仍然以法治缺席而告终。导致这一结果的产生可以从"身份—规则"解释框架中找到答案。

（一）两种未出现的行动策略

为了能够直接进入医患双方行动者的角色认知与规则偏好解释框架，本文不拟对处于 0 值位置的"回避"策略作出诠释；同时，鉴于本案例并没有出现正式规则的最大值，因而也不讨论"策略风险的定性"状态。

（二）策略初试

本案例在社会上的发酵源自榆林第一医院的两则说明。第一次说明，《关于产妇马××跳楼事件有关情况的说明》的发布时间为 2017 年 9 月 3 日上午 10 时 52 分 47 秒，介绍的事实是警、医、患三方开展了"座谈会"。之后，榆林第一医院发布第二次说明，即《关于 8·31 产妇跳楼事件有关情况的再次说明》，其中说明 2017 年 8 月 31 日 20 时产妇马某某跳楼自杀，医院采取的因应措施有四：一是封存病历、监控录像等证据；二是于次日成立调查组，协助公安局调查，并指派专人安抚家属；三是第三天（9 月 2 日）同患方座谈、答疑；四是第四天（9 月 3 日）召开警察、医院和家属三方座谈会，"通报产妇跳楼身亡的初步调查结论，建议产妇家属通过诉讼等合法途径解决异议"。① 如果联系到第一次说明的发布时间，可以断定三方并未达成共识，医患冲突已经形成。根据榆林第一医院官微的首次声明，挑起医疗纠纷的因素是"网络出现相关不实网帖"，而不是 9 月 3 日座谈会未果而终。这是医院的策略尝试，涉及身份的误判与对非正式规则的偏好。

其一，身份误判。在这个初次尝试的策略中，医院的身份误判最早发生，且对自己身份有保留，突出了"官"身份，却将患方"塑造"为加害者，而医院自己

---

① 《关于 8·31 产妇跳楼事件有关情况的再次说明》, http://weibo.com/ttarticle/p/show?id=2309404148785562391048, 2017 年 9 月 15 日访问。

则是网络不实攻击的对象（受害者）。这个身份误判造成的结果后患无穷，后续一系列的"剧情翻转"都与此相关。医院在三方座谈会一结束便匆忙发布官方微博，并立刻作出"官"判的"权威决定"，既不符合"官"治理的程序逻辑，也同"民"身份的伦理不相合拍。事实上，鉴于长期存在的医患互不信任事实，医院哪怕提出了准确、权威的结论，患方和社会心存疑虑也是情有可原的，而医院甚至没有给患方留下缓解的机会，9月2日医患双方的座谈会甫一谈崩院方便立刻"官宣"，推卸责任、颐指气使的"官"做派显现无疑。榆林第一医院的身份误判在患方身上也得到体现，医方在第一次说明中提供了患方"两次拒绝"剖宫手术：第一次是"产妇及家属均明确拒绝"，第二次是产妇要求手术而"被家属拒绝"。从"官宣"提供的这些信息能够推断：患方不仅是导致产妇死亡的"加害者"，而且还是"颠倒黑白、意图利用跳楼事件谋求不当利益的造谣者"。[①]

质疑的声音集中于对医方身份的认定。一方面，患方（死者丈夫延某某）于医院官微发布声明的当日也发表了"家属陈述"，否定了医院无责的自我定性，字里行间将医院"塑造"为"撒谎者"，是理所当然的"责任者"；[②] 另一方面，延某某对医院也有身份误判，医院既不是将马某某"推"下楼的"杀人犯"，而他和其他亲属自然也不是无缘无故的"受害者"，毕竟11个小时中只有两次要求医生做剖宫手术，无法证明自己的清白无辜。如果从行动策略上看，也许延某某同医院的初衷都是相同的，"误判"也许是故意为之，目的是使冲突朝有利于自己的方向发展。这就是"策略初试"阶段。

其二，非正式规则的适用。这个阶段医患双方都表现出对非正式规则的偏好。

首先是医方的选择。在医院的第一次声明中，字面上有关于法律（正式规则）的明确表达："建议产妇家属通过诉讼等合法途径解决异议"。[③] 医方为了佐证产妇的坠楼死亡与"我院诊疗行为无关"，甚至搬出了行政法规（正式规则）关于手术需签署"委托书""知情同意书"的规定。在法律意义上，这个正式规则为行政法规，具体就是1994年颁行的《医疗机构管理条例》第33条的规定："医疗机构施行手术、特殊检查或者特殊治疗时，必须征得患者同意，并应当取得其家属或者关

[①] 《关于产妇马××跳楼事件有关情况的说明》，http：//weibo.com/ttarticle/p/show？id=2309404147846650691960，2017年9月15日访问。

[②] 《医院称孕妇想剖腹产被家属多次拒绝后跳楼 家属：曾两次主动提出》，http：//weibo.com/ttarticle/p/show？id=2309404148586924386130，2017年9月15日访问。

[③] 《关于产妇马××跳楼事件有关情况的说明》，http：//weibo.com/ttarticle/p/show？id=2309404147846650691960，2017年9月15日访问。

系人同意并签字；无法取得患者意见时，应当取得家属或者关系人同意并签字"。但是，医院显然并不倾向于使用正式规则来解决冲突，因为医院无疑也同时知晓第33条的进一步规定："无法取得患者意见又无家属或者关系人在场，或者遇到其他特殊情况时，经治医师应当提出医疗处置方案，在取得医疗机构负责人或者被授权负责人员的批准后实施。"既然"主管医生多次……建议行剖宫产终止妊娠"①，说明医院已经凭借医疗专业知识能够作出"处置"方案，因而具备对产妇死亡负责的事实属性。与此同时，医院并没有对法律法规"细节作出解释"，说明医院并非偏好正式规则，只是"点到为止""恰到好处"地试图在医患冲突博弈中获得优势。

其次，在这个策略初试阶段，患方表面上没有表达出对于规则的任何偏好，但能够推断其是倾向于非正式规则的。即便在延某某的"家属陈述"中，也没有就签署知情同意书的细节作出解释，没有说明签署的同意书性质上就是一个"格式文书"，没有指出手写的内容（"情况已知""谅解意外"等）也是由护士提供、家属照录等事实。无疑，延某某在"回避"正式规则之前，极可能在两次座谈会上都提出了赔偿的要求②，这显然是非正式规则（如惯例）在起作用。

（三）高潮与重点：冲突中的互动

在本案例中，冲突的互动大体有四个方面主体：医患双方是其中的两个核心主体，代表政府的卫计局和公安局是责任认定权威主体，第四个参与互动的主体是社会舆论与传媒。在2017年9月1日至10日的冲突事件发生过程中，前三天是医患双方的"尝试策略"运用阶段，9月4日至7日则是全部四个主体的"互动"时间，大体也是三天时间。如果将身份和规则两个议题联系起来，"冲突互动"可以作如下相关性解释：

其一，一方身份认知不准确会立刻招致另一方的反击，但二者适用的规则都不是法律法规，而是各自认为对己方有利的非正式规则。

9月3日是冲突升级的开始。医方发表的第一次说明给患方的身份定性是不准确的，因此当日延某某立刻予以反击：一方面，患方当日就发表了"家属陈述"，

---

① 《关于产妇马××跳楼事件有关情况的说明》，http://weibo.com/ttarticle/p/show?id=2309404147846650691960，2017年9月15日访问。

② 从第二次说明中可以推断，医方将患方定性为"颠倒黑白、意图利用跳楼事件谋求不当利益"。参见《关于8·31产妇跳楼事件有关情况的再次说明》，http://weibo.com/ttarticle/p/show?id=2309404148785562391048，2017年9月15日访问。

在重申自己"受害者"身份的同时,抨击了医方傲慢、拖延的"官"身份特征;另一方面,延某某及其亲属还接受了媒体的采访,反复强调医方的责任者角色。对于患方的不准确身份认知,医方无疑也立刻作出回应,并采取了反制措施:一方面,对主治医生和责任护士进行"保护",同时撤下了上墙的值班名单;另一方面,医方接受社会监督,包括接受记者采访,重申自己的立场,以巩固自己的身份。在这个过程中,医方仍然将患方塑造为"网络造谣者""不当利益索取者""过错方"。院方发言人杨某某在接受《现代快报》记者采访时在重申不准确的身份定性时,甚至"煽情"地鼓动社会舆论:"那个女孩可怜啊,我们后来调监控视频看得都感到非常痛心。"而《现代快报》记者同时采访了患方,给出的证据同医方大相径庭。①

为了证明第一次说明不是空穴来风,院方发言人在接受采访的第二天凌晨 1 时 03 分 41 秒,在医院官微发布了《关于 8·31 产妇跳楼事件有关情况的再次说明》,甚至公开了患方签署的委托书、知情同意书以及产妇两次下跪的截图,意图证明医方不是责任者,而拒绝剖宫产手术的患方才是元凶。医方的这种非正式规则游戏立刻得到了社会强烈而普遍的支持,再次说明的点击率超过千万,同时将舆论的矛头指向了患方,将"冷血""默然""渣男"等侮辱性词汇砸向延某某。一夜之间,患方从"弱者""受害者"变成了千夫所指的"小气鬼""伤害者""败类"。

其二,一方身份认知准确但仍然坚持非正式规则的适用,多方"互动"促进了医患双方逐步走向理性。

应该说,医方在冲突处理过程中逐渐调整了身份认知,相对理性地从最初的医方"官"身份走出,虽然没有明文写出自己是责任方的文字,但在第二次说明中已经不再坚持与医方"无关"的立场,更加没有"不当利益""造谣者"等定性词汇。即便是在"事件主要争议点释疑"第 4 款"医护人员是否存在监护失位"中,只是陈述了医方的制度安排,并未涉及医护人员的实际操作行为。至此,医方不再提及正式规则的法律入场及其建议,暗下的伏笔大概是提醒患方:"可以收手了,让我们坐下来谈判私了(非正式规则的适用偏好)吧。"

但是,医方的舆论优势并没有持续太久,医方与患方同时成为舆论的中心:有很多社会舆论直指医方的失职失责与过失、患方轮番接受媒体采访驳斥医方、患方

---

① 《产妇跳楼事件双方再发声,医院称"监控视频里那女孩都跪下了"》,https://weibo.com/ttarticle/p/show?id=2309351000964148664238013792&u=1656737654&m=4148698193657539&cu=1049535414&ru=1656737654&rm=4148663662027839,2017 年 9 月 15 日访问。

公开了聊天记录和财产、法学家甚至援引案例和法律文本为医方模拟审判①、医务工作者现身说法指出医院的漏洞，还有其他产妇以自己的经验"痛斥"医方缺乏人文关怀……这些舆论结果无疑是榆林第一医院所不能承受的，以至于接下来医院关于给主治医生李某某"停职"的决定在网上流传开来时，医院没有像第一次（9月3日）发布说明那样，匆忙作出回应。一向迫不及待的榆林第一医院官微这时选择了沉默，舆论的猜测使医方逐步走向不利境地。

在这场"互动"的过程中，政府介入的"身份标签"是"榆林市绥德8·31产妇坠楼事件调查处置领导小组"，该小组由市政府分管领导任组长，绥德县政府、市卫计局、公安局负责人为副组长，相关部门单位负责人为成员。② 这个权力主体的权威身份使医患双方的规则偏好发生了某种程度的挪移，作为正式规则的法律不时出现，并成为威慑双方的"武器"。事实上，作为医院"官"身份的管理者和规制者，卫生行政主管单位一直没有缺席冲突"互动"过程，先后共三次介入调查并在2017年9月7日作出初步调查结论，在冲突偏离轨道的时候发挥着控制功能。可以说，政府主体的"互动"促进了正式规则的"入场"，在客观上为医患双方的规制偏好提供了客观参照，客观上拉近了医患双方，但将规制选择权留给了冲突方。

（四）妥协：非正式规则上位

妥协是理性的必然结果。这是医患双方理性认知自己身份的结果，同时也是理性适用规则的结果。妥协也间接表明事件能够走向终结。尽管有卫计局的权威介入，但双方均不愿意将正式规则的法律作为准绳，因此双方都选择有利于己方的非正式规则。无疑，在这个阶段双方依然将对方身份视为己方的对立面：医院从一开始就错误地赋予自我身份与患方（他者）身份以对立的定性，医院在"互动"阶段发表的说明能够证明医院关于医患对立观的坚持；与此同时，在明确己方为责任者的情况下，仍然坚持签署的授权书和知情同意书能够证明患方亦是过错方。这里，榆林第一医院显然是试图在"我"与"他"之间进行切割，策略性强化了二者的身份差异和责任差异："我"是掌握了专业技术的优势方，"我"已经技术性

---

① 法学家枚举了患方维权的法律依据，如《母婴保健法》中关于"孕妇有选择分娩的权利"、《侵权责任法》中关于"紧急情况"的规定，以及《医疗事故处理条例》第33条的规定，在紧急情况下为抢救垂危患者生命而采取紧急医学措施造成不良后果的，不属于医疗事故。

② 台建林、卢伟：《榆林公布产妇坠楼事件初步调查结果》，载《法制日报》2017年9月9日第5版。

"告知",这种做法显示出"官"身份特征的同时,也向患方和社会(甚至是医院主管行政机关)作出了"民"身份的澄清。但是,这种选择性的策略同时也暴露了医方舍弃正式规则的企图和固守非正式规则的态度。

与此同时,患方的"自我"身份认知也开始逐步清晰(准确)起来,在权衡医方责任承担的限度和己方责任的基础上,开始逐步放弃自己最初声称与坚持的"弱者"(无辜)定性。至此,医患双方的身份二重性开始显现,所采取的策略方式交替转换,而非正式规则在冲突过程中一直扮演着核心变量的角色,并决定着事件的走向直至终结。因此,在政府(市卫计局)于9月7日作出"对榆林一院绥德院区主要负责人和妇产科主任停职,并责成医院即刻对管理方面存在的问题和薄弱环节进行整改"[①]的决定后,患方与医方的"妥协"自然水到渠成。10日,当政府正式发布"官方决定"后,患方也就偃旗息鼓,不再提出新诉求,也不再向社会透露后续信息。

至于事件的进一步结果,有关新闻并没有提供更多的细节。如果网络上流传的关于家属接受了医方若干赔偿金的消息是真的,那么医方"花钱消灾"的做法仍然脱不了"私了"的本质。也就是说,正式规则在本案例中没有发挥直接作用,最大的作用不过是将偏好非正式规则的医患双方拉到了谈判桌上而已,起到的是"规训"而不是衡平的作用。

五、身份—规则解释框架的案例外推

除了个别案例研究无须外推或无须界定外推范围之外,能否外推一直以来都是案例研究价值的衡量要件之一。本文发现,身份认知与规则偏好是医患冲突治理中决定法治是否缺席的重要因素。在建设法治国家、法治政府、法治社会的大背景下,这一发现如果能够外推或存在外推的范围,则使本研究具有很强的现实意义。这也是笔者研究的意旨。

那么,医患双方的身份二重性与非正式规则偏好具备怎样的外推因子呢?学术界使用"压力型体制"[②]来描述我国地方政府的运转形态,以追溯地方政府发展的约束机制及其成因。如果对应于医患冲突中的医方身份定性及其行动策略选择,压

---

① 《榆林绥德孕妇坠楼续:涉事医院2人被停职》,http://news.cnwest.com/content/2017-09/11/content_15371382.htm,2017年9月15日访问。

② 荣敬本等:《从压力型体制向民主合作体制的转变》,中央编译出版社1998年版。

力型体制具有针对性,即医院的"官"身份具备压力型体制特征:科层制管理模式、官本位思想、一票否决制的人事制度等,构成了针对医方的压力机制。特别是在"维稳"和"从快"原则下,法治往往不会成为医方优先考虑的治理方式,因为稳定是"官"方的首选方案。① 而榆林案例中患方的身份与规则利用的策略转变是否也能够外推到其他医患冲突呢?

(一)医方"官""民"二重性身份的普遍性

"官""民"二重性身份是所有医方的共同属性(本文不讨论可能存在的三重或其他多重性问题)。在压力型体制下,医方各层管理者的身份特征是"官"身份的体现,他们的职业前途同上下级之间具有科层制的互通性:一方面,"稳定"政治大局是医方决策者的第一考量,无论是正式规则还是非正式规则的适用,如果能够"快速"解决冲突,都是可能的选项。同时,冲突还事关其"官运前途",因此在治理的目标选择上,医方管理层倾向于重效率而轻公平、重秩序而轻自由、重结果而轻过程、重管理而轻服务,如偏好利用人民币"摆平"的做法本质上就是舍弃法治,② 同榆林案是一致的。另一方面,"官"身份下的职位、权力、责任等制度安排,以及"下管一级"的组织领导惯例,压力型体制迫使医方领导在处理医患冲突时要看上级领导脸色。在上级主管机关的压力下,医方领导扮演的是"下级"身份,一旦"上级"要求对冲突和矛盾"快解快结",这种带有很强行政命令色彩的原则落实到医方便逐步演化为一种"执行上级决策"的心理,迅速化解和处理医患冲突便演化为一项政治任务。从这个意义上判断,舍弃法治的做法无疑是"执行上级"决策的简单易行之举。与此同时,由于医院属于事业单位,院领导往往是具有行政背景的官员,他们的身份决定了决策偏好。医院决策者的"官"身份具有权威性,赋予了医方领导在作决策时拥有最高话语权和处置权,因此法治作为次优选项也自然水到渠成。

此外,相较于法制程序的烦琐和高成本,"法外私了"的方式无疑是"从快"原则下最符合医方心理的选择。这种做法虽然损失了一定的物质利益,但是能够将"大事化小,小事化了",并不会对医方高层管理者和医方的"官"身份产生颠覆

---

① 何跃军:《维稳的现实考察与法治反思》,载《华东理工大学学报(社会科学版)》2011年第1期,第64—71页。

② 徐家庆:《转变理念:维护社会稳定的应然选择》,载《毛泽东邓小平理论研究》2013年第4期,第34—39、92页。

性影响。因此，可以防止对初始规划、工作安排造成影响，也避免了烦琐的司法程序展开后所带来的人力与物力消耗。从积极的方面看，维稳式治理的确能够更加迅速地缓解医患关系，防止冲突的扩大化，同时也能够迅速化解因冲突对医院正常工作秩序的影响。对于医方领导来说，如果一定要在依法解决医患纠纷与医院管理工作效率二者之中作出选择的话，医方身份决定了法治不会是首选。

（二）医院领导的晋升机制与治理冲突的策略选择

对于医院领导来说，官民二重性的身份叠加可以在"一票否决"机制中反映出来。在压力型体制下，领导的绩效考评方式方法不尽一致，但诸如"维稳"等"一票否决"机制的威胁力最为直接。在医院管理中，上级卫生行政管理组织通常会给医院硬性"维稳"要求，医院领导的绩效结果同晋升密切挂钩。因此，不管是哪个科室、哪个医生个人造成的失误，院领导作为组织上级必须负相应的责任。而如果将医患冲突的影响扩大，转向司法程序，那么院领导会因医患冲突事件造成的负面影响而承受来自多方的问责。这是医院领导所不愿接受的。与此同时，如果使用司法程序解决医患冲突，那么对事件的控制便可能超出医院的能力范围，院领导必然面临为失控而"买单"的风险。也就是说，不管在其他方面工作成绩多优异，院领导也会因为这一个"污点"而"功亏一篑"，失去晋升机会。因此，在医患冲突产生后，迅速和患方和解谈判，通过非正式规则途径"私了"，目的是不将冲突的影响扩大，这样外界和上级领导甚至不会知晓冲突事件的产生，能够把"工作错误"的影响降到最低。

（三）患方舍弃法治选项的身份之困

在榆林案例中，死者丈夫延某某签署的同意书所列举的专业术语显然不是非专业的延某某所能够写出来的，极可能是"照录"医方提供的模板。事实上，其他医患冲突也存在患方技术劣势的问题。毕竟，医疗是一种高度专业化的行为，尤其是手术，更是一种高风险的治疗方式，患方作为受害者对此充满疑虑，并不清楚自己的"受害程度"，所以依法维权的底气不足。然后，过度利用非正式规则则可能导致医患冲突升级，并演变为由"受害者"到"加害者"的身份转变。在理屈心理暗示下，患方往往会接受医方或者第三方的调解，尽快走出冲突困境。更为重要的是，患方对于诉诸法律并无满意的预期，因此容易同医方的"法外私了"思维产生共振。这是法治缺席医患冲突治理的深层次心理原因。

应该说，在医患双方同时接受"法外私了"的过程中，医方扮演着主导性的角色。从法治文化背景上分析，医方领导的偏好是一种用钱、用权摆平的"官"思维，是偏好非正式规则的结果。他们往往将自身定位于医患冲突中的强势方，在与患方对话时具有自身和地位的优越感，医方一般不会把"闹事群体"放在同等地位对待，而常做的方式便是打压和抑制，一旦强势手段失效才转而"花钱买稳定"，并不会想到借助司法程序来解决。

概括起来，榆林案例的"身份—规则"分析具有针对性，同时也能够外推到法治缺席医患冲突治理的大多数领域。

六、总结与展望

医患冲突是多元复杂因素碰撞的结果，从冲突利益相关者的主体角度看，彼此身份及其认知状况与规则偏好是理解法治缺席医患冲突的关键变量。身份认知的准确与否是影响主体采取何种行动策略的主观因素，一旦同某种规则偏好相结合，则直接影响到冲突治理的结果。本文发现，法治缺席医患冲突治理的根本原因在于双方身份认知的不准确，并同时表现出对非正式规则的偏好。尽管在医患互动的"纠缠"阶段会有正式规则的不断"入场"，但法律（正式规则）并未发挥衡平曲直、定分止争的权威作为，因而法律一直没有进入解决冲突的程序之中。榆林案例如此，很多医患冲突的解决也是如此。在突出依法治理的当代背景下，"身份—规则"提供了一个了解和解决法治缺席问题的方案。

冲突主体的双重身份是认知不准确的肇因，其影响伴随着"策略尝试""冲突互动"与"妥协"等各个环节。阿玛蒂亚·森（Amartya Sen）坚持单一身份是冲突的根源，但萨义德（Edward W. Said）则认为："击垮俄狄浦斯的，是多重身份无法共存于一体的不堪。"因为"自我身份的建构……牵扯到与自己相反的'他者'身份的建构，而且总是牵扯到对与'我们'不同的特质的不断阐释和再阐释。"[①] 本文无疑倾向于后者，认为要纠正医患双方舍弃法治的做法，需要双方准确认知各自的身份特质，并尽可能减少双方双重身份叠加的机会；在行政主管机关的介入以及第三方调解机制的参与前提下，积极引导医院彰显自身的公共机构身份特质，有意识地以"良币"（正式规则）驱除"劣币"（非正式规则），使医患冲突治理尽快走上法治的轨道。

---

① 〔美〕爱德华·W. 萨义德：《东方学·后记》，王宇根译，生活·读书·新知三联书店1999年版，第426页。

当代中国乡村秩序重建的一种尝试

——以山东乡村儒学为中心的分析

庞景超*

摘　要：在社会转型和乡村现代化的背景下，原本稳定的乡村秩序受到强烈冲击，产生一系列严峻问题，因此乡村秩序重建成为诸多学科研究的焦点之一，也成为各界有识之士身体力行的事业。山东乡村儒学，是指从2013年初至今，一批有文化情怀和奉献精神的人文知识分子在山东乡村推广儒学的活动，也是指一场改善乡村文化现状、再造乡土文明的当代文化实践，同时也是指由此发展出的一种民间儒学实践形态。乡村儒学的基本理念是以儒家文化的普及来带动乡村人伦秩序和文化生态的重建，其初步目标是改善家庭伦理，重建人伦精神，其长远目标是重建儒家教化体系，改善乡村治理现状。经过数年发展，乡村儒学取得了初步成效，不仅改善了家庭伦理和社会风气，也得到山东各级政府的支持与响应，同时成为一个学术热点话题。乡村儒学之所以取得初步成效在于授课方式的平易近人、讲师们的无私奉献、乡村社会传统特征的保存、儒学的内在生命力等原因，但同时它也面临定位不清、经费、师资、教材以及如何协调民办和官办的关系等诸多难题。不过，乡村儒学对于乡村秩序重建的尝试是有效的，方兴未艾，任重道远，值得各界予以关注和支持。

关键词：乡村秩序重建；乡村儒学；文化实践；儒学形态

---

* 庞景超，中国人民大学中国哲学博士，日本爱知大学中国研究科中国研究专攻2016级博士研究生，中国人民大学公共管理学院2018年度在站博士后。主要研究领域：乡村儒学。

本文所界定的"乡村①秩序"，从内涵上，并不仅仅指乡村社会的平稳有序即乡村社会处于相对稳定和均衡状态②，还赋予其鲜明的价值取向，即我们所追求的应该是文明、美好的秩序，是能够给人尊严、自由、存在意义的秩序；从外延上，并不仅仅指政治、经济、文化等某一方面的秩序，而是作为一个整体的乡村社会的秩序，亦即包括合理"公共秩序"和优良"社会风俗"在内的"公序良俗"。当代中国的乡村秩序在市场化、全球化、城镇化等诸多冲击之下，正在面临日益严重的秩序危机，暴露出诸多亟待解决的问题。"乡村秩序重建"既是一个非常宏大而严肃的问题，也是一个非常现实而迫切的问题。近年来，以山东地区为典型的乡村儒学悄然兴起，为解决乡村秩序危机提供了一种新的思路和尝试。在这样的背景下，探讨乡村儒学化解乡村秩序危机的作用、乡村儒学重建乡村秩序的内在机制，就具有了深刻的现实意义。

一、乡村秩序重建与乡村儒学的内在关联

一般认为，传统社会的乡村秩序是在儒家文化的培育和熏陶下形成的。儒家文化体系作为中国传统文化体系的主干，在过去的两千年里支撑与维系着中华民族的精神世界，长期影响中国社会的发展进程，使每个中国人身上都或多或少地留下了儒家的精神烙印。传统乡村是儒家文化的发源地和蓄水池，儒家文化也成为乡村文明的道德根基，滋养和培育着乡村秩序。

自19世纪末中国开启近代化进程以来，乡村社会在被各界人士重视的同时，也逐渐成为学术研究的重点之一。特别是20世纪二三十年代，不仅掀起以晏阳初、

---

① 目前学界对于"乡村""农村""乡村社会""农村社会""乡土社会"等概念的界定和使用并未形成一致的意见，一般以"乡村"泛指城市以外的广大区域，并不严格区别于"农村"。不过本文认为，"农村"是放在产业关系中来看的，是指以从事农业生产为主的劳动者聚居地，这既是沿袭古代农业中国的历史经验，也是相对于现代工业化国家而言的。而"乡村"是放在城乡关系中来看的，是指城市之外的人类聚居地，虽然乡村在经济结构上以农业为主，但本来就存在畜牧业、渔业、林业等非农产业，而且随着社会变迁也出现了更多非农产业，如工商业、运输业、建筑业等。另外，"乡村"这一概念承载了更多的人文气息，乡村是一种人文居所，而不仅仅是生存的场地。因此，本文认为采用"乡村"一词更为确切。

② 贺雪峰认为"乡村秩序本身的涵义是乡村社会的平稳有序，即乡村社会处于一种稳定和均衡状态"，参见贺雪峰：《论乡村社会的秩序均衡》，载《云南社会科学》1999年第3期；吴思红认为"乡村秩序主要指农村社会结构要素之间平稳有序地互动，乡村社会处在相对稳定和均衡状态"，参见吴思红：《乡村秩序的基本逻辑》，载《中国农村观察》2005年第4期。

梁漱溟为代表的"乡村建设运动"①，也涌现出以费孝通、黄宗智、杜赞奇为代表的学术研究成果②。七十年前，费孝通先生在其经典之作《乡土中国》中开篇指出："从基层看上去，中国社会是乡土性的。"③ 他认为传统乡村是一个"熟人社会"，其社会结构是一种以血缘和地缘为基础的"差序格局"，进而形成一种不同于现代工业社会"法治秩序"的"礼治秩序"，以"礼"而非"法"作为维持乡土社会秩序的力量，依靠传统和教化而非权力和强制来使人们自觉养成行为规范，从而通过自我约束来形成稳定秩序。这种乡村秩序的特点是追求无讼、长老统治和无为政治。因此，在一个变迁很快的时代并不能维持礼治秩序的稳定。④ 这个关于传统中国社会性质的论断被广泛接受。

然而时至今日，伴随着市场经济、全球化浪潮、城市化进程的时代背景之展开，传统乡村秩序也在发生着巨大变化。据此，学界提出一系列诸如"新乡土中国"⑤"离土中国"⑥"半熟人社会"⑦"无主体熟人社会"⑧ 等新概念，力图更加准确把握当下乡村秩序的本质特点。关于乡村秩序的研究也逐渐成为社会学、政治学、人类学、民俗学、法学、历史学等诸多学科的焦点和热点之一，并且不同学科基于各自的学科传统形成了不同的研究视角。目前的主流研究是通过某一特定视角

---

① 20世纪二三十年代，中国曾掀起一场规模大、时间长、波及广的乡村建设运动。当时的中国农村遭遇了连续的天灾人祸，导致了一系列生态、政治、经济、文化问题，作为以改造乡村社会为直接目标的实践性社会运动，乡村建设运动逐渐成为时代潮流。据统计，当时全国从事乡村建设工作的团体和机构有600多个，先后设立的各种实验区有1000多处。各界有识之士纷纷从不同方面对中国乡村进行建设性的改造，如蒋介石倡导发起"新生活运动"，试图让民众在日常生活中培养优秀道德规范；晏阳初致力于乡村教育，建立中华平民教育促进会，在河北定县开展平民教育实验；梁漱溟从全面改造乡村文化出发，在山东邹平开展乡村建设实验；陶行知设想以教育为主要手段来改善人民的生活，在南京北郊晓庄创办乡村师范学校晓庄学校，并创办当时中国第一个乡村幼稚园燕子矶幼稚园；黄炎培从推广职业教育出发，领导中华职业教育社在乡村创办职业学校，先后在全国多地试办乡村改进试验区；彭禹廷以农民自卫为出发点，领导河南镇平自治，被誉为中国地方自治楷模；卢作孚注重乡村经济建设，以交通运输为龙头，在重庆北碚开展了大规模的经济建设活动。但由于国民政府的阻挠、战争的爆发、社会改造大潮的出现，一度蔚为大观的"乡村建设运动"被迫中断。

② 相关内容参见费孝通：《乡土中国·生育制度·乡土重建》，商务印书馆2011年版；费孝通：《江村经济》，上海人民出版社2007年版；〔美〕黄宗智：《华北的小农经济与社会变迁》，中华书局1986年版；〔美〕杜赞奇：《文化、权力与国家——1900—1942年的华北农村》，王福明译，江苏人民出版社1996年版；〔美〕马若孟：《中国农民经济：河北和山东的农业发展：1890—1949》，史建云译，江苏人民出版社1999年版。

③ 费孝通：《乡土中国·生育制度·乡土重建》，商务印书馆2011年版，第6页。

④ 同上书，第51—56页。

⑤ 贺雪峰：《新乡土中国》，广西师范大学出版社2003年版。

⑥ 孙庆忠：《离土中国与乡村文化的处境》，载《江海学刊》2009年第4期。

⑦ 贺雪峰：《论半熟人社会——理解村委会选举的一个视角》，载《政治学研究》2000年第3期。

⑧ 吴重庆：《从熟人社会到无主体熟人社会》，载《读书》2011年第1期。

进行专题研究，开拓了乡村治理、宗族组织、乡村伦理、民间信仰、公共空间、文化建设等研究视角，并取得了丰富的研究成果。不过就目前的研究成果来看，研究视角多集中于传统的社会学科，而关于新兴的乡村儒学研究相对较少；研究地域多集中于湖北、江西、福建、广东、广西等地，而对北方乡村秩序的研究相对较少；研究焦点多集中于乡村秩序的时代变迁和理论分析，而对乡村秩序重建的研究相对较少。因此，以近些年蓬勃发展的山东乡村儒学来考察当代中国乡村秩序的重建就显得很有必要。

近代以来，由于社会结构的变迁和社会政治运动等因素的综合作用，维系乡村伦理的教化体系几乎被摧毁殆尽，儒家文化在乡村社会的根基大为削弱，儒学也被视为乡村社会发展的阻碍。尽管近些年儒学在传统文化复兴的大背景下再次受到重视，甚至出现大小程度不一的儒学热潮，但在很多人眼中，乡村秩序应该向着现代、民主、法治的方向发展，儒学不应该也不可能发挥作用。事实上，乡村社会固然出现了多方面的转型，但沉淀其中的文化内核仍在发挥着潜移默化的作用，而且现代文明的培育并不是靠简单的移植就可以完成，更重要的是目前乡村社会出现了诸多令人触目惊心的问题，并非单一学科或者单纯学术研究足以应对的。因此，在"科技下乡""法治下乡""民主下乡"之外，在山东等地，一批拥有儒学情怀的有识之士积极推动"儒学下乡"，尝试在新的时代背景下以儒学重建乡村秩序。

其一，乡村儒学兴起的时代背景在于社会转型。自改革开放以来，中国处在一个明显的社会转型期，乡村的现代化进程体现为农业的工业化、农村的城镇化和农民的市民化，这极大地改变着传统乡村社会的生产、生活方式以及观念、风气。南京师范大学的王露璐教授认为，当前的中国乡村社会较之传统乡土社会已发生了质的变化，表现出三个新特征：第一，由于工业与其他产业的迅猛发展，农民的流动性大大加强，开始走出乡村、离开土地，从事市场化、职业化的生产劳动，使得传统乡土社会的血缘与地缘关系受到强烈冲击。第二，由于农村城市化、城乡一体化进程的不断加快，村民的社会关系逐渐向更广范围发展，乡村社会从传统的熟人社会日渐转变为介于"熟人社会"与"陌生人社会"之间的"半熟人社会"。第三，由于市场经济的发展，农民能够以平等身份进入市场进行商品交易，从而打破传统的人伦等级秩序，并按市场经济的标准划分社会阶层，而随着财富的积累和身份的改变，农民开始用新的社会分层逐步改变传统的差序格局。[①]

其二，乡村儒学兴起的直接原因在于乡村秩序的破败。社会转型期给乡村社会

---

① 王露璐：《新乡土伦理——社会转型期的中国乡村伦理问题研究》，人民出版社2016年版，第6—7页。

带来现代改观之外,也极大地冲击了原本稳定均衡的乡村秩序,使得乡村社会逐渐边缘化、空心化,具体表现为这样一些严峻问题:第一,乡村人口大量外流。打工浪潮兴起后,大量年轻人外出打工,农村的主体人群是留守妇女、儿童和老人,其社会基础正在逐步被抽空。① 第二,乡村教育弱化。从 2000 年到 2010 年,全国范围内撤并乡村小学,中国农村平均每一天就要消失 63 所小学、30 个教学点、3 所初中,几乎每过一小时就要消失 4 所农村学校。② 第三,乡村信仰缺失带来的家庭伦理、公共道德状况恶化。近代以来,维系家庭组织的一些基本人伦价值陆续被解构,使家庭面临一系列严峻问题,尤其是孝道方面。乡村老人自杀问题也引起了学者的注意,其主要原因在于老无所养、老无尊严。③ 第四,传统优良礼乐教化断失,传统乡土文化活动逐渐消失。许多宗祠、乡贤祠、庙宇等传统教化道场遭到严重毁坏,乡贤、宗长教化体系不存,传统的社戏、庙会、民俗活动等文化生活形态正逐渐消逝。④ 第五,乡村的传统文化体系被摧毁之后,外来宗教及其异化变种在乡村快速传播。由于现在农村基本上是一些没有文化的老弱妇幼,宗教的传播极易发生异化而演变为邪教。⑤ 第六,村民社会责任感弱化。一方面,随着农村集体经济组织的功能弱化,农民个体对集体组织的生存依赖相对减少,农村基层组织的凝聚功能日渐松弛;另一方面,农民自身固有的小农意识和社会发展焕发出来的公民权利意识,促成了当下农民对个人利益的强烈诉求。⑥

其三,乡村儒学正是在乡村秩序遭受强烈冲击的刺激下应运而生。国家行政学院的张孝德教授认为,如果完全基于工业文明的标准,那么乡村就是一块应该消亡的落后区域,但是,从生态文明的标准看,乡土文明却未必那么落后,它反而有着不容忽视的合理性和先进性。⑦ 中华儒学会执行会长柳河东教授认为,新文化运动、日本侵华战争、解放战争、"文化大革命"等对中国乡土文明冲击都比较大,但这种冲击仍然存在一定的有限性,因为中国乡土文明的根基——乡村农业并未遭到根本破坏。而以城镇化、工业化、商业化为主要方向的工业文明却带有明显的颠覆性

---

① 张玉林、桂华、干春松:《城市化浪潮下的乡村儒学——乡村儒学笔谈》,载《光明日报》2014 年 12 月 21 日。
② 柳河东:《乡村文明重建与儒学复兴系统工程》,载《成功》2015 年第 3 期。
③ 赵法生:《乡村儒学的缘起与意义》,载《儒道研究》2014 年第 12 期。
④ 柳河东:《乡村文明重建与儒学复兴系统工程》,载《成功》2015 年第 3 期。
⑤ 赵法生:《乡村儒学的缘起与意义》,载《儒道研究》2014 年第 12 期。
⑥ 杭丽华:《乡村文化生态建设:对乡村儒学现象的思考》,载《开发研究》2015 年第 3 期。
⑦ 赵法生:《"乡村儒学与乡土文明"学术研讨会综述》,载《哲学动态》2016 年第 4 期。

冲击。① 南京大学社会学院的张玉林教授从社会学的角度出发，以"拔根时代"揭示了乡村在城市化进程中面临的窘境。所谓"拔根"，一是指个体化、个人主义拔去了家庭之根，二是指城市化和城市信仰拔去了乡村社会之根。乡村儒学的意义在于固本培元，在于收心，让人们重新认识家庭和乡村的意义，在一定程度上抵消外部力量对家庭和乡村的解构，让在个体化、城市化的道路上越走越远的人们重新体悟到维持家庭的圆满和乡村的可持续的重要性。② 中国社会科学院世界宗教研究所儒教研究室主任赵法生研究员，作为"山东乡村儒学实验"最早的发起人之一，也认为近代中国城乡关系的变化是造成目前乡村文化沙漠化的原因，而他发起乡村儒学的直接原因就在于目睹了乡村的文化沙漠化、道德伦理败坏和外来宗教的畸形发展。③

总之，乡村儒学兴起的时代背景在于当下乡村社会的转型，而兴起的直接原因则在于当前乡村秩序存在的诸多问题，其目的正在于应对问题、重建秩序。处于全面转型期的中国社会，靠经济手段、政治手段和法律手段都难以解决深层次的社会问题和文化问题，乡村秩序的重建也存在许多政策、制度、法规所不可触及的道德真空地带。严峻的现实终于使越来越多的人认识到，现代乡村秩序建设绝不是一个简单的经济问题，重建被破坏的乡村文化生态，重塑乡村的人生价值和教化体系，才是完成乡村现代转型的必要前提，而儒家的教化机制和教化体系可以在这一过程中继续发挥作用。正是在这样的时代背景和社会现实面前，乡村儒学应运而生，并参与到乡村秩序重建的进程中。

二、乡村儒学关于乡村秩序重建的理论设想

当代中国，"乡村儒学"这一概念具有多层次的内涵。

其一，作为一种当代文化现象，"乡村儒学"在广义上指的是一切在乡村传播儒学、实践儒学的儒家文化现象，具体形式如儒学讲堂、孔子学堂、道德讲堂、诵读经典、普及国学、礼乐教化、道德实践等。在狭义上则指的是从2013年初至今，以中国社会科学院世界宗教研究所儒教研究室主任赵法生研究员为代表的一批学者在山东乡村推广儒学的活动，他们针对目前乡村社会普遍存在的各种问题，在各地

---

① 柳河东：《乡村文明重建与儒学复兴系统工程》，载《成功》2015年第3期。
② 张玉林、桂华、干春松：《城市化浪潮下的乡村儒学——乡村儒学笔谈》，载《光明日报》2014年12月21日。
③ 赵法生：《乡村儒学的缘起与意义》，载《儒道研究》2014年第12期。

乡村开设儒学讲堂，建立了一套初步的儒家教化体系，探索用儒家道德思想的精髓重塑乡村文明。在山东各级政府的支持下，乡村儒学讲堂还在山东省其他市县试点运行。这是一次让优秀传统文化扎根乡村的尝试，因其具有实验性质，而被称为"乡村儒学实验"。实践表明，在乡村儒学的初步带动下，浓厚的文化和学习氛围渐渐取代了过去的歪风陋习，使当地社会风气为之一变，呈现出独特的"山东乡村儒学现象"。

其二，作为一项社会文化教育活动，"乡村儒学"指的是一场以改善乡村文化现状、提升村民道德水平，试图重现温情乡村、再造乡土文明的当代文化实践，是一批有社会责任感、担当意识、文化情怀、奉献精神的人文知识分子服务社会的新方式。儒家素来有以天下为己任的担当意识和修己治人的入世情怀，《荀子·儒效》中说："儒者在本朝则美政，在下位则美俗。"① 当代乡村儒学正是力图发挥儒学教化人心、移风易俗的功能，与20世纪初的"乡村建设运动"相比，当代乡村儒学无论是在时代背景、性质目标，还是在理论形态、具体方式上，都已大不相同。如果说此前的"乡村建设运动"是一场以文化教育为先导、以救济改造乡村为手段、以救亡图存为目的的社会改良运动，那么，当代的乡村儒学则是一场以道德教育为起点、以弘扬优秀传统文化为方式、以提升民众文明素养为目的的社会文教活动。

其三，作为一种儒学普及形式，"乡村儒学"指的是自2013年从山东兴起之后，逐渐发展而受到学界关注的一种儒学实践形态。有别于"学术儒学"和"应用儒学"，"乡村儒学"从属于蓬勃发展的"民间儒学"②。民间儒学是中国当代新儒学思潮的重要组成部分，也是近年儒学研究十大热点之一③。就儒学的本然面目来说，它不仅是一种知识体系，更是一种民间生活方式，是一种"百姓日用而不知"的人伦之道和文化存在。作为民间儒学的重要构成部分，"乡村儒学"是在新的时代背景下植根于乡土、服务于乡民的儒学实践形态，是儒学重新融入当代社

---

① 梁启雄：《荀子简释》，中华书局1983年版，第81页。
② 当前中国儒学从性质和领域来看表现为三种形式：一是"学术儒学"，也可称为"知性儒学"或"精英儒学"，是指有儒家信仰的学术精英所展开的儒学学术研究与理论创造活动，从形态上包括"经学""仁学""心性儒学""伦理儒学""艺术儒学"等；二是"应用儒学"，是指具有强烈现实关怀的当代儒学现象和实际应用到现实各领域的儒学研究，包括在政治领域应用的"政治儒学""制度儒学""宪政儒学""法制儒学"等，在经济领域应用的"经济儒学""新儒商""管理儒学""工商儒学"等，在生态文明领域应用的"生态儒学"等；三是"民间儒学"，在不同地方、针对不同对象，有不同称谓，如"大众儒学""百姓儒学""生活儒学""乡村儒学""社区儒学"等，它既无清晰的理论边界，也无固定的组织，一切在当代中国所发生的儒学大众化、草根化、生活化、实践化的活动以及对此方面的理论探索都可称为"民间儒学"。
③ 2015年9月27日，山东大学儒学高等研究院、《文史哲》编辑部在"第七届世界儒学大会"开幕式上联合发布《近年儒学研究十大热点报告》，其中第五点为"大批专家走出书斋，民间儒学蓬勃发展"。

会、作用于日常生活的积极探索,其主要任务是使儒家文化的为人处世之道在村民的心中扎根,使仁义礼智信、忠孝廉耻等儒学的核心价值进入寻常村民家,成为村民的生活指引与安身立命之道,从而实现安立世道人心的目标。"乡村儒学"被认为开辟了"儒学新阶段"[1],是当代儒学复兴的重要路径之一。

目前,山东乡村儒学大体有三种模式:第一种是学者主导型模式——由尼山书院的学者主持,发动和组织志愿者开展工作,并得到各级政府的支持,其基本特征是民办公助;第二种是政府主导型模式——比如山东省曲阜市推出"百姓儒学"工程,为下辖的 405 个村庄配备儒学讲师,推动儒学进入乡村;第三种是民间自发型模式——场地、讲师、教学与资金完全由民办。狭义上的"乡村儒学"正是第一种由学者们主导的儒学运动,这也是乡村儒学的初衷,因此成为本文分析的重点。

乡村儒学在理论上并不复杂,其基本理念是"以乡村儒家文化的重建来带动乡土文明的重建,通过儒家的孝道和五伦教育,培育民众的人生信仰和价值观念,重建乡村的人伦秩序和文化生态"[2],其逻辑起点是发挥儒家修身思想、教化思想的作用,认为这些是发乎人心合乎人性的,是儒家仍具有生命力的思想资源。

乡村儒学的初步目标是在乡村重拾道德底线,重建人伦精神[3],为留守农村的妇女老人儿童提供急需的伦理文化服务;重建家庭伦理[4],重建乡村的人生信仰和价值系统,为乡土文明的重建提供人伦道德基础[5]。它主张从最基本的家庭伦理尤其是孝道重建做起,之所以选择孝道作为突破口,是出于儒学对"孝"的基本认识。正如赵法生先生所言,今日的乡村对于儒家文化的强烈需求首先体现在家庭和谐和子女教育上,最需要的是孝道观念、五伦观念、修身思想和礼义廉耻思想。乡土文明的重建必须从孝悌之道这个根本处入手,因为孝悌为仁之本,而家庭又是乡村之本。[6] 当前乡村家庭伦理失范的最突出表现就是孝道缺失,打骂老人、不赡养老人的情况大量存在,加上目前社会还无法给乡村老人提供完善的养老系统和社会保障,在这种现状下,他们的养老和保障全凭儿女的孝心,如果儿女不孝,他们就

---

[1] 赵法生:《"乡村儒学与乡土文明"学术研讨会综述》,载《哲学动态》2016 年第 4 期。
[2] 赵法生:《乡村儒学的缘起与意义》,载《儒道研究》2014 年第 12 期。
[3] 张玉林、桂华、干春松:《城市化浪潮下的乡村儒学——乡村儒学笔谈》,载《光明日报》2014 年 12 月 21 日。
[4] 同上。
[5] 郑秋轶:《儒家文化的根在乡村——专访乡村儒学发起人赵法生》,载《瞭望东方周刊》2014 年 9 月 19 日。
[6] 赵法生:《孔子回乡:儒学重塑乡村文明——乡村文化荒芜背景下儒学复兴》,载《成功》2014 年第 12 期。

会陷入老无所依的境地。所以在乡村讲孝道最能引起人们的情感共鸣,最能打动人心。同时他又强调,讲课只是乡村儒学的基础部分,乡村儒学是一个包括理念、课程、活动、践行在内的完整的教化系统。它力图将孔子的修身做人思想变成一系列课程,借讲课内化为村民的人生信念,再通过一系列喜闻乐见的文化活动渗透进村民的日常生活,成为村民的生活方式。所传达给村民的,不仅是一些道德说教,更是一种人生信仰,以此解决乡村的信仰缺失和价值真空问题。①

所以,乡村儒学主张首先从孝道入手,通过讲读《弟子规》等儒家启蒙读物,激发人们本性中孝亲的自然情感,以培育孝亲观念为起点,维系家庭人伦,构建家庭内部的和谐与秩序;然后推而广之,放大人性善的一面,将人的高贵性凸显出来,将儒家道德思想中的孝、悌、忠、信、礼、义、廉、耻等儒家做人的基本规范传承下去,逐步探索建立适应现代乡村的伦理规范,培育淳朴敦厚的民风;同时试图纠正人们生活中种种具体的失当行为,从最基本的生活礼仪教起,使长幼有序,夫妇有礼,还将婚丧嫁娶的礼仪重新规范起来,辅以儒家教化歌曲,在"道之以德"的同时"齐之以礼",塑造礼乐人生,还原礼乐文明的本然面目;还鼓励听过课的老人回家后给孩子们多讲讲道理,规劝前来听课的年轻人从改变一个观念做起,引导参与的小朋友回家每天为长辈做一件力所能及的小事,让人们都参与到具体的道德实践中,营造与人为善的氛围。简言之,就是发挥儒家教化的基本功能:教国民、兴礼仪、厚人伦、美风俗,以此建设乡村的伦理秩序。

乡村儒学的长远目标则是重建儒家教化体系,从最基本的家庭伦理扩展到社会伦理,并以此为基础改善乡村治理状况,力图将儒家教化体系的重建与解决乡村治理的当下问题结合起来,探索出一条目前条件下乡土文明的重建之路。赵法生先生认为,"乡土文明的重建关键取决于两个因素:首先,儒家文化的复兴与现代转化,儒学必须要与现代乡村的生活相适应。为此,儒学在乡村的信仰、组织形态和活动方式都需要转化。儒学在乡村的重建和现代转化将为乡村文明提供信仰和价值的基础。其次,乡村需要重建治理体制和治理秩序,此一体制当能遵循民主法治的原则,在继承传统乡村自治精神的基础上,实现治理方式的现代转化。"②从乡村的信仰状况来看,通过上述儒家教化的初步实施,儒家伦理道德观念有可能重新成为乡民的人生信仰。当然,没有必要也不可能再为当代中国人设计一个统一的信仰,儒

---

① 赵法生:《孔子回乡:儒学重塑乡村文明——乡村文化荒芜背景下儒学复兴》,载《成功》2014 年第 12 期。
② 同上。

家所提供给人们的只是多元文化中的一元，只是一个可供选择的文化选项。而从乡村儒学的组织依托看，主要是家庭和乡约，重建家庭伦理以解决家庭内部的和谐与秩序，通过建立乡约在村民自觉自愿的基础上形成一套道德规范，以弥补法律法规、政策制度的不足，从而构建村落共同体的秩序与风尚。

乡村儒学将来要达到的目标是要返本开新，最终实现"三堂合一"，以完成儒家在乡村再造传播体系的重构。所谓"三堂"分别是学堂、祠堂、道堂，乡村作为传统中国的文化蓄水池，涵养了整个民族的文化，就是因为有这三种文化组织在支撑它。而现代乡村儒学讲堂，不但应该而且也可以承担起相类似的功能。借助乡村儒学所实现的，正是这样一种对理想乡村的设想——理想乡村首先应该是"富而好礼"的，在富裕的基础上，实现乡村温文有礼的状态；其次应该是"老者安之、少者怀之、朋友信之"的，即老人得到很好的照顾，孩子们得到很好的教育，整个社会是和谐的、诚信的；再次应该是民主法治的，将儒家的伦理道德、人格教养与现代法治结合起来。可以看出，这一理想带有鲜明的儒家特色，并且它包含乡村秩序重建的多个维度，包括伦理秩序、生活秩序、精神秩序、文化秩序乃至政治秩序等等。

事实上，乡村儒学具有双重理论诉求：一方面是为了乡村文明的重建，另一方面则是为了儒学自身的发展。正如前文对"乡村儒学"进行的界定——它既是一种以儒家文化再造乡土文明的文化实践，又是儒学在当代复兴的新型理论形态和实践形态。从前者来看，不管是乡村儒学的初步目标——重拾道德底线，重建人伦精神，还是长远目标——重建儒家教化体系、解决乡村治理问题，都是对这一理论诉求的表达。而从后者来看，乡村儒学在推动乡村文明发展的同时，也在为自身发展探索道路，与其说是乡民借助儒学实现自身道德水平的提升，不如说儒学借助乡民来实现自身的延续。相较而言，第二重理论诉求表现得更加强烈。正因如此，赵法生先生强调，乡村儒学绝对不是单纯的复古，同时要完成儒学的现代转型。搞儒学教化一定是和现代社会的理念与形态相结合的一种新的儒学。而"乡村儒学"另一位重要发起人颜炳罡教授则形象地将乡村儒学形容为"背着干粮给孔子打工"[①]，认为通过乡村儒学，可以实现儒学由小众、精英向大众、百姓的转化。乡村儒学就是让儒学由少数人文学者的研究对象转化为百姓生活的向导，由精英知识分子谋生的手段、学术价值的实现方式转化为百姓人伦日用之道。乡村儒学的目的就是将儒

---

① 颜炳罡、柳理：《背着干粮给孔子打工 乡村儒学落地需"三化"》，http://guoxue.ifeng.com/a/20160416/48482116_0.shtml，2016年4月16日访问。

学生活化、实践化、草根化,说到底是为儒学的世代传承发展探索新路径,为儒学的广泛传播创造一种新模式,一种新常态。① 总之,以乡村儒学参与乡村秩序重建,既是为乡村秩序建设注入儒家文化力量,也是为儒学自身发展探索新的出路,并且涉及乡村秩序重建的多个维度,目标具有层次性,理论具有可行性。

三、乡村儒学如何重建乡村秩序

山东乡村儒学由"尼山圣源书院"的学者最先发起。"尼山圣源书院"由海内外学界知名学者和社会贤达发起,山东各级政府支持建立。2008年10月,在距离孔子诞生地夫子洞村不足八百米的泗水县北东野村,书院正式挂牌成立。书院实行"民办公助,书院所有,独立运作,世代传承"的体制,其中"民办公助"也是继承传统书院的办学方针。② 书院学者们推广乡村儒学的活动源于2012年末一项调研,他们在对孔子诞生地夫子洞附近的泗水县的北东野村、曲阜市的夫子洞村和周庄三个村子调研时发现,圣人故里周边的文化状况存在三方面问题:乡村文化的沙漠化,比较严重的家庭伦理问题,以及外来宗教在乡村的快速传播。这表明,乡土文明在一些方面已经突破了文明的底线,乡村文化与乡土文明需要输血式急救,需要那些关心乡村的城里人返回来重建乡土文明。他们认为,只建书院还不够,优秀传统文化不能只停留在历史典籍、"象牙塔"里和学术研讨中,必须以书院为平台,把儒学经典、优秀传统文化送到村里,种到人们心里,于是在村里开办儒学讲堂、重建乡村儒学的想法出现了。

此后,书院组织一批志同道合的学者和志愿者开始在尼山周围下乡讲授儒学。2013年1月16日,以尼山圣源书院为依托,圣水峪镇建立了第一个乡村儒学讲堂,主要面向北东野村村民,以此揭开了乡村儒学实验的序幕。在随后一年多的时间里,随着乡村儒学讲堂不断显现出成效,也拓展到济宁、聊城、潍坊等地。2014年6月21日,由光明日报社、山东省委宣传部主办的"山东乡村儒学现象"座谈会在泗水县尼山圣源书院召开,探讨因乡村儒学影响扩大而形成的"山东乡村儒学现象"。到2015年7月,山东省已有9个地市开展乡村儒学讲堂,包括济宁、济南、潍坊、临沂、菏泽、聊城、日照等,覆盖大半个山东。2016年,乡村儒学的发展尤其明显,不但在山东省继续推广,也波及北京、河南和湖北等省市。目前的山东省

---

① 颜炳罡:《"乡村儒学"的新挑战》,载《人民政协报》2016年2月22日。
② 赵法生:《乡村儒学:播撒在乡间的文化种子》,载《中国德育》2016年第1期。

正进一步完善"图书馆+书院"模式，加快城乡儒学讲堂建设。截至2017年2月，山东省内公共图书馆已全部建成尼山书院，乡村（社区）儒学讲堂达到9200多个，举办各类活动逾4万场次，参与群众超500万人次。

由学者们主导推动的乡村儒学是本文分析的重点。据赵法生先生介绍，在这一维度上他们主要做了以下几方面的工作：

其一，建立了定期化的乡村儒学讲堂。形成了一套常态化的学习制度，乡村儒学讲堂是给村民讲儒学的地方，也是村庄的公共文化场所。

其二，形成了一支志愿讲师队伍。这些志愿者，有的是退休干部，有的是退休老师，也有在职老师，还有做企业的老板等等，都是无偿地尽义务来为村民讲课。

其三，建立了一套乡村儒学的传播体系。这套体系包括课堂和课外两方面，课内课外、家内家外的活动结合起来，构成了乡村儒学传播体系的内容，包括以下几方面：第一，行孝道。不单是讲孝道，最重要的是要践行孝道，所以不断从村里找一些孝道的典型，让他们介绍行孝的经验，来表彰先进，带动落后，还给前来听课的孩子布置孝道作业。第二，学经典。讲读的经典是浅显易懂的圣书、善书，圣书就是儒家经典，善书就是中国传统的劝善经典。第三，习礼乐。乡村儒学课堂从最基本的生活礼仪教起，每次上课之前，让孩子给在座的长辈鞠两个躬，然后所有人站起来给孔老夫子鞠四个躬，也请专家给老百姓演示和传授一些婚礼、冠礼、丧礼、成童礼、射礼等儒家礼仪，另外还组织孩子们组成小小国乐团，常常在课堂上为大家表演。第四，助社会。志愿者们时常到村民家里串门聊天，照顾困难老人的生活，救助失学儿童，从济南请来心内科的大夫给村民治疗"三高"、讲解防治"三高"的知识，长期资助一些困难家庭，逢年过节慰问困难家庭，建立"安怀基金"，发动大家募捑，让更多的老人孩子受益。第五，营氛围。在试点村子里，设立传统文化宣传栏，墙壁上书写儒家修身齐家格言，每天定时播放《弟子规》以及孝道歌曲，组织《弟子规》背诵比赛，组织评比活动投票评选孝亲媳妇、模范公婆、和谐家庭，还根据村民的要求，请县里的剧团来村里表演一些文化节目，尤其是一些孝道、传统文化、家庭伦理的节目。第六，立乡约。目前有些村子也有乡规民约，但多是硬性的具有法律法规性质的规定，没有心性的启发、人心的唤醒。儒家的乡约是建立在自我省察的基础上，建立在农民自觉自愿的基础上，因此学者们选择一些村子做乡约试点，其内容主要包括孝道、齐家、睦邻、公益、环卫、持戒、权利等内容，将乡约变成村民砥砺道德和人生向上的手段，并选出德高望重的乡绅作为约长,来监督乡约的执行。①

在推行了一年多之后,乡村儒学实践取得了初步成效,试点乡村的人心和风俗都得到了积极的改善,具体表现在:

其一,乡村儒学讲堂显著改善了乡村孝道状况,孝道的正气树立起来了,打骂老人的风气被刹住,孝亲敬老的风气渐浓。到 2013 年年底,北东野村的村子里已经没有人敢公开不孝敬老人,有些原来非常不孝的人,也有了很大的转变,知道孝敬老人、赡养老人了。② 又比如在聊城市茌平县的韩屯镇,"乡村儒学讲堂也让村里发生了实实在在的变化,兄弟关系、婆媳关系、夫妻关系都变得融洽了"③。

其二,乡村儒学讲堂带来的变化不仅局限在个人私德的家风,更表现在社会公德的村风,试点的村子里都显示社会风气有了较为明显的改善。比如,北东野村,邻里关系更融洽了,酒后骂街的情况明显减少,小偷小摸的情况减少了,乱倒垃圾的风气被纠正了,干群关系有所改善,农网改造期间政府开展工作也更加顺利。④ 又如,济南章丘的三德范村,最显著的变化是丧葬礼仪的改革,过去丧葬礼仪铺张浪费,人们迷信于大操大办,有时候光吃喝费用就达两万多元,整个过程要拖上三天左右。现在村民通过对儒家思想的学习,接受厚养薄葬的理念,减少了程序,缩减了时间,既守住了传统,也更符合孝道真谛。⑤ 再如,聊城市茌平县的韩屯镇,传统文化的力量于无形之中改变着百姓的思想,原本远离市区、治安状况较差的韩屯镇在 2013 年实现了零上访,打架、赌博等治安案件数量也大幅下降。⑥ 泗水县圣水峪镇党委负责人也介绍说,2014 年,全镇治安案件同比下降 18%,信访案件同比下降 35%。如今,各村出口伤人、酗酒搓麻将、动手打架的人明显减少了。⑦

可见,作为一场再造乡土文明的文化实践,乡村儒学确实产生了移风易俗的社会效用,使儒学再次走进村民的日常生活,使儒学的道理再次作用于人心。除了记者的实地采访之外,也已有研究者通过实地调查、深度访谈等社会学研究方法,证实了乡村儒学的初步成效。⑧

---

① 赵法生:《乡村儒学的缘起与意义》,载《儒道研究》2014 年第 12 期。
② 同上。
③ 王红军:《乡村儒学:讲好"人生这本大书"》,载《大众日报》2014 年 11 月 7 日。
④ 赵法生:《乡村儒学的缘起与意义》,载《儒道研究》2014 年第 12 期。
⑤ 杨晓卫、李俊梅:《章丘三德范村儒学讲堂 用传统文化重塑乡愁》,载《中国文化报》2015 年 12 月 23 日。
⑥ 王红军:《乡村儒学:讲好"人生这本大书"》,载《大众日报》2014 年 11 月 7 日。
⑦ 赵秋丽:《山东济宁:"儒学讲堂"遍乡村》,载《光明日报》2015 年 6 月 21 日。
⑧ 孙超:《乡村儒学现象研究——以山东省尼山片区为例的个案分析》,东北师范大学 2016 年硕士论文。

作为一种文化现象，乡村儒学不但在乡村取得初步成效，还引发了社会关注，形成所谓"山东乡村儒学现象"，并且对当地政府也产生了积极影响。2014年5月，山东省文化厅印发《关于在全省创新推进"图书馆+书院"模式建设"尼山书院"的决定》，其中把"乡村儒学讲堂"纳入基层乡村公共文化服务体系建设，依托乡镇综合文化站和村文化大院（综合文化中心）的设施设备、人员队伍、服务网络，建成一批"乡村儒学讲堂"。2014年9月，山东省曲阜市出台了《关于深入推进"百姓儒学"活动的实施意见》，在当地的405个行政村推行"一村一名儒学讲师"计划。尽管政府推进的公共服务体系和"百姓儒学"工程与赵法生等学者一直在民间实践的"乡村儒学"在模式上有所不同，但政府的参与却让孔子故里广大农村的儒学复兴成为各大媒体关注的焦点。

作为一种儒学实践形态，"乡村儒学"受到了学界的关注；而随着乡村儒学的社会影响越来越大，也受到学术界越来越多的关注。同时，它作为"民间儒学"的重要组成部分，在民间儒学整体回暖的背景下，也成为学术界的一个重要话题。2015年11月14—16日，由中国社会科学院世界宗教研究所儒教研究中心、国际儒学联合会普及委员会、尼山圣源书院、云深书院联合主办的"乡村儒学与乡土文明"学术研讨会在北京举行，来自全国多所高校的学者，以及山东、河南、北京、河北、广东等省市的乡村儒学志愿者，共80余人参加了会议，就乡村儒学与乡土文明有关问题进行了深入研讨。

四、乡村儒学参与乡村秩序重建的内在机制

已有研究者从社会学的角度出发，利用资源动员理论，分析了乡村儒学取得初步成效的原因，即内容契合当前政治机遇、采取了多样化的资源动员方式，并且以满足村民文化需求为目标、尊重村民的主体地位，才保证其取得初步成功。[1] 这种分析是合理的，但仍可以作更进一步、更切实的说明。

其一，从儒学讲堂的授课方式来看，讲师们采取的故事化、生活化、互动化的授课方式是乡村儒学取得初步成效的基本保证。"不讲道理讲故事"——把儒学"故事化"，寓理于事，才能通俗易懂，正如北东野村党支部书记庞德海总结的那样："第一，它教人孝敬；第二，教人懂道理；第三，教人办好事儿，所以受欢

---

[1] 袁璟：《"乡村儒学讲堂"的资源动员及其对乡村文化建设的启示》，郑州大学2016年硕士论文。

迎"①;"不讲天边讲身边"——多举身边的例子,让人可信可感,而从当地采集真实的事例,针砭刺恶,移风易俗,也会取得意想不到的效果;②"不做老师做朋友"——放低身价,不把自己定位成传授知识的老师或全知全能者,而把自己当成农民的朋友,当成回家看望双亲的孩子,才会受到村民的欢迎。赵法生始终认为,让优秀的传统文化回归民间必须采用新的言说方式——向孔子本人学习,用最生活化且直指人心的话语,用农民听得懂、喜欢听的通俗生动的话语。③

其二,从讲师们的奉献和付出来看,他们的担当意识与身体力行是乡村儒学取得初步成效的重要原因。乡村儒学缘起于儒家知识分子的社会责任感,这群被称为"背着干粮给孔子打工"的学者们和当地志愿者们一起,用无私奉献的精神和知识分子的价值追求与责任担当促成了这个活动,在其后的发展中依然是靠大批志愿者的无私参与,才使乡村儒学得以持续下去。这支志愿者队伍,对乡村儒学的开展发挥了关键的作用,充分体现了"当代知识分子的文化担当"④。参与讲学的学者们都曾受到外界以及同事、朋友甚至家人的质疑,由于他们对乡村儒学付出了很多时间、财力、精力,影响了自身的职称评定、学术研究,但学者们的应对办法是,咬住牙关,坚决顶住,在单位做好本职工作,对乡村儒学用心用力。面对社会现实,学者们虽然感到无奈和苦恼,但他们更认同的是颜炳罡的这个观点:"当前学界不缺我们这几篇学术文章,但农村却缺唤醒伦理纲常的人。去农村点燃儒学的火种,让人们的生活回归儒学,同样体现我们的价值!"⑤

其三,从乡村社会的特点来看,乡土文明自身的特点以及传统乡村的遗留是乡村儒学取得初步成效的关键原因。现在由于北方乡村儒学体系已经荡然无存,村民心中对于人性、人道和人伦的渴求是乡村儒学能够推行的社会心理基础,以孝道为切入点抓住了村民最关心的问题,以人伦道德为重点满足了村民的需求。从乡村儒学发生作用的心理机制来看,至少在山东当地,传统"熟人社会"的特点仍然存在,乡村是个熟人社会,人们要面子,看重别人对自己的道德评价。爱面子是一种上进心,反映了梁漱溟所说的人生向上的意愿和动力,这种上进心和荣辱感乃是乡村的熟人社会特有的精神,它将私人道德最终提升到了村庄的公共道德,是儒家教

---

① 郑秋轶:《乡村儒学实验》,载《北方人(悦读)》2014年第12期。
② 张国栋:《把"大学问"讲到农民心窝里——"乡村儒学现象"采访手记之二》,载《大众日报》2014年9月15日。
③ 段新勇:《重建乡村文明生态》,载《农村大众》2014年6月17日。
④ 刘云超:《"乡村儒学"与当代中国知识分子的文化担当》,载《人文天下》2015年第1期。
⑤ 张国栋:《迈过从书斋到乡村的坎儿——"乡村儒学现象"采访手记之一》,载《大众日报》2014年9月12日。

化得以发生作用的前提。如果说良知是儒家教化发生作用的心性基础，爱面子则是儒家教化显效的社会动力，这两种力量结合起来，才最终造就了"君子之德风，小人之德草"的教化景观。① 从社会学的角度来说，社会结构的变迁虽然打破了传统社会的格局，但在现代化引发一系列道德问题的情况下仍呼唤传统文化回归，并且由于社会转型的持续性，儒学的社会心理基础依然存在，人们的情感需求、良知良心、对善恶的区别是长久存在的，因此乡村儒学能够受到村民的欢迎。

其四，从乡村儒学自身的角度来说，儒学内在的生命力还依然存在是乡村儒学取得初步成效的内在原因。赵法生认为儒学原本就是人伦日用，是生活化的学问。儒学不是一般的知识，而是修己安人之道。它以忠恕与内省将人领回到自己的内心，寻找到真正的自我。孔孟教诲无不落实到人的心性，以开启心性作为修养历程的发端。先秦儒学是道，是百姓日用而不知的人伦之道，是"不可须臾离也"之道。汉儒将其政治化，宋儒将其理学化，固然有当时的历史文化背景，却未免对于原始儒家的本来面目有所遮蔽。先秦儒家之道发端于人情，所谓"发乎情止乎礼"，既从人情出发，又能将人情提升到公共理性的高度，合情入理，正是儒道教化的奥秘所在。② 乡村儒学抓住了情感这个人伦道德的关键点，从情感入手打动人心，只要人们有情感的需求，儒学就仍具有生命力。

不过乡村儒学在取得初步成效的同时，也遭遇了发展的瓶颈，具体表现为以下三个方面：

其一，就其理论诉求而言，乡村儒学的双重诉求所引发的质疑就是，乡村儒学的宗旨究竟是什么？正如有学者质疑曲阜"百姓儒学"工程那样："这项工程是农民需要传统文化，还是传统文化的弘扬需要农民；是社会管理需要儒学，还是农民的幸福需要儒学；是老百姓需要孔子，还是孔子学说需要老百姓？"③ 即便是学者主导型的"乡村儒学"，如果不把这个问题思考清楚，那么随着政府的推动和更多民间资本的注入，乡村儒学也可能从一件利国利民的好事变成一件既让乡民反感又使儒学再受戕害的坏事。与之相关的质疑则是，乡村儒学力图发挥传统儒家教化作用的思路，但"教化"意味着高高在上，意味着某种道德优越感，还意味着潜在的强势灌输，在现代社会是否适用？如何避免儒家人伦大义、道德思想的缺陷和局限？且不说儒家道德思想在现代背景下需要重新辨析、去伪存真、去粗取精，单说

---

① 赵法生：《乡村儒学的缘起与意义》，载《儒道研究》2014年第12期。
② 同上。
③ 汪国新：《"乡村儒学"工程的喜与忧》，载《成才与就业》2014年第23期。

儒家教化的作用及其限度，也是令人怀疑的。重讲"老道理"，能够解决"老问题"吗？"老道理"又如何应对"新问题"？在现代社会实行儒家教化，如何解决与现代社会义理会通、兼容的问题？

其二，就其目前发展而言，乡村儒学面临师资严重不足、经费投入不足、教材和讲法不完善等瓶颈。比如师资严重不足的问题，尼山圣源书院执行院长颜炳罡认为这是乡村儒学进一步展开的最大瓶颈。① 具体表现为，一方面许多儒学专家不愿意或者不会给普通民众进行通俗讲解，另一方面不少具有强烈讲学热情的民间人士，却对儒学不够了解，在讲解中分不清儒、释、道。又如经费投入不足的问题，乡村儒学的兴起是自发的，没有专门稳定的资金来源，每一处讲堂都是通过政府、企业、民间、学者等各种方式募集资金建设的结果，并且讲师们没有任何报酬。再如教材和讲法不完善的问题，其授课内容和讲解方式还没有形成一套完整的经验与模式，实际上课时往往是讲师根据自己的兴趣和专长来讲解，随机性较大。由于目前乡村儒学受众群体主要是妇女儿童老人，如何发展出适合于这一受众群体的教材、教法、传播方式，仍值得进一步探讨。尽管对这些问题，尼山圣源书院已经在采取措施应对，比如动员更多青年学者加入讲师团队、举办讲师培训班、定期举办读书会发现讲师人才等，来解决师资不足的问题。② 但在短期内，这些问题将依然困扰着乡村儒学的发展。

其三，在得到政府支持的同时，也面临如何协调与官方关系的问题。随着乡村儒学的蓬勃发展，政府部门也积极介入，这固然是因为传统文化回归已经成为政治大气候，新一届领导层表现出了明显的对传统文化尤其是儒家思想的重视态度和亲近倾向，但也要对这种一时热衷保持充分的警醒。有学者提醒，乡村儒学应该扮好社会团体的角色，坚守社会运动的立场，既借助政府的力量又保持相对的独立。一方面从政府部门争得合法性地位，争得经济力量、社会力量的支持，另一方面则必须与其保持一定的比例平衡，始终不能丢掉主导的角色，不能因为与政府的合作而失掉了自己，远离了自己的初衷。只有这样，当政府部门的关注热情减去之后，才能够坚持原初的理想，能够为乡村文化的繁荣、乡村建设的发展持之以恒地发挥自身的作用。③

无论如何，目前的初步成效证明乡村儒学以儒学的理念，提升民众的道德素

---

① 颜炳罡：《"乡村儒学"的新挑战》，载《人民政协报》2016年2月22日。
② 同上。
③ 李卫朝：《"乡村儒学"如何发展——以梁漱溟的乡村建设为经验教训》，载《廊坊师范学院学报（社会科学版）》2016年第1期。

质,对于重建乡村伦理秩序是有效的。其根本原因在于,文化、制度、权威这三者是构成乡村秩序的基本要素,而文化是最基础的要素。① 乡村文化构成乡村秩序的基础,失去文化基础的秩序是难以稳固的,而近代以来,处于不断变化中的乡村文化受到市场文化、城市文化的冲击,出现了失衡状态和消极状态。而乡村儒学努力的方向,正是纠正乡村文化的混乱状态,填补文化冲击带来的真空,因为稳定而积极的乡村文化才是实现乡村优良秩序的前提。

文化的力量是潜移默化的,内生于传统乡村社会的文化规范着人们的行为,维护着社会的稳定,也维系着乡村社会的秩序。这一秩序,既包括以道德交往维系心灵家园的"精神秩序",也包括以生态智慧建设美好家园的"生活秩序",还有以约定俗成的非制度性规范约束人们行为的"自觉秩序"。② 在受到市场化、城市化冲击之下,解决乡村秩序危机的最有效途径就是进行乡村文化的建设。首先就是对传统乡村文化的内核——人伦道德进行再认同,其次要以现代文化的积极观念转变乡村传统文化中的消极观念。我们看到,乡村儒学之所以取得初步成效正是遵循了这样的步骤,它的初期目标和长远目标也正符合这样的理念。乡村儒学对于培育乡村社会的"公序良俗",产生了积极的影响,直接体现在伦理秩序、精神秩序方面,而对生活秩序、文化秩序、生态秩序乃至政治秩序也发挥着潜在的影响,因为从治理的角度看,乡村儒学侧重从下而上移风易俗,属于非正式治理,从而为正式治理降低成本。

当前,在全面实施"乡村振兴战略"的大背景下③,乡村儒学关于重建乡村秩序的尝试越发显得意义重大。相较于政治力量,文化力量更基本、更深沉,也更为持久。乡村振兴的灵魂在于文化的重塑,如果说"乡村振兴战略"为当代中国的乡村秩序重建提供了政策支持和战略保障,那么乡村儒学的实践就应当被视为"乡村振兴战略"的先导,它为乡村秩序重建提供了道德滋养、精神激励和智慧支持。

---

① 巵海鹏:《变化社会中的乡村秩序与乡村文化》,载《唯实》2008 年第 12 期。
② 赵霞:《传统乡村文化的秩序危机与价值重建》,载《中国农村观察》2011 年第 3 期。
③ 2017 年 10 月,中共十九大报告中提出了"乡村振兴战略"。2018 年 2 月,中央一号文件即《中共中央国务院关于实施乡村振兴战略的意见》。2018 年 3 月,政府工作报告也提出要大力实施乡村振兴战略。2018 年 5 月 31 日,中共中央政治局会议审议《国家乡村振兴战略规划(2018—2022 年)》。2018 年 5 月,山东省委、省政府也印发《山东省乡村振兴战略规划(2018—2022 年)》和《山东省推动乡村产业振兴工作方案》《山东省推动乡村人才振兴工作方案》《山东省推动乡村文化振兴工作方案》《山东省推动乡村生态振兴工作方案》《山东省推动乡村组织振兴工作方案》,要求各地各部门结合实际贯彻执行。"乡村振兴战略"涉及乡村的经济、政治、社会、生态、文化、人才等多个领域。

综上所述，山东乡村儒学发展至今历时五年有余，正是方兴未艾之时，全面总结经验为时尚早，但从实践效果来看，乡村儒学以儒家教化为基础，对于重建乡村伦理秩序、精神秩序是具有显著效果的，而对于推动乡村生活秩序、文化秩序、生态秩序乃至政治秩序也具有潜在的积极意义。显然，乡村儒学不是万能药，不可能解决乡村秩序面临的所有问题，然而在可预期的未来，乡村儒学也不仅仅在伦理秩序方面发挥作用，它的未来值得期待。

国家治理现代化视角下城市社区自治体系构建

——以安徽省芜湖市 B 社区为例

陈 鹏[*]

摘 要：社区是城市治理的基本单元和自治空间，构建社区自治体系、提升社区自治能力是社区治理的内在要求。本文以安徽省芜湖市 B 社区为例，分析了城市社区自治存在的行政化问题严重、社区辖区面积大和人口多导致自治难度增加、社会组织悬浮式参与社区治理问题突出、社区社会组织培育和建设滞后、居民社区自治意识淡漠、居民自治能力有待提升等自治困境。安徽省芜湖市 B 社区通过还原社区自治本质、推动社会组织从悬浮式参与转变为嵌入式融入社区、孵化和培育社区自组织、激发居民自治意识、提升居民自治能力，构建了由社区、社会组织、社区自组织和居民组成的现代城市社区自治体系，社区自治取得了很大成效，为化解城市社区治理困境、推动城市治理现代化提供了一条重要路径。

关键词：国家治理；现代化；城市；社区自治

一个国家和地区治理的成效如何，与该国家和地区的治理体系是否完善及该治理体系具备的治理能力的高低密切关联。改革开放以来，伴随我国行政管理体制改革的深入推进，管理思维渐渐褪去，治理意识逐渐提升，各层级的治理体系处于不断构建和完善过程中，中央和地方政府的治理能力也得到显著提升。2013 年党的十八届三中全会提出，我们推进全面深化改革的总目标是完善和发展中国特色社会主义制度，推进国家治理体系和治理能力现代化。社会治理是国家治理的重要组成部分，国家治理现代化目标的提出，不仅为社会治理指明了方向，也提出了更高的要

---

[*] 陈鹏，华东政法大学政治学与公共管理学院博士研究生，安徽师范大学法学院讲师。主要研究领域：城市治理研究。

求。党的十九大指出，要加强和创新社会治理，构建共建共治共享的社会治理格局。在城市社会治理中，社区作为城市最基本的社会单元，也是城市居民自治的场域和空间，社区治理的水平和成效直接关系到城市治理的全局。伴随城镇化进程的快速推进，我国城市社区治理面临的难题和困境不断增多，城市社区治理面临的风险不断集聚，城市社区的治理成本不断上升，寻求城市社区治理困境的破解之道、提升城市社区治理水平和质量已经成为当前我国城市治理的重要任务。

城市社区治理水平和质量的提升，不仅需要党中央顶层设计的指导，也需要基层社区的不断探索和创新实践。党的十八大以来，在党委领导、政府主导、社会协同、公众参与和法治保障的社会治理格局构建过程中，党委和政府的作用不断凸显，法治保障不断强化，但社会协同度依然较低、公众参与不够的问题仍较突出。社会组织是公众和社会力量参与社会治理的重要载体，也是我国社会治理中的短板和难点。在当前推进国家治理体系和治理能力现代化的大背景下，针对我国现行城市社区治理中较为突出的重管理、轻治理、弱自治的现象，推动社会组织在社区治理中的功能发挥，提升居民参与社区自治的热情和能力，构建合理、完备、有效、低成本的社区自治体系是破解城市社区治理困境的根本出路。安徽省芜湖市 B 社区是一个拥有多个类型小区的复合型社区，社区治理难度较大，通过还原社区自治本质、推动社会组织从悬浮式参与转变为嵌入式融入社区、孵化和培育社区自组织、激发居民自治意识、提升居民自治能力，构建了由社区、社会组织、社区自组织和居民组成的现代城市社区自治体系，社区自治取得了很大成效，为化解城市社区治理困境、推动城市治理现代化提供了一条重要路径。

一、城市社区治理的变革方向：构建社区自治体系和提升社区自治能力

治理是相对于统治、管理而言的一种行为理念。在我国古代，治理是指某类人或者某类事务得到管理，以达到实现一定的秩序和稳定状态的目的。《荀子·君道》中讲道："明分职，序事业，材技官能，莫不治理，则公道达而私门塞矣，公义明而私事息矣。"《孔子家语·贤君》中有云："吾欲使官府治理，为之奈何？"现代意义上的治理是从现代公司的法人治理框架中开端的，而后引入公共管理中，成为被世界多国政府采纳的行为理念。城市治理是国家治理中的重要一环，城市因其独特的属性，使得城市治理的成本和难度明显高于传统的乡村治理。美国芝加哥学派的城市社会学家沃斯认为，城市是由大规模、高密度和异质性人群构成的空间。伴

随城市化进程的不断加速，城市特别是特大城市和超大城市集聚的人口日渐增多，庞大的人口规模给城市日常运行和管理带来了巨大的压力和挑战，部分城市的人口已经超过了城市自身承载力的极限。密集居住在特定空间内的人群之间容易因有限的公共资源配置和空间区位的分布失衡而产生冲突，在特定情况下可能诱发针对政府的群体性抗争事件。同时，城市人口异质性的强化，加速了城市居住空间的分异和社会阶层的分化，政府不能只按照同一种管理思维去面对异质性的空间和异质性的人群，城市治理的难度异常艰巨。

近年来，我国各级政府投入到城市管理中的人力、物力、财力都在不断加大，城市管理体制也逐步从行业监管走向综合监管，但是城市管理的压力和难度并未随之降低，各地诱发的城市管理中的冲突、群体性事件并未明显减少，究竟是什么地方出了问题呢？究其根源，除了城市化进程中的资本逻辑外，还有我们城市治理的理念虽然已经提出，但是在具体实践中，我们依然沿用的是管理的套路而非治理的思维，仅仅把城市当作一个物理空间而非社会空间来管理。美国芝加哥学派创立者罗伯特·E. 帕克认为，"城市不单单是若干个体的聚集，也不单单是街道、建筑、电灯、电车、电话等社会设施的聚集；同样，它也不单单是各种机构与行政管理设置——诸如法庭、医院、学校、警察，以及各部门的公职人员——的汇聚。它更是一种心智状态，是各种风俗和传统组成的整体，是那些内在于风俗之中并不断传播的态度与情感构成的整体。换言之，城市并不只是一种物理装置或人工构造。它就内含于那些组成它的个体的生命过程之中。因而，它是自然的产物（a product of nature），尤其是人之自然，即人性的产物"①。

国家治理体系和治理能力现代化目标的提出，为城市治理提供了明确的目标和方向。"提升公共治理能力与水平是推进国家治理体系和治理能力现代化的重要内容。新时代，深化公共治理研究，要将公共治理放在国家治理体系和治理能力现代化的大背景下来审视。"② 社区治理是城市治理的基础环节，厘清城市政府与社会之间的关系，构建社区自治体系，提升社区自治能力是国家治理现代化的必然要求。

1. 激发社会组织和民众参与社区治理的热情是国家治理现代化的重要内容

党的十八届三中全会强调，创新社会治理，必须着眼于维护最广大人民根本利

---

① 〔美〕罗伯特·E. 帕克等：《城市：有关城市环境中的人类行为研究的建议》，杭苏红译，商务印书馆2016年版，第5页。
② 吴晓林：《不断推进公共治理创新——"第七届公共治理青年论坛"述要》，载《人民日报》2018年7月23日第7版。

益,最大限度增加和谐因素,增强社会发展活力,提高社会治理水平,维护国家安全,确保人民安居乐业、社会安定有序。同时,要改进社会治理方式,激发社会组织活力。

城市化进程的加速,推动了传统城市社会结构的解体,催生了城市空间人口密度的增加和异质性的凸显,不断增加城市社区治理的难度。"在客观层面,随着传统社会结构的解体,具有自治性的社会力量也在自然产生,并且速度很快。不过,就政府而言,并没有准备好接受这样的自治社会组织;相反,政府仍然使用传统方式来吸纳社会组织,并把社会组织作为体制的依附品。随着经济和科技的发展,政府在吸纳社会力量的能力在迅速强化,尤其在阻止社会自组织化方面。因此,社会没有自治空间,产生不了制度化的社会。"① 社会自治能力的不足,使得城市社区治理的成本不断攀升,政府利用有限的资源,难以单独有效应对社区治理的困境,社区治理成效也难以有效提升,城市治理风险凸显。改革开放以来,政府不断变革管理城市社区的体制和方式,我国社区治理体制和机制处于不断创新过程中。但是,政府与社会关系的边界仍然没有完全厘清,政府运用行政权力干预社会事务的问题依然突出,城市社区自治体系的构建和社区自治能力的提升任重而道远。

2. 构建社区自治体系、提升社区自治能力,是城市社区治理的内在要求

"改革开放以来,中国城市基层社会管理体制从单位化逐渐向社会化转型。在转型过程中,'行政整合过度与社区自治能力不足'日益成为城市基层社会秩序建构的现实困境。"② 目前,应对这种现实困境的解决路径主要有两种:一是通过推进城市社会管理重心下移,实施网格化管理模式,来强化政府对城市基层社区的管理;二是通过设立社区工作站,推动居站分离,提升和强化社区的自治功能。面对现有的社区管理体制和社区治理困境,在分清社区事务属性的前提下来探讨社区治理的具体思路,是做好社区治理工作的前提。社区事务可以分成行政事务和公共事务,社区行政事务应主要依靠行政力量、通过网格化模式来强化管理;而社区自身的公共事务和公益事务,应主要依靠社区居民自治意识的培育和自治能力的提升来加以解决。完全依靠城市基层政府、用行政手段来解决原本属于社区自治范畴内的事务,从长期来看,不仅成本高昂、成效有限并不可持续,而且会抑制社区居民自治意识的培育和自治能力的提升,一旦行政力量撤出,社区治理必将陷入困境。"从社会管理到社会治理,反映了在治理主体、治理方式、治理范围、治理重点等

---

① 郑永年:《中国"官""民"关系的现状及其未来》,载《联合早报》2018年7月24日。
② 王星:《"居站分离"实践与城市基层社会管理创新》,载《学海》2012年第3期,第31—36页。

方面的明显不同,意味着社会治理由过去政府一元化管理体制转变为政府与各类社会主体多元化协同治理体制,凸显了公众参与在社会治理中的基础性地位。"[1] 城市治理离不开居住在城市空间里居民的参与和努力,城市要实现让生活更美好的目标,需要构建现代化的城市治理体系,推动城市治理能力的现代化。

习近平总书记指出,"社会治理的重心必须落到城乡社区"[2]。社区是城市空间中最微观的居住空间,也是居民自治的空间形态。城市社会治理的重心在基层社区,基层治理是党中央治国理政和人民群众参与国家治理的基本结合点。[3] 面对现有的城市治理难题,构建城市社区自治体系,推动社区自治能力提升,是提升城市治理效能、推进城市治理体系和治理能力现代化的必由之路。

二、城市社区自治体系构建和自治能力提升方面存在的问题

改革开放以来,伴随城镇化进程的加快和社会主义市场经济体制改革的加速,资本在城市空间生产中的作用愈发明显,城市居住空间发生着巨大变化,传统的单位制社区和街坊式社区正逐渐消逝,包含商品房、安置房、公租房等多类型的复合型社区正逐渐成为城市社区的主流形态。社区形态的转变,带来了城市社区治理主体和治理格局的转变。在传统的单位制社区中,单位是社区管理的主体。在街坊式社区,邻里之间的交往催生出的规范、信任等社会资本维系着社区的秩序。同时,街坊式社区拥有的狭窄的街巷等物理构造也有助于社区安全秩序的营造。加拿大城市学者简·雅各布斯认为,传统城市空间中的街道和人行道在城市治理中具备提供安全和增进人与人之间交往的功能,有助于提供安全、稳定的城市治理秩序。"表面上,老城市看来缺乏秩序,其实在其背后有一种神奇的秩序在维持着街道的安全和城市的自由——这正是老城市的成功之处。这是一种复杂的秩序。其实质是城市互相关联的人行道用途,这为它带来了一个又一个驻足的目光,正是这种目光构成了城市人行道上安全监视系统。"[4] 由单位制社区和街坊式社区构成的社区空间,使得城市政府承担的社区管理任务非常少,所需投入的管理成本低,城市治理的难

---

[1] 江必新:《以党的十九大精神为指导加强和创新社会治理》,载《国家行政学院学报》2018年第1期,第23—29页。
[2] 《推进中国上海自由贸易试验区建设加强和创新特大城市社会治理》,载《人民日报》2014年3月6日。
[3] 江必新:《以党的十九大精神为指导加强和创新社会治理》,载《国家行政学院学报》2018年第1期,第23—29页。
[4] 〔加拿大〕简·雅各布斯:《美国大城市的死与生》,金衡山译,译林出版社2006年版,第43页。

度较低。但是，伴随改革开放以来大规模城市更新运动的兴起，传统城市的街巷和城市肌理正被迅速地破坏，街坊式社区及其内生的社区治理秩序也随之逝去，加之单位制社区的逐步瓦解，城市政府已经从游离于城市社区治理之外的旁观者变成城市社区治理的主导力量，扮演着成本投入者、责任承担者和秩序维持者的多重角色。

经过改革开放以来社区形态的快速且巨大的变迁，城市居住空间的分化、陌生化和异质化已成为现实，传统城市居住空间的内生秩序已经瓦解，现有城市居住空间的内生秩序尚处于艰难的培育过程中，城市政府因此而面临着庞杂的城市治理困境，城市治理风险正不断集聚。安徽省芜湖市B社区是一个包含多个小区类型的复合型城市社区，社区内有3个近些年新建成的商品房小区、1个公租房小区、1个回迁安置小区、1个国有企业的单位制社区、1个已倒闭的集体企业的家属居住区。通过对B社区的实地调研，笔者发现，我国城市社区的自治体系构建和自治能力提升方面主要存在着以下四个方面的问题：

1. 城市社区治理行政化问题严重：治理主体行政化、治理手段行政化

城市社区不仅是城市居民的居住空间和生活家园，也是居民行使自治权利、履行自治义务、承担自治责任的自治空间。依据《城市居民委员会组织法》的规定，城市居民委员会是城市居民自我管理、自我教育、自我服务的基层群众性自治组织，设立居民委员会的目的是让城市居民群众依法办理自己的事情，促进社会主义民主在城市基层得到更好地实践。因此，自治是城市社区的根本属性，居民自治也应该成为城市社区治理的常态。但是，在我国城市社区运行的实践中，城市社区的自治属性非常薄弱，社区治理的行政化倾向严重。

首先，城市社区治理主体的行政化。城市社区居民委员会作为居民自治组织，其职责主要是在社区党委的领导下，反映居民的意见、要求和提出建议、维护居民的合法权益、办理本居住地区居民的公共事务和公益事业、调解民间纠纷、协助维护社会治安以及协助上级党委和政府完成必要的行政事务。但在B社区的实地调研中，笔者发现，社区居民委员会主要承担的是上级党委和政府交办的思想政治教育、维护政治安全稳定、安全生产、抢险救灾、城市低保、社会保障、户籍信息统计等上级交办的党政事务。而在对居民意见、要求和建议收集整理，居民合法权益的维护和社区公共事务的管理和公益事业的建设等方面，社区居民委员会投入的精力、人力和财力明显不足，社区居民委员会的工作人员日常工作就是在社区党群服务中心负责处理街道办事处和区政府有关职能部门交办的党政事务。虽然B社区曾经在全市的统一安排下推动过居站分设的改革，通过在社区设立社会工作站来办理街道办事处和区政府职能部门交办的行政事务，但是实际运行过程中，B 社区的居民委员会与社区工作站基本上合在一起，处于两块牌子一套人马的状态，居站分离仅体现在形式上。

其次，城市社区治理手段的行政化。社区居民委员会作为居民自治组织，负责向上传达居民的意愿、诉求和建议，对下协助宣传、贯彻党委和政府的政策并协助党政机关处理与居民有关的行政事务，协商应该是社区治理的常态。但在实际工作中，社区居委会主要用行政手段来执行上级交办的行政事务，居民与社区居委会打交道的地方主要就是办理各种各样的证明和盖章，对于居民来说，社区不是代表自己利益的居民自治组织，而是政府的分支机构。

最后，城市社区居委会工作人员的行政化。作为社区居民的自治组织，社区居民委员会的工作人员应该由社区居民通过选举方式产生，人员构成应以本社区居民为主。同时，社区居民委员会要对居民会议负责并向其报告工作。但在 B 社区的调研中，笔者发现，社区居委会委员的选举主要通过街道层面来组织，B 社区的居民对于社区居委会委员的选举漠不关心，对于居委会的现有成员也基本不认识。B 社区居委会的工作人员专职化比例高达 100%，绝大部分都是社区之外的人士，社区的运行经费和人员工资等基本靠区政府财政担负，社区基本很少召开居民会议，社区居委会也几乎不向居民会议报告工作，社区居委会工作人员的行政化问题非常突出。

2. 社区辖区面积大、人口数量多、社区事务繁杂，社区自治难度较大

改革开放以来，伴随市场化、工业化和城镇化进程的快速推进，城市的单位制和街坊式社区逐渐被社会型的陌生人社区取代，城市社区管辖的面积较大，集聚的人口规模不断增多。城市社区治理的事务不仅数量多，而且较为杂乱，给工作人员数量有限的社区党委和居委会的工作带来了巨大的挑战，社区治理的难度较大。以 B 社区为例，该社区成立于 2000 年 4 月，辖区面积 0.8 平方公里，是一个拥有新建商品房小区、老旧小区、单位宿舍区和公租房等多种居住类型的复合型社区。截止到 2018 年 6 月底，该社区拥有 6007 户，10811 人，另有空挂户 2500 余户，社区治理的难度较大、治理任务较重。而社区党委和居委会现只有 14 名专职工作人员，完全依靠社区党委和居委会承担所有社区治理工作，人手明显不足，社区治理困境和难题凸显，社区治理成本不断攀升、治理风险也随之不断集聚。

在 B 社区调研过程中，笔者发现，该社区所管辖的多个小区中，治理难度最大的是近些年新建成的商品房小区。B 社区现管辖三个大型商品房小区，平均每个小区的住户数为 1500 户，这类小区的治理是社区两委花费精力最大、投入人力和财力最大的地方。2017年底,其中一个商品房小区因为地下停车位的租赁方式和销售价格等问题,导致小区业主集体将车辆堵在小区门口的马路上,引发了小区附近主干道交通的瘫痪。整个事件持续了3晚之久,给城市道路交通秩序和社会安全带来了极大隐患。后经过街道办事处、社区两委、派出所等出面协调,通过寻找社区居民领袖与物业公司进行谈判的形式将停车位的事件平息下来。相比于商品房社区来说,B社区内的单位制小区,由于居住的居民彼此间较为熟悉,社区治理的难度不大、成本较低。在B社区中的一个集体单位制社区中,一户居民楼因建设时间较长导致整栋楼的外墙排水管出现破损、下水道也存在严重的堵塞问题,后来经过小区居民自发筹集资金、自己寻找施工力量、自己监督施工和资金使用等环节,成功地解决了小区公共设施保养的难题。

3. 社会组织悬浮式参与社区治理问题突出,社区居委会与居民之间缺乏有效的衔接与沟通

中华人民共和国成立以来,在对社会事务的管理上,我们经历了从政府管制到社会管控、从社会管控到社会管理、从社会管理迈向社会治理的历程。[①] 在社会治理理念的推动下,由社区、社会组织和社会工作者构建的"三社联动"机制,现已成为城市社区治理的重要机制,并在全国很多城市的社区治理实践中取得了显著成效。在这个"三社联动"机制中,社会组织扮演的角色最为关键,起到连接社区和社会工作者、连接社区和居民的作用,也是培育社区居民自治精神、提升社区居民自治能力、孵化和培育社区自组织的重要载体。

改革开放以来,我国的城镇化进程不断加快。城镇人口规模的扩大和密度的提升,使得现有单个城市社区管辖的人口数量不断增多,导致社区工作人员与社区居民之间的熟悉度不断降低,社区居委会和居民之间缺乏有效衔接与沟通。以B社区为例,该社区现有居民10811人,其中新居民约占社区总人口的80%,社区居民的规模、异质性和陌生程度,使得社区与居民之间、居民与居民之间缺乏有效的沟通和交流,社区自治基本上无从谈起。社会组织是城市居民和社会力量参与社区自治的重要载体,是维持和增进居民与社区之间、居民与居民之间交流和有效沟通的重要平台,本应在城市社区自治中发挥重要作用,但由于现有的政府与社会关系格局和社会组织发展的滞后,使得社会组织参与社区治理成为我国城市治理中的短板和难点。在现有城市社区自治中,社会组织主要以民政部门项目组织和实施者的角色

---

① 江必新:《以党的十九大精神为指导加强和创新社会治理》,载《国家行政学院学报》2018年第1期,第23—29页。

进驻社区，项目之外的社区治理活动，社会组织基本不参与。民政部门委托社会组织实施的项目做完后，社会组织也会撤离社区，社会工作者也随之撤离，社会组织在社区治理中始终处于悬浮式参与的角色。这样的运行机制，虽然在一定程度上发挥了社会组织参与社区治理的作用，但不利于社会组织真正且有效地参与到社区自治中来，也就难以解决社区和居民之间的有效衔接问题。

4. 社区居民参与社区自治热情不高、自治意识淡漠、自治能力有待提升

公众参与是城市社会治理的重要力量。"一个成功的街区应该能够知晓自己的问题，不至于导致问题成堆而积重难返。失败的街区是一个被问题纠缠，甚至在越积越多的问题面前无可奈何、不知所措的地方。"[1] 在城市社区治理实践中，对社区治理方面存在的问题感知最深的、最有发言权的不是城市的各级政府和相关职能部门，而是生活在社区内的居民以及参与社区治理的社会组织和社会工作者，社区自治应该成为社区治理的重心。

居民作为城市社区自治的主体，居民参与社区自治的热情和能力是城市社区自治能够得以顺利推进的重要保障。"对城市未来而言，比建造新的大楼更为重要的是人们对城市经历所给予的重视。一个伟大城市所依靠的是城市居民对他们的城市所产生的那份特殊的深深眷恋，一份让这个地方有别于其他地方的独特感情。最终必须通过一种共同享有的认同意识将全体城市居民凝聚在一起。"[2] 在传统的单位制和街坊式社区中，居住在同一个空间内的基本都是单位的同事或者多年的邻里，大家彼此非常熟悉，彼此间的信任构成的发达的社会资本是社区治理内生秩序强大的保障，居民参与社区自治的热情比较高，自治能力也在参与实践中得以不断提升。"如果一个街区的自治是在顺利运转的，那么在人来人往的表面下，必须要有一个连续的人群，是他们组成了街区的人际网络。这个网路是城市不可替换的社会资本。一旦这种社会资本丢失了，不管是什么原因，这个资本带来的收益就会消失，而且不会再回来，直到或除非新的资本缓慢地、偶然地积累起来。"[3] 伴随资本驱动下的城市化进程的加速，以经济地位为主要筛选和过滤标准的商品房小区成为居住空间的主流。商品房小区对外部是封闭的，小区内的居民之间也是封闭的，彼此处于陌生人状态，陌生的社区难以催生居民参与社区自治的热情和动机，自治能力也因社区自治活动的缺乏而得不到提升。在面对关系到大家共同利益的问题

---

[1] 〔加拿大〕简·雅各布斯：《美国大城市的死与生》，金衡山译，译林出版社2006年版，第100—101页。
[2] 〔美〕乔尔·科特金：《全球城市史》，王旭等译，社会科学文献出版社2014年版，第293页。
[3] 〔加拿大〕简·雅各布斯：《美国大城市的死与生》，金衡山译，译林出版社2006年版，第123页。

时，搭便车成为社区居民最自然的选择，社区自治困境也由此而生并愈演愈烈。

三、构建现代城市社区自治体系的路径

城市社区治理是城市治理的基础，城市社区治理成本的高低、难度的大小和成效的好坏，直接关系到城市治理的成本和成效。城市治理体系和治理能力现代化的目标，要求在城市治理中要处理好政府与社会的关系，政府要管好自己权力的行使，守住权力的空间，要将属于社会的权力归还给社会组织和社区居民。在社区治理中，要分清社区行政事务和社区自治事务，前者主要依靠基层党委、政府、派出机构和社会工作站构成的科层制治理体系；后者主要依靠社区两委、社会组织、社区自组织和社区居民构成的社区自治体系。面对现有城市基层社区治理中存在的诸多困境和矛盾，我们需要还原社区的本质，回归社区自治本位的需要，通过外部力量的推动、社会组织的嵌入和内部自治精神的培育，共同塑造城市社区的内生治理秩序，提升社区自治能力，化解城市社区治理的困境。

1. 推动社区居委会成员本社区化，推进社区回归自治本位

德国著名的社会学家滕尼斯认为，社区不同于社会，社会是靠人的选择意志建立起来的人群组合，通过一定的权力、法律、制度的观念来组织和运行。在社会中，人们尽管通过契约、规章等发生联系，但彼此在交往手段和交往目的上是分离的，社会从本质上来说是一种机械的构成。而社区是通过血缘、邻里和朋友关系建立起的人群组合体，彼此间的交往手段和目的是一致的，是建立在自愿而非强迫原则上的共同体。因此，政府不能用科层式的组织形式和手段来管理社区，社区的治理需要唤起和依靠社区居民的自治意识和自治能力。"如果我们将街区看做是一个日常的自治的机构，那么我们就会抓住问题的实质。我们在城市街区上的失败，究其源头就是在自治本地化上的失败。我们在街区方面的成功也就是在自治的本地化的成功。我在这里说的自治是广义的，既指一个社会非正式的自我管理，也指一个社会正式的自我管理。"①

区别于以血缘和地缘为基础构建起来的乡村社区共同体，城市社区以邻里和朋友关系为共同体的基础，城市社区自治需要依靠居民之间频繁的交往和互动，推动社区社会网络、互惠性规范和由此产生的信任即社会资本的生成。在以陌生人为主体的社区居民构成结构面前，社区党委和社区居委会要明确自己的角色定位和功能

---

① 〔加拿大〕简·雅各布斯：《美国大城市的死与生》，金衡山译，译林出版社2006年版，第102页。

发挥。其中，社区党委应该成为社区自治工作的领导核心，推动社区工作站和社区居委会在职能分工上做到真正分离，积极引进和培育社区社会组织，推动社区居委会工作人员本社区化，利用社区党委、党小组、党员等网络化结构推动社区自治体系的构建。社区居委会在日常工作中，除了要协助城市基层政府和派出机构完成与居民有关的行政事务外，社区工作人员要更多地走进社区，与社会组织、社区自组织和居民积极互动，推动社区居委会、社区工作人员工作方式的去行政化。当然，以现有的城市社区管辖面积和人口规模来看，社区治理难度较大，社区层面的居站分离和社区去行政化目标在短期内可能很难实现，对此，可考虑将街道办事处的性质由区政府的派出机构变更为城市的基层政府，然后由其来承接社区承担的行政事务。同时，通过大力培育社区社会组织，由社会组织来承接社区自治事务、发挥自治功能。安徽省芜湖市 B 社区在推进社区自治体系构建和自治能力建设过程中，采用的就是引入社会组织来承接社区自治事务的做法。

2. 构建社区、社会组织、自组织和居民共建共享共商共管的社区自治体系

党的十八届三中全会以来，处理好政府与社会的关系成为我们全面深化改革的一个重要方面。推动居站分离、让社区居民成为社区自治事务的主体，不仅符合全面深化改革的方向，也是化解城市社区治理困境和难题的根本出路。党的十九大报告强调，"要加强和创新社会治理，坚持人人尽责、人人享有、坚守底线、突出重点、完善制度、引导预期……形成有效的社会治理、良好的社会秩序，使人民获得感、幸福感、安全感更加充实、更有保障、更可持续，打造共建共治共享的社会治理格局"。社区自治是社区作为居民自治空间本质的必然要求。充分发挥社会组织在社区自治中的功能和作用，推动社会组织从外在于社区、悬浮式参与到扎根社区、融合式参与转变，构建由社区两委、社区社会组织、社区自组织和居民四方构成的社区自治体系，是通过借助外部力量推动来激发社区自治内生动能、打破社区自治僵局、推动社区自治走向纵深的现实路径。扎根社区的社会组织，可以依托社区两委提供的平台和空间，发挥社会组织参与社区治理的专业优势，增进社区邻里之间的交往频率和沟通深度，激发和培育社区居民成立社区自组织的动机和能力。通过孵化和培育社区自组织，激发、培育社区自治意识和精神，提升社区自治能力等做法，可使社区自治取得较为明显的成效。

安徽省芜湖市 B 社区在引进社会组织参与社区治理过程中，采用"请进来""住下来"的方式，将在芜湖市民政局登记备案的社会组织——芜湖弘德社会服务中心引进了社区，并把原社区党群服务中心改为益邻生活馆，作为社会组织的日常办公和活动中心。弘德社会服务中心是一家年轻的社工机构，于 2014 年 7 月注册成立，现为 5A 级社会组织。在进驻 B 社区初期，弘德社会服务中心以广泛收集社区信息为抓手展开工作，从对接社区工作人员，了解社区现状；调研居民需求，建立专业关系；实地勘察，了解社区格局三个方面开启了推动社区自治工作的序幕。为了更好地发挥弘德社会服务中心在社区自治中的作用，B 社区两委为社会组织的运行提供了广泛的空间和平台，社区基本每周举行一次由社区两委、社会组织、社区自组织和居民代表等参加的碰头会。会上，在认真收集居民诉求的基础上，社区两委会将每周工作的重点事项、问题等通报给社会组织、自组织和居民代表，社会组织会将在深入调研居民需求基础上总结出的社区自治事务的重点反馈给社区，居民代表会直接讲述对社区自治问题的看法、意见和建议。在遇到重大问题时，四方也会在会上进行平等友好的协商，讨论解决对策，尽可能做到共建共享共商共管。弘德社会服务中心进驻 B 社区后，在承担实施民政部门的公益创投项目常规工作的同时，通过举办丰富多彩的活动，积极参与社区精英的挖掘、小区业主委员会等社区自治平台的搭建、社区自组织的孵化和培育、社区居民自治习惯的培养和社区居民自治能力的提升等社区自治工作，有效地凝聚了社区人气，增进了邻里间的了解，B 社区的内生自治能力得到明显增强。

3. 挖掘和培育社区"党群精英"和热心居民，加强居民自治意识的培育

城市社区，不仅仅是物理空间，更是承载了由居民间的社会交往所形成的社会关系网络的社会空间。在滕尼斯看来，社区是依据一定的血缘、地缘和朋友关系而构建起的共同体，共同体成员之间的交往、社区居民的自治意识的培育和自治精神的塑造是维系社区共同体本质存在和延续下去的根本保证。但在现实的以商品房为主的社区自治中，广大社区居民之间处于陌生的状态，相似的是彼此的经济地位，但彼此的职业、地域来源、家庭成员构成、习惯等都存在很大的差异。共同点的缺失，阻碍了社区居民之间的交往，更难以产生彼此间的信任和互惠规范的达成，进而难以培育居民的自治意识和自治精神。通过扎根社区的社会组织，走访和调研居民的现实需求，挖掘和培育社区草根领袖，举办多种活动，增加社区居民的沟通和互动，有利于提升居民的自治意识和自治精神。

弘德社会服务中心在进驻 B 社区后，通过实地考察、走访居民、组织活动等形式，深度发掘出一些在社区治理中有一定号召力和影响力的社区"党群精英"，并邀请热心居民一起参与社区茶话会，探讨社区议题，了解社区问题，群策群力，商讨解决办法，形成了为社区建设建言献策的良好氛围，激发广大社区居民的自治意识。目前，"党群精英"和热心居民在 B 社区自治中已经发挥了重要作用，特别是在一些突发问题的舆情监测、事态控制和冲突化解中起到了突出作用，成为社区治理中的一支重要力量。例如，B 社区内一商品房小区居民反映的小区广场舞扰民和一单位宿舍小区因水道管道破漏渗水两起问题的解决，都是在社区、社会组织和社区党群精英的组织和沟通下，让居民主动坐在一起协商的结果，既体现了居民之间的相互信任，更反映出居民已逐渐成为处理社区治理问题的主体，居民的自治意识得到有效提升。

4. 以社会组织为孵化器推动社区自组织培育，提升社区居民自治能力

社区自治不仅需要社区居民有较为强烈的自治需求、自治动机和自治意识，而且还需要社区居民具备一定的社区自治能力。当前，我国社区自治陷入的困境，除了有社区居民对于社区公共事务和公益事业的参与存在搭便车心理和行为选择外，就是社区居民参与社区自治的能力也有待提升。如何将缺乏沟通和交往动机的社区居民凝聚起来，提升社区居民的自治能力，成为破解社区自治困境的难题之一。社会组织具备团结和凝聚社区居民的优势，在社会活动的组织、参与和运作上具有较为专业的技能和水平。社会组织在社区自治过程中，可以扎根社区，推动社区居民自组织的孵化和培育，推动小区业主委员会按照规范有效的方式产生，有效利用社区自组织和业主委员会的平台，组织多种多样的社区活动，让居民在参与社区活动中，增进了解，提升自治能力，推动社区自治水平和质量的改善。弘德社会服务中心进驻 B 社区以来，在社区两委的指导下，将公益创投项目实施与培育和孵化社区自组织有效衔接，通过举办丰富多彩的社区活动，孵化和培育了一定数量的社区自组织，为社区自治特别是小区自治提供了充分的组织保障。目前，B 社区已经孵化和培育了"滨江沙龙""江城黄梅戏艺术团""新生活广场舞""夕阳彩虹艺术团""晚晴文化室"等一批社区自组织，依托这些自组织，开展了"滨江社区少儿家长交流会""晚晴文化室迎春茶话会""挥毫写春联，福气送邻里""毅行小英雄，'鲍'走五千米""滨江社区一家亲，合力抗雪破冰"等丰富多彩的活动，增进了邻里间的了解，拉进了彼此的情感，对社区自治起到了很大的推动作用。

社区自治主要还是要依靠内部力量的参与，而社区自组织的培育和得到居民认可的小区业主委员会的建立，可以有效地解决社区内生自治动力不足的问题。现代城市社区一般都管辖数个小区，社区自治最终的落脚点是小区自治，而小区业主委员会又是小区自治的核心和关键。B 社区内的商品房小区比重较大，大多属于近两年交付的新小区，小区居民职业、地域来源广泛，熟悉度较低，如何保障小区业主委员会公开、公正的产生和有效的运作，是摆在社区治理中的一个难题。在 B 社区两委的指导下，弘德社会服务中心作为第三方，在全市率先参与小区业委会等自治平台构建的全过程中来。其中,一个小区业主委员会的选举工作从 2017 年 11 月开始,到 2018 年 3 月结束。整个选举过程历经组织宣传、广泛发动、征求意见、信息录入、组织核实 5 个阶段。弘德社会服务中心的社工分成 5 个小组,利用双休和傍晚的时间段,以专业的社会工作方法介入选举,做到"一户不落,一人不漏"。社工们通过网上公开、公众号信息发布、摆台宣传、上门入户和电话征询,确保让业主都知晓和了解业主委员会选举的相关事宜和流程,并行使自己的权利,保障了业主委员会的顺利产生。期间,经过排查,确认小区住户共 2477 户,共发放选票 2477 张,回收选票 1402 张,其中有效票 1380 张,无效票 22 张;选举投票 1053 户,占比 43%;弃权 327 户,占比 13%;电话弃权 1097 户,占比 44%。经过统计,选举投票率 56%,过半数业主投票,业委会选举符合法定程序。作为芜湖市首个由社区引导、业主广泛参与、社会组织作为第三方的业委会选举,整个过程取得了预期的效果,做法也得到了各方的充分肯定。

四、结论

国家治理现代化,不仅要处理好政府与市场的关系,也要处理好政府与社会的关系,拓展社会自治空间、完善社会自治体系,提升社会自治能力。社会组织是社会力量参与城市社区自治的重要载体,在表达社区居民诉求、推动社区整合、承担政府管理部分职能、联系社会与政府等方面的作用具有明显的优势和长处。推动以党的领导为核心,以社会组织为载体,以社区自组织培育和居民参与为重点,着力推进构建合作共治的社区自治格局,应该是新时代我国城市社区自治的方向。但是,受制于社会组织的培育和政府管理社区思维的延续,社会组织参与社区自治也是我国社会治理中的短板和难点。安徽省芜湖市 B 社区通过在社区党委领导下,将社会组织引进社区,通过专业化的社会工作能力和优势,收集和分析居民诉求、孵化和培育社区自组织,组织社区邻里活动,提升居民自治意识和自治能力,有效地将社区与社区居民衔接在一起,既解决了政府和社区两委治理社区存在的难题,也促进了居民充分、广泛、深入地参与到社区自治中来,实现了政府管理与社会自治的有机结合,有效地提升了城市社区治理水平的现代化,为其他城市社区自治体系的构建提供了有益的参考和借鉴。

他山之石

从冲突走向协调

——战后日本劳资关系转型研究

程多闻 唐 亮*

摘 要：第二次世界大战以后，美国在日本主导了一系列的重大政治经济改革，劳动运动迅猛发展。从20世纪40年代末起，日本政府和经营者夺回了劳资关系的主导权，推行了以企业经营和企业竞争力优先的劳动政策，在就业和工资等问题上与工会和工人发生了激烈冲突。进入60年代以后，日本经济的高速增长以及政府、经营者和工会各方对劳资冲突的反思促进了劳资关系由冲突型向协调型的转型。在自民党政府内部，强调劳资双方长期合作的"修正资本主义"理念逐步取代了"用企业短期利润来衡量效益"的主张。在企业层面，日本逐步形成了"技能形成""就业保障"和"工资保障"三者之间的良性循环，工人的权益得到了较好的保障。工会路线的主流从积极动员工人参加政治斗争和经济斗争转变为重视制度内行动的"企业工会主义"和"政治交换"。

关键词：日本；劳资关系；市场；冲突型；协调型

一、引言

在市场经济条件下，经营者和劳动者虽然同属企业的一员，但他们在企业中所处的地位和所持的立场有着很大的不同。一般而言，经营者因为追求企业的发展和利润的最大化而更多地强调管理和竞争力，劳动者则对改善劳动条件和提高收入有

---

* 程多闻，北京外国语大学国际关系学院讲师。主要研究领域：东亚政治和劳工政治。唐亮，早稻田大学政治经济学术院教授。主要研究领域：中国政治与东亚政治。

更多的要求。因此，劳资之间既存在共享企业发展利益的一面，又在劳动条件和分配方面存在诸多的矛盾和对立。劳资之间冲突的方式，以及矛盾和冲突能否得到有效的解决，对企业经营、国家的经济发展以及政治社会生活都会产生重大的影响。

不同的国家有着不同的国情，存在不同的劳资关系模式。其中，"协调"和"冲突"是劳资关系的两种基本模式。在"协调型"的劳资关系中，劳资双方也存在矛盾和冲突，但双方合作共赢的意识比较强，而且存在通过协商解决矛盾和冲突的制度化渠道。通常，工会组织不仅可以在企业、产业和经济界等不同层面参与企业管理，而且也可以参与政府有关劳工和福利的政策制定过程，从而得以通过制度化的途径表达和实现自身的利益诉求。而在"冲突型"的劳资关系中，由于劳动者与经营者之间缺乏足够的信赖关系，工会组织与资方之间存在尖锐复杂而难以调和的矛盾，以及缺乏劳资协商及参与管理和相关政策制定的制度化渠道等原因，工会组织会较多地使用罢工和示威等激烈的对抗性甚至暴力的手段去谋求自身利益的实现，而资方与政府则会通过各种手段压制甚至暴力镇压工人运动。

从战后日本劳资关系的发展来看，日本经历了从战后初期和50年代的"冲突型"劳资关系向60年代以后的"协调型"劳资关系的发展过程。"冲突型"和"协调型"劳资关系的差异不仅体现在劳动争议的数量上，更体现在冲突的规模和对抗的激烈程度上。从战后初期到50年代末，激烈的冲突和对抗构成了日本劳资关系的一个主要特点。工会进行大规模的政治动员，劳动争议和罢工的规模大、持续时间长，工会提出了带有浓厚政治色彩的激进经济要求，且其采用的斗争方式激烈。而资方也在保守政府的支持下，采用各种对抗的手段维护资本的利益和压制工人运动。从60年代初到70年代前期，虽然劳动争议的次数因为经济高速增长期劳工数量的上升而增多，但罢工持续的时间缩短，而且规模也变小。在经历了70年代中期的石油危机后，日本劳动争议的件数、罢工的持续时间和罢工的规模都显著下降。

本文研究的目的在于探讨战后日本的劳资关系如何实现从冲突向协调的转型。本文强调，战后日本劳资关系的转型与不同的政治经济背景下政府、资方以及工会各自所持的基本立场和路线、方针密切相关。从本文的研究发现来看，在战后初期，日本的战败和美国占领当局的重大政治经济改革导致了日本工会以及社会主义政党影响力的迅猛扩大，其采用总罢工等激烈的斗争方式迫使资方和政府接受其在就业、工资和参与企业经营方面的要求。冷战开始后，日本政治外交趋向保守化，工会和资方围绕劳资关系的主导权和产业结构调整发生大规模的激烈冲突，但主导权已从工会转移到了资方和政府的手中。然而，面对冲突型劳资关系造成的巨大损失，政府、资方和工会的主流从 50 年代中期起开始调整各自的立场和路线，并在 60 年代以后逐步形成了颇具日本特色的"协调型"劳资关系，其特征包括政府制定劳动政策时吸收工会和经营者团体共同参与，以"年资工资、终身雇佣、企业工会"为代表的"日本式经营"，以及工会通过"春斗"的斗争方式实现工人的经济和社会福利诉求。"协调型"劳资关系有助于日本实现政治和社会的相对稳定，并与其经济的"高度成长"互为条件。

以下将通过考察日本政府的劳动政策，企业内部的生产、管理过程，以及工会的路线，具体分析战后日本劳资关系转型的过程和原因。本文第二部分描述和分析 60 年代以前日本"冲突型"劳资关系的展开；第三部分分析 1960 年前后自民党政权在劳工政策上的立场转换；第四部分分析企业对劳资合作关系的摸索，以及日本式管理制度在协调型劳资关系确立中的作用；第五部分讨论工会路线的转型；第六部分讨论劳资关系转型对日本政治经济的影响及其理论意义。

二、战后日本冲突型劳资关系的展开

明治维新以后的日本建立了中央集权制国家，并开始了工业化、城市化的进程。与许多后发国家相比，日本的现代化进程相对顺利，但是依然不可避免地存在资本主义工业化初期阶段固有的矛盾，如劳动环境恶劣、贫富差距悬殊、人民生活贫困。日本的许多社会主义者试图建立代表劳农利益的政党，推动工人运动和农民运动的发展。但是，日本政府从维护天皇制为核心的国家权力和资本家的经济利益出发，严厉取缔社会主义政党，严格限制工人和农民自主建立工会、农会的自由，压制和镇压各种工人运动和农民运动。①

战后初期，美国占领当局以民主化为核心在日本推行了一系列重大政治经济改革，给日本国内的政治权力结构和企业内部劳资双方的权力结构带来了重大变化，并大幅提升了工会的影响力。作为经济民主化三大改革的一部分，日本工人不仅获取了组织工会的自由，而且通过生产控制、罢工等手段，迫使资方接受提高工资、改善劳动条件以及参与企业经营的要求。② 作为政治民主化的结果，共产党和社会党合法地走上政治舞台，在大选中获取众多的议席，他们不仅在议会活动中代表工

---

① 〔日〕荻野富士夫：《特高警察》，岩波书店 2012 年版；〔日〕中澤俊輔：《治安維持法——なぜ政党政治は「悪法」を生んだか》，中央公論新社 2012 年版。

② 〔美〕安德鲁·戈登：《日本劳资关系的演变：重工业篇 1853—1955 年》，张锐、刘俊池译，江苏人民出版社 2011 年版，第 330 页。

人阶级利益,而且扮演了领导和组织工会和工人运动的角色。换而言之,在战后初期的改革中,战前受压制的工人运动和社会主义运动获得了巨大的解放,对天皇制下的旧政治精英和经济精英以及旧体制发动了全面的攻击。

然而,由于冷战的开启,美国占领当局很快调整了占领政策,从战后初期的鼓励和容忍工人运动转向支持保守的日本政府限制工会的权利,压制工人运动。例如,1949年5月通过的《工会法修正案》和《劳动关系调整法修正案》强调劳资合作,取缔争议行为,使资方的权力与地位得到加强。在这一时期,激进的"产别会议"系统下的工会活动家也遭到"红色清洗"。从经济方面来看,1949年"道奇计划"实施后,企业采用强化劳动、扣减工资、裁减员工、企业倒闭等老一套办法推进"产业合理化"。① 在这一过程中,劳资双方继续发生包括罢工在内的大规模而又频繁的冲突,但这些冲突大多以工会的失败而告终。与工人运动掌握主导权的战后初期相比,在50年代的劳资冲突中,日本政府和资方通过反攻逐渐夺回了构建劳资关系的主导权。

50年代日本劳资双方直接的冲突主要围绕解雇和工资制度展开,其中,由就业问题引发的劳动争议的高峰出现在1954年和1958年(见图1),这与日本的经济形势,特别是产业结构的调整密切相关。

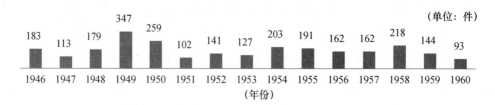

图1　1946—1960年日本历年由解雇引起的劳资争议数量

资料来源:〔美〕安德鲁·戈登:《日本劳资关系的演变:重工业篇1853—1955年》,张锐、刘俊池译,江苏人民出版社2011年版,第393页。

在1954年前后,伴随着朝鲜战争的结束,战争特需大大减少,日本国际收支状况恶化,企业经营在经济紧缩的条件下陷入困境,工人的就业也受到影响。在产业合理化过程中,日本企业为了降低生产成本而大量解雇工人,快速的技术引进使得大公司维持现有工人水平,甚至减少了雇员数量,存在大量的短期就业和恶劣的就业状况的现象。"促进生产率不仅没有改善工人的生活质量,而且导致了大批工

---

① 杨栋梁:《国家权力与经济发展:日本战后产业合理化政策研究》,天津人民出版社1998年版,第335页。

人失业,仅(1954年)3月份就有84万人失业。"① 伴随结构调整的解雇问题引发了大规模劳动争议和罢工。例如,在钢铁企业中,作为中等企业的尼崎制钢进行合理化的时间较晚,其在和已进行合理化的大型钢铁企业的竞争中处于劣势,并出现了大量赤字。尼崎制钢工会的势力一直较为强大,其在1954年向企业经营者提出了加薪的要求。面对工会的要求,经营者向工会提出了合理化方案,强调"为了获得重建企业的贷款,工资要下降15%"。工会对合理化方案不满,并在"总评"②和"钢铁劳连"的支持下采取了强硬的对抗态度。而经营者则更进一步,宣布要裁减40%的人员,这导致工会的不满,发动了包括地方斗争和家庭斗争在内的大规模的罢工。在这一过程中,企业因为得不到银行的贷款而倒闭。最终,工会在77天的罢工后决定停止罢工,并承认解雇全体人员和解散工会的结局。③

50年代末由就业问题引发的劳动争议和日本产业结构的转型密切相关。从50年代中期开始,日本经济的增长导致了包括纤维、煤炭和海运业在内的一些产业的夕阳化。与此同时,在1955年到1957年的"神武景气"后,日本经济在1957年到1958年经历了"锅底萧条"。为了调整国际收支,政府在此时采取了金融紧缩政策,政府的库存投资大幅减少,工矿业生产明显下降,从而给这些夕阳产业带来了很大的打击。例如,新的合成纤维的发展把原来的化学纤维产业逼到了绝境,企业不得不缩小生产规模和削减雇佣人员,如1958年1月,5家化学纤维公司就解雇了6503人。④

随着"油主炭从"时代的到来,煤炭业也成为夕阳产业。在50年代末,煤炭产业由就业调整引发的劳动争议对劳资关系构成的冲击最为强烈。1959年,日本政府决定在煤炭业彻底推行合理化政策,并计划在全行业裁减矿工10余万人。在三井矿业公司的三池煤矿,资方单方面决定裁员2000人,这遭到了工人的坚决抵制。此后,资方以"妨碍生产"为名解雇所有工会活动积极分子,并于1960年初封闭煤矿。三池煤矿工会从1960年1月开始进行"解雇奉还罢工",宣布进行无限期罢工。⑤ 为了支持三池工会的长期罢工,全国的工会组织"总评"和煤炭行业的工会

---

① 〔美〕高柏:《经济意识形态与日本产业政策:1931—1965年的发展主义》,安佳译,上海人民出版社2008年版,第175页。
② "总评"全称为"日本工会总评议会",是日本全国性的工会组织,其在盟军司令部的支持下于1950年成立,但在成立之后不久便开始左转,成为日本工会运动的领军者。
③ 〔日〕栗田健:《日本の労働社会》,东京大学出版会1994年版,第119—122页。
④ 〔日〕正村公宏:《战后日本经济政治史》,上海社会科学院世界经济研究所日本经济研究室译,上海人民出版社1991年版,第524页。
⑤ 同上书,第526页。

组织"炭劳"向其提供资金,并送去组织的干部。此后,资方为了分化开展无限期罢工的工会,拼命拉拢新成立的"第二工会",工会和资方的对峙以及工会内部的冲突愈演愈烈。在罢工的过程中,三池煤矿工会和试图恢复生产的第二工会发生了激烈冲突。政府不得不派出数万名警察,并与工人形成对峙。直到池田勇人内阁成立后,经过劳动大臣亲自居间斡旋,三池工会和资方在1960年11月才就工人的安置达成协议。① 由产业合理化而引发的三池争议持续一年多,成为战后日本历史上规模最大的劳动争议。

日本的劳资双方在50年代还围绕采用何种工资制度频繁地发生冲突。在战后初期,电力部门的工会"电产"("日本电气产业工会"的简称)通过斗争达成了"电产型工资体系"。与能力工资、职务工资等以工作表现为决定因素的工资体系相比,"电产型工资体系"更强调根据年龄、年资和家庭规模等因素来决定工人的工资,从而保障处在不同人生阶段的工人的生活需求。因为其按需求决定工资水平,即根据"工人的逻辑而非资本家的逻辑",日本的工会将"电产型工资体系"称为"社会主义工资"。从某种意义上说,"电产型工资体系"突出体现了战后初期日本工会通过工资结构调整改造资本主义体制的努力。

在工人运动向资方展开攻势的战后初期,"电产型工资体系"得到迅速扩展。然而,在40年代末和50年代初政府和资方向工会发起的反攻中,这一工资体系成为攻击的目标。1949年4月,"日经联"②发布意见书,号召摒弃"生活工资"概念,并把工资与公司效益和产能收益而非生活水平挂钩作为其目标。在50年代初,日本普通工人的生活水平还相当低,甚至还未恢复到战前的水平。在这一背景下,工会要求在大幅度地提高基础加薪的同时实现定期加薪。而资方更倾向于定期加薪——基础加薪旨在提高工人整体的起薪水平,因而提高了整个工资的构成;而定期加薪只意味着每个工人按约定比例增加工资,整个工资结构维持不变。因此,"基础加薪"的弦外之音是"生计",而定期加薪则不是。

1952年2月召开的"总评"三大提出了《工资纲领草案》,强调"要彻底根绝低工资制度,必须依靠统一战线的力量,与顽固维持这一制度的各种政治势力做不懈的斗争"。就斗争的目标而言,"总评"的工资纲领不仅要求大幅加薪,还提出了"以日用实物方式来计算实际工资"等工资结构改革的要求。具体而言,"总评"

---

① 〔日〕升味准之辅:《日本政治史》,董果良、郭洪茂译,商务印书馆1997年版,第1038—1040页。
② "日经联"全称为"日本经营者团体联盟",成立于1948年4月,是在1946年成立的东京地区雇主协会的基础上建立的全国性会员制经济组织,负责劳资对策,被称为"财界劳务部"。

不是将消费者价格指数（CPI），而是将反映工人的消费模式和需求的最低生活费作为计算工资要求的指标。这种计算工资要求的指标被称为"购物篮公式"。"购物篮公式"的提出表明，"总评"期望工资不只是考虑工人的表现和企业支付能力，而是应该将工人的生活需求全面地纳入，因此这种要求体现了对自由市场原则的修正。

在"总评"提出工资纲领后，"日经联"发表了抵制"购物篮公式"的言论，强调工资必须反映企业经营状况和工人效率。1954年2月，"日经联"明确提出了"工资三原则"：(1) 工资的制定必须反映一个公司的支付能力；(2) 工资的制定必须与国家经济需求一致；(3) 工资的制定必须支持强大的私有企业制度的发展。① 从"日经联"提出的"工资三原则"可以看出，"对志在实现产业合理化的资方而言，按照市场经济的原则，确立经营管理中的领导权和决定权，维持合理的工资水平和工资体系，是实现企业增长，在竞争中立于不败之地的必不可少的前提"②。资方的这一考虑和日本工会推动工资结构改革的期望存在较大的张力，从而引发了50年代初期围绕工资议题的劳资冲突。

在50年代初围绕工资议题而发生的劳资冲突中，电力部门的冲突具有较强的代表性。在1952年春和资方的交涉中，"电产"提出修订基本工资，要求将生活保障工资（本人工资、家族工资）和技术工资（能力工资、连续工资）相加为基本工资，并提出了大幅加薪的要求（增加的比例为56%，金额为7205日元）。资方虽同意增加950日元工资（增加比例为7.4%），但要求以改变职务等级制，实现工资体系合理化为前提，同时劳动时间必须从每周38.5小时增加到42小时。"电产"彻底拒绝了资方的提案，而中央劳资纠纷调解委员会的调停案也为劳资双方拒绝。最终，"电产"从1952年9月16日开始罢工，并在此后的3个月内共举行了16次切断电源罢工和停电罢工（总计为470小时）。③ 大罢工持续了长达90天之久。然而，由于不同电力公司工会之间的分裂，"电产"提出的统一交涉、统一工资的主张失败，电力行业工人不得不接受修正后的"电产工资"结构，在工资中增加了公司评价系数的分量。

---

① 关于这一时期围绕工资议题的劳动争议的详细内容，可参见〔美〕安德鲁·戈登：《日本劳资关系的演变：重工业篇1853—1955年》，张锐、刘俊池译，江苏人民出版社2011年版，第362—373页。
② 〔日〕正村公宏：《战后日本经济政治史》，上海社会科学院世界经济研究所日本经济研究室译，上海人民出版社1991年版，第384页。
③ 同上书，第394页。

三、日本政府劳动政策的调整

虽然日本的劳资双方在战后初期和 50 年代经历了大规模的冲突，但在 1960 年之后协调型劳资关系逐渐确立和发展，这种变化不仅受 1960 年前后日本政治环境整体变动的影响，也和日本政府劳动政策的调整密切相关。

在日本政府内部，关于劳动政策始终存在"经济自由主义"和"修正资本主义"两种不同立场和主张。"经济自由主义"的主张在吉田茂执政期间（1948—1954 年）影响较大。在这一时期，日本因为产业合理化而产生了大量失业现象，但吉田内阁不仅在政治上对工会持敌对态度，而且采取经济自由主义的立场，强调市场在解决失业中的作用。例如，受吉田茂重用的劳动大臣保利茂（1950—1951 年在任）就认为，虽然"完全就业"是人们普遍追求的目标，但他反对将其设定为"政治目标"。保利茂强调，就业的增加是经济复兴的结果，因而政府应该支持民营企业的合理化，促进经济复兴。对于这一过程中发生的失业问题，保利茂认为应该在将来的经济发展中得到逐步的消化和吸收。因此，保利茂强烈批评工会反对合理化和企业调整的斗争，并从经济自由主义的立场出发，将反对合理化的工会势力视为实现经济复兴的障碍。

1955 年鸠山一郎内阁成立后，"修正资本主义"主张对政府劳动政策的影响开始提升。具体而言，鸠山内阁的主要支持者对吉田茂的经济自由主义路线持批判态度，比吉田派更加关心就业问题。鸠山内阁时期的劳动大臣仓石忠雄（1955—1956 年在任）明确强调不应放松对劳动标准法执行的规制，并强调应该同时追求经济发展和扩大就业的目标。具体而言，其提出的就业政策包括三方面内容：第一，通过协力"生产率运动"谋求经济的发展；第二，制定就业基本法，政府的经济计划有义务促进就业的最大化；第三，制定新的最低工资法。1957 年自民党提出的宪法修正案草案也强调，"企业追求的不仅仅是利润，其主要的目标应该是尽可能向大多数国民提供工作岗位，并确保他们能从工作中获得合适的报酬"，"劳工和资本两者都是生产所不可欠缺的要素，并且都应该受到国家的保护"，"应该以劳工和资本的相互理解为宗旨，并以此为生产的发展做出贡献"等。[①] 此外，在 50 年代后期，日本政府也制定了《职业培训法》，并对失业对策和失业保险制度进行了改革。

---

① 以上提及的关于日本政府内部劳动政策的争论可参见久米郁男所著《日本型労使関係の成功——戦後和解の政治経済学》（有斐閣 1998 年版）一书的详细分析。

然而，在50年代后期岸信介内阁时期出现了日本政治的第二波"逆流"，自民党政权仍倾向于将劳资纠纷视为公共安全问题，在政治上普遍对工人强硬，并要求严惩工人的强力罢工行动。政治上的对抗使得"修正资本主义"的理念在劳动政策中的影响有限，劳工与政府和资方之间的冲突依然十分激烈。

进入60年代之后，自民党不仅认识到劳资合作在促进生产率方面的重要性，而且开始将其视为社会政策的重要环节之一。1963年，时任池田内阁劳动大臣的石田博英发表了《保守党的视野》一文，其中强调，自民党"在涉及劳资关系的问题上，采取中立立场，应该通过调节对立利益来集中体现国家的利益"。① 自民党于1966年提出的《劳动宪章》指出，"人生的意义在于通过劳动获得尊严和喜悦"，因此，国家的基本责任在于"保障所有的国民能够从事和其能力及愿望相符的职业，并提供机会，使其能力得以充分发挥"，而劳动政策的目标应该是"实现完全就业、提升劳动条件、完善社会保障"。《劳动宪章》认为，这些劳动政策目标的实现"可以提升大众的购买力，并带来没有恐慌的稳定经济增长"。②

选举政治的需要也促使自民党对其劳动政策进行调整。从50年代后期开始的高速经济增长推动了工业化和城市化的发展，产业工人的规模有了进一步的扩大。然而，自民党的总体支持率和其在工人中的支持率却在60年代呈现出不断下降的趋势。例如，根据时事通信社的每月舆论调查显示，日本劳工群体对自民党政权的支持率在60年代初常年保持在25%的水平，并一度接近40%，但到60年代后期，这一数字经常跌破20%的水平。这一趋势显然对自民党的执政地位构成了严重的挑战，也推动自民党在相关政策上作出重大调整，以扩大其在劳工群体中的政治支持率。在1969年自民党第22回大会的报告中，时任自民党干事长的田中角荣就强调，"众所周知，现在城市地区的多党化现象在不断发展，而本党的得票率也处在停滞的状态"，因此，为了推动自民党的前进，就必须认识到"工会成员并不是和我们对立的力量，而是重要的伙伴"③。在1972年田中角荣内阁成立后，其很快就安排政府高官和工会团体的代表见面，改善和工会的关系，在此后的年金制度改革过程中，工会的意见也得到了充分的体现。

与此同时，在"修正资本主义"主张的影响下，日本产业政策对比较优势也进行了重新界定，从而有利于协调型劳资关系的确立和发展。从50年代中后期起，

---

① 〔美〕高柏：《经济意识形态与日本产业政策：1931—1965年的发展主义》，安佳译，上海人民出版社2008年版，第206页。
② 〔日〕久米郁男：《日本型劳使関係の成功——戦後和解の政治経済学》，有斐阁1998年版，第149页。
③ 同上书，第151页。

日本政府重新审视出口产品的比较优势，并为产业政策设定了两个目标：实现国际经济收支平衡和实现充分就业。1956年日本政府发布的经济白皮书强调，为了促进出口，日本必须发展建立在生产技术基础上的比较优势，其关键在于依靠技术创新，这标志着日本产业政策导向的重大转变。① 进入60年代之后，伴随着贸易自由化的发展，日本的产业政策强调对资本密集型产业的重点支持，希望以此升级日本经济产业结构，并在一些选定的战略性产业中建立自己的竞争优势。②

在产业政策转变的过程中，日本政府意识到，"与属于一国自然禀赋的廉价劳动力和自然资源的比较优势不同，生产技术的比较优势只有通过有目的的努力才能达到。而为了获得这种优势，日本政府不仅应该为私营企业提供可以用于生产设备投资和技术改造的政府贷款，而且必须支持或发起企业层面上的制度改革，以使日本的管理环境更有利于创新的实现"③。在这一转变中，"创新的需要迫使双方（企业经营者和工会）放弃了相互对抗的策略"，并要求通过发展长期的协作关系促成技术的创新。因此，日本产业政策对比较优势的重新定义构成了企业改善内部劳资关系的重要动力，强调劳资双方长期合作的理念逐步取代了"用企业短期利润来衡量效益"的主张，从而推动了协调型劳资关系的确立和发展。

四、资方的新策略和协调型劳资关系

与通过福利国家构建重塑现代劳动力市场的欧洲模式相比，日本的特色在于主要通过企业内福利的提供调节劳资关系。如上文所言，日本产业政策对比较优势的重新界定重塑了企业内部对利润的看法，强调长期合作的理念逐步取代了"用企业短期利润来衡量效益"的主张，这也构成了企业层面雇佣制度调整的重要推动力。

进入60年代后，日本的经营者团体与企业吸取了50年代大规模劳资冲突的教训，对劳资关系作出了相应的调整。1963年"日经联"大会通过的决议强调，"在战争过去的18年中，劳资双方共同经历了阶级冲突、政治斗争，以及对工会的偏见给劳资关系问题和社会秩序带来的混乱……为了履行促进稳定和提高社会福利的

---

① 〔美〕高柏：《经济意识形态与日本产业政策：1931—1965年的发展主义》，安佳译，上海人民出版社2008年版，第206页。

② 〔日〕桥本寿朗、长谷川信、宫岛英昭：《现代日本经济》，戴晓芙译，上海财经大学出版社2001年版，第60页。

③ 〔美〕高柏：《经济意识形态与日本产业政策：1931—1965年的发展主义》，安佳译，上海人民出版社2008年版，第166页。

使命，我们必须坦诚地重新审视我们已经犯下的过错。劳资双方都应当认识到民主和独立的价值，并承担起各自的责任。为了满足时代的需求，我们应当互相协作，寻求劳资之间的和平、企业的繁荣以及国民经济的发展"①。

与此同时，高速成长带来的劳动力市场结构转变也推动资方积极调整雇佣制度。在50年代中期开始的经济增长中，日本通过大量进口美国设备实现了"大量生产方式"。新的生产设备的引入意味着企业需要大量非熟练工和少量的高技能工人。② 为了应对生产技能的变动，日本企业最初采用了大量雇用临时工的方式满足新增加的用工需求。临时工的大量使用构成了企业应对市场变动的"缓冲器"，他们不仅薪水低，而且可被轻易解雇。然而，到了1960年前后，日本出现了劳动力极为短缺的现象，企业大量招募不具备熟练技能的初高中毕业生进入工厂。由于在劳动力市场上处于有利的地位，应届毕业生不再选择签署不利于他们的临时工合同，③ 这就导致了临时工在职工中的比例大幅下降。"到1960年代末，职工总数在1000人以上的公司中，男性临时工占所有男性雇员的比例下降到大约4%；到1970年代末，这个数字为1.6%（只有3.7万人）。"④ 因此，劳动力市场结构的转变促使资方改变其在劳资关系议题上的强硬态度，并采取了一系列将工人稳定在企业内部的举措，从而推动了协调型劳资关系的发展。

在劳动力市场结构发生变化的同时，日本产业政策的重点也转向以技术创新形成比较优势。为了在市场竞争中取得优势，日本企业必须向新招募的非熟练工人提供充足的培训，"以长期连续雇佣为基础，对第一线工人广泛、深入地进行技能开发的熟练形成体系得到了进一步的完善"，并形成了独具特色的"在岗培训"（on the job training）体系。⑤ 日本企业内的"在岗培训"还非常强调"岗位轮换制"的重要性。"职工自进入企业后，不是接受单一岗位的技能培训，而是在整个职业生涯中，先后经历数个工作岗位，接受不同岗位的技能培训"，这种轮岗扩展了职工

---

① 〔美〕高柏：《经济意识形态与日本产业政策：1931—1965年的发展主义》，安佳译，上海人民出版社2008年版，第207页。

② IDO Masanobu, Divide and Rule: The Italian and Japanese Labor Movements After the Oil Crisis, Ph. D. Dissertation, Chicago University, 1998, p. 129.

③ 〔日〕桥本寿朗、长谷川信、宫岛英昭：《现代日本经济》，戴晓芙译，上海财经大学出版社2001年版，第64页。

④ 〔美〕安德鲁·戈登：《日本劳资关系的演变：重工业篇1853—1955年》，张锐、刘俊池译，江苏人民出版社，第401页。

⑤ 〔日〕桥本寿朗、长谷川信、宫岛英昭：《现代日本经济》，戴晓芙译，上海财经大学出版社2001年版，第65页。

的职业技能的广度，推动形成了强大的内部劳动力市场。①

日本建立在技能培训基础上的内部劳动力市场推动了劳资双方在企业内部形成长期的合作关系，为协调型劳资关系的确立创造了良好的前提条件。一方面，"（由于）晋升职务从企业内部产生，所以相应岗位所需的技能也必须在企业内部通过培训和实践形成。由此企业既高度重视岗位培训的效果，也重视职工间竞争与合作关系的建立，建立了立足于长期视点的促进职工竞争意识的评价管理体制"②。另一方面，由于企业在工人的技能形成中投入了大量的成本，当经济萧条、企业开工不足时，企业倾向于以雇员在企业内部流动的方式进行调整。企业通常会对工人进行岗位上的转移安置，并提供相关的技术培训，或是把员工派往子公司或协作企业。因此，1960年之后日本企业内部劳动力市场发展推动了技能形成和就业保障之间的良性循环。从统计数据上看，1960年之后，日本企业中长期雇用的员工所占的比例不断上升，而且工人在同一企业中平均工作的年数也不断增加。

日本企业内部的技能形成还促进了工资结构的变化。"在岗培训"并非日本企业的特殊现象，但和其他国家相比，日本的蓝领工人在入职后会在一个比较大范围的岗位内先后从事不同的工作，并在此基础上形成技能。由于日本工人在企业中接受多个岗位的技能培训，其能够更好地理解各个生产设备和生产环节之间的相互关系，因此，他们的工作能力不仅局限在重复性工作方面，还能很好地处理工作中的变化和异常。从结果来看，日本企业内"在岗培训"的特征使得蓝领工人的技能得以随工作年限的增加而不断提升。"由于在很多企业中，正式的工人技能考核程序已经被纳入到企业传统的内部晋升体系之中"③，日本蓝领工人的工资水平也随着技术的积累而逐步上升。在1960年之后，资方在确定工人工资水平时也考虑到了"一个人一生中各个时段的需求增长"，"在工资方面，不仅中间管理层，而且包括体力劳动者在内，都可根据家庭生活费的升高逐渐向上调整工资"④。

在"生活需求工资原则"和企业内技能形成的共同作用下，日本蓝领工人的工资能在相当长时间内随着年龄的增加而不断上升，而且上升的幅度也较大（尤其是

---

① 王彦军：《日本劳动力技能形成研究：基于人力资本理论的分析》，吉林人民出版社2010年版，第82页。
② 同上书，第83页。
③ 〔美〕凯瑟琳·西伦：《制度是如何演化的：德国、英国、美国和日本的技能政治经济学》，王星译，上海人民出版社2010年版，第153页。
④ 〔日〕今井贤一、小宫隆太郎主编：《现代日本企业制度》，陈晋等译，经济科学出版社1995年版，第243—244页。

在大企业中），年功序列工资与技能获取之间存在着重要的连接。[①] 从结果来看，这种结合不仅确保了工人在整个工作生涯中都会不断地提高其生产能力，也使"生活需求工资"保障工人权益的效应得以发挥作用，而这正是年功序列制工资制度促进日本协调型劳资关系发展的关键所在。

以上的分析表明，在1960年之后日本经济高速增长的过程中，日本企业内部"技能形成""就业保障"和"工资保障"三者之间形成了良性循环，自由市场的原则受到限制，工人的权益得到充分的保障，从而推动了日本协调型劳资关系的形成和发展。

五、工会路线的转型

1960年前后，日本政府劳动政策的转变以及企业内部生产过程和管理方式的变化为日本劳资关系转变提供了结构性的条件，而作为劳资关系中的重要行为体，日本工会的路线转型则是日本劳资关系变动的重要能动性因素。

从日本工会和工会运动的发展来看，在1948年前后，由于执政当局的打压和限制，一度在工会运动中占据主导地位的"产别会议"的势力不断下降，具有革命性质的工会运动路线遭受沉重打击。在盟军司令部的支持下，新的全国工会组织"总评"于1950年成立。然而，由于在朝鲜战争、缔结和约等问题上的争议，成立后不久的"总评"开始左转。在50年代上半期政治"逆流"和产业合理化的不利环境中，"总评"在劳资关系领域采取了"政治斗争主义"的路线。以高野实为代表的"总评"领导层希望通过产业统一斗争、职场斗争、地域斗争的方式克服企业工会在组织上的弱点，并采取大众动员和斗争的方式，以政治斗争的目标引导劳资关系领域的斗争。总体而言，日本的工会路线在50年代呈现出较强的"动员型工会主义"（mobilizational unionism）的特征，它也是这一时期冲突型劳资关系发展的重要原因之一。

从斗争的成果来看，50年代上半期"总评"的斗争在政治领域取得了较大的进展。在这一时期的议会选举中，由于得到"总评"强有力的组织支持，左派社会党的势力快速上升，当选议员中工会成员出身的议员人数也大幅上升，而且能否得到"总评"的推荐在很大程度上决定了革新势力的候选人能否当选。然而，在劳资

---

① 〔美〕凯瑟琳·西伦：《制度是如何演化的：德国、英国、美国和日本的技能政治经济学》，王星译，上海人民出版社2010年版，第153页。

关系领域,"高野路线"陷入了困境,由于偏重于政治斗争,"总评""对政府和资方所采取的一系列促进经济复兴的举措不够重视,并对先端产业和企业内的经济复兴投资给予了过度的政治解释,从而在提出经济要求和进行经济斗争方面处于落后的地位"①。因此,到了50年代中期,"高野路线"主导下的"总评"面临变革的压力。在"总评"内部的选举中,反高野派拥立的岩井章和太田薰在1955年和1958年先后当选为事务局长和议长,并连任十多年。"太田—岩井路线"取代"高野路线",成为50年代后期和60年代"总评"的指导路线。由于加入"总评"的工会会员人数占了全部工会会员人数的50%以上,"太田—岩井路线"成为50年代后半期日本工会运动的主流,并对这一时期的冲突型劳资关系的发展起到了重要的影响。

在50年代后期日本国内政治存在严重对立的背景下,"太田—岩井路线"在关注经济斗争的同时仍然重视政治斗争,强调通过超越企业工会的行动实现工人阶级的团结,并部分继承了高野时期的运动遗产,推动追求加薪的"春斗"和重塑工会组织的"职场斗争"的发展。如前所述,在50年代初围绕工资纠纷的争议中,资方逻辑、反映支付能力的工资战胜了劳方逻辑和根据需求的工资。而在从1955年开始的行业统一加薪斗争("春斗")中,"总评"采取了一种新的加薪策略。"总评"要求在加薪时保证一个额度或者比例的最低值(称为"统一加薪"),然后增加一项根据主观评价得出的附加份额(称为"α加薪"),但不能偏离事先决定的平均值,工会将这一加薪方式称为"统一加薪+α"公式。通过设定"统一加薪"的额度,"总评"希望防止不同职阶的收入分配导致的工资差距扩大。② 如果这种加薪方式顺利实施,工人在面对市场竞争时将获得一定的保护。

然而,在选择实力强的工会作为"春斗"的领军工会时,"总评"通常选择公共企业中的工会(如铁路和煤炭产业),并倾向于将"春斗"和其他领域的劳资斗争及政治斗争相结合。③ 加薪斗争和政治斗争的结合使政府和资方的态度强硬,不仅导致"春斗"在争取作为其他工会参考的加薪"幅度"上很难取得令人满意的结果,而且经常引发激烈的劳资冲突。

"太田—岩井路线"指导下的"总评"还发动劳工参与政治斗争,并将经济斗

---

① 〔日〕清水慎三:《戦後労働組合運動史序説》,载〔日〕清水慎三编著:《戦後労働組合運動史論——企業社会超克の視座》,日本評論社1982年版,第17页。

② 〔日〕神代和欣、連合総合生活開発研究所编:《戦後50年産業・雇用・労働史》,日本劳动研究机构1995年版,第282页。

③ 〔日〕兵藤釗:《労働の戦後史〈上〉》,东京大学出版会1997年版,第131页。

争与反对第二波"逆流"和"反安保"的政治斗争相结合。在当时"总评"的领导人看来，开展和平运动和民主运动是"总评"的核心任务之一，其提出"在斗争中不能把要求、口号挂在口头上，要组织群众活动、游行、静坐和罢工"。① 在50年代后期的"反对军事基地斗争""反对（教师）勤务评定斗争"和"反对修改警职法斗争"中，"总评"都动员大批工会会员参与其中。在"安保斗争"的过程中，"总评"积极推动"安保斗争"和劳资关系领域的经济斗争相结合。尤为值得注意的是，"总评"在这一时期推动了"三池争议"和"安保斗争"的结合。曾参与"三池争议"的"总评"长期政策委员会事务局长清水慎三等人认为，"三池斗争是在跟'安保斗争'结合的过程中扩大和计划起来的"，而且两者有效地结合在一起，"在'安保斗争'处于低潮时，三池斗争支撑了它，而当三池斗争处于困境时，'安保斗争'掩护了它"。②

1960年"安保—三池斗争"的结束不仅是战后日本政治经济发展的转折点，也是日本工会路线的重要转折点。进入60年代以后，在进行反合理化斗争的过程中，"总评""不再以'绝对反对'的立场在局部进行抵抗"，而是希望推动构成产业合理化根源的政策发生转变，并以此阻止"解雇和劳动强度的提升"③。另外，"春斗"的策略和方式也发生了转变。进入60年代之后，"总评"强调以重化学工业和钢铁企业中的工会为"春斗"中的领军工会，也积极推动公营部门的工人分享"春斗"的成果。在这一过程中，"春斗"的组织逐渐稳固，每年的运动也更加常规化；斗争的性质更偏向于经济方面，虽然政治目标会经常被添加到斗争的诉求中，但它们的角色更多是附带性的。④ 因此，"春斗"在60年代之后逐渐制度化，并对日本协调型劳资关系的发展产生了深远的影响——对于罢工权受限的公营部门工会而言，他们可以从每年的"春斗"中受益，从而避免了"罢工和处分之间的恶性循环"；而对于民间企业的工会而言，"春斗"部分缓解了企业工会的集体行动困境。⑤

由于"总评"应对社会变动的不力以及资方对企业内秩序的精心塑造，民间部

---

① 〔日〕岩井章：《我的工运之路》，尤祖德等译，中国工人出版社1992年版，第60页。
② 〔日〕小山弘健、清水慎三编著：《日本社会党史》，上海外国语学院日阿语系译，上海人民出版社1973年版，第212页。
③ 〔日〕兵藤釗：《労働の戦後史〈上〉》，东京大学出版会1997年版，第235页。
④ Haruo Shimada, Japanese Labor's Spring Wage Offensive and Wage Spillover, *Keio Economic Studies*, Vol. 7, No. 2, 1970, p. 37.
⑤ Elizabeth J. McSweeny, Political Party Opposition in Hybrid Systems: Social Democratic Fortunes in Japan and the Federal Republic of Germany, Ph. D. Dissertation, Chicago University, 1998, p. 175.

门工会的企业工会主义从 60 年代中期起对"总评"的"阶级主义"路线构成了强有力的挑战。这一时期工会路线的变动将推动"春斗"的变化和政治联盟的重构，从而构成了日本协调型劳资关系发展的基础。一方面，在 1967 年之后，"春斗"的主导权从"总评"转移到了"金属劳协"。在此后"春斗"的过程中，"金属劳协"所属的工会几乎没有斗争就接受了资方的"一次性回答"，其达成的"铁钢市价"和"金属劳协市价"开始左右"春斗"要求的工资增加水平。① "春斗"促进大幅加薪和工资平准化的功能得到了进一步的发挥，而且"春斗"主导权的转移也推动其和强调劳资协调的企业工会主义相结合。另一方面，由于民间部门的工会日益强调劳资协调，并大量脱离"总评"，其对"总评—社会党联合"的支持也不断下降，而自民党则基本维持了其在民间部门工人群体中的支持率，并进一步推动了对劳工群体的政治吸纳。

六、结语

从本文对战后日本劳资关系的描述性分析中可以看到，在经历了战后初期大规模的劳资冲突后，由于各方的反省和努力，日本劳资关系在进入 60 年代以后实现了从冲突型向协调型的转变。在企业层面，劳方和资方之间形成了紧密的合作关系，确立了广为人知的以"年资工资、终身雇佣、企业工会"为特征的"日本式经营"。在产业和国家层面，日本的劳工运动在高速成长时期较为平和，对政治的影响较弱。② 从某种意义上可以认为，协调型的劳资关系和经济的高速增长互为因果，为日本现代化的顺利推进创造了条件。

本文的研究表明，战后日本劳资关系从冲突向协调的转型与其政治、市场和社会领域的结构性特征有着密切的关联。具体而言，到 50 年代为止，日本工会与政府和资方之间不仅在劳动政策的理念和企业经营的基本方针上存在矛盾和分歧，而且围绕政治主导权发生了严重的对立，从而引发了双方激烈的冲突。而在 1960 年之后，由于政府对劳资冲突教训的反思以及自民党政权社会基础的动摇，日本政府内部的"修正资本主义"主张得以充分发挥影响，产业政策对比较优势的重新界定也得到了进一步的发展，强调劳资双方长期合作的理念逐步取代了"用企业短期利

---

① 〔日〕升味准之辅：《日本政治史》（第四册），董果良、郭洪茂译，商务印书馆1997年版，第1144—1145页。

② C. Weathers, Business and Labor, in W. M. Tsutsui ed., *A Companion to Japanese History*, Blackwell Publishing Ltd., 2007, p. 205.

润来衡量效益"的主张。同时，在资方吸取劳资冲突教训与劳动力市场结构发生变化的背景下，日本企业的内部劳动力市场在高速经济增长的过程中逐渐形成，并实现了"技能形成""就业保障"和"工资保障"三者之间的良性循环，从而使工人的权益得到充分保障，推动了日本协调型劳资关系的形成。而从工会路线的层面来看，在高速增长时期，日本主导的工会路线由重视工人动员的"政治斗争主义"和"经济斗争主义"向重视制度内行动的"企业工会主义"和"政治的交换"转变，这一转变也推动了日本劳资关系由冲突型向协调型的转型。

  本文的研究为理解战后日本政治经济的发展提供了新的视角。从本质上而言，自民党政权主要代表资本的利益，在政治上奉行保守主义路线。但是，由于自民党在60年代之后更多地接受了"修正资本主义"的主张，不仅强调在劳动政策上对"自由市场"的原则加以限制，而且在制度上有选择地吸纳劳工参加相关政策的制定过程，从而使自身逐步向"全方位"政党的方向发展。[1] 这种"创造性的保守主义"强化了对劳工的社会保护，使得自民党政权和劳工之间建立起了某种"社会契约"[2]。从微观的层面来看，"日本式经营"的确立巩固和提高了日本大企业的经济竞争力。企业不仅是战后日本社会体制的"基本单位"[3]，也是自民党政权的受益者和坚定支持者。与此同时，在大企业中"雇佣半终身制的核心工人和工厂层面联合磋商的发展，使得管理层可以设法让核心工人与更为激进和政治化的全国性的劳工运动逐渐疏远"[4]。其结果是，和激进的劳工运动结盟的社会党始终未能摆脱"万年野党"的地位，与自民党的长期政权形成了鲜明的对比。因此，协调型劳资关系以及有选择的"政治吸纳"是自民党巩固其政权基础和执政地位的重要一环。

---

  [1]〔日〕高坂健次主编：《当代日本社会分层》，张弦等译，中国人民大学出版社2004年版，第120页。
  [2] Sheldon Garon and Mike Mochizuki, Negotiating Social Contracts, in Andrew Gordon (ed.), *Postwar Japan as History*, University of California Press, 1993.
  [3]〔日〕大嶽秀夫：《戦後日本のイデオロギー対立》，三一書房1996年版，第56页。
  [4]〔美〕T. J. 彭佩尔：《体制转型——日本政治经济学的比较动态研究》，徐正源、余红放译，中国人民大学出版社2011年版，第94页。

资本主义国家的"新社会风险"

——后"后工业社会"的兴起、应对与启示*

冉 昊**

摘 要：随着后"后工业社会"的兴起，资本主义国家面临一系列"新社会风险"：工作和家庭平衡被打破；单亲家庭骤增；女性在家庭中责任缺位；低技能工人失业问题严重；社会保障覆盖面不稳定等。导致资本主义国家"新社会风险"的新因素往往容易被忽视，如全球化的影响、资本主义市场经济制度的内在差异性、人口和劳动力结构的变化，以及社会风险的转移等。对此，资本主义国家采取了一系列调整和应对措施，把"新社会风险"遏止于萌芽状态。深刻理解福利国家在后"后工业时代"所面临的"新社会风险"及其原因和应对措施，不仅对我们掌握福利国家发展的最新动向具有重要意义，也对我国如何在未来面对社会转型所带来的各种"新社会风险"具有重要启示。

关键词：新社会风险；后"后工业社会"；福利国家改革

自 20 世纪 80 年代以来，福利国家的改革和调适就没有停歇过。在经历了 80 年代私有化和福利扩张并存的阶段、90 年代"第三条道路"之后，福利国家的发展可以说进入了一个新的阶段。如果说福利国家在改革的头二十年面临"后工业社会"的诸多困局的话，那么进入新世纪，尤其是头一个十年之后，福利国家已经迈入了后"后工业社会"。

---

* 本文系国家社科基金青年项目"西方资本主义国家福利危机与民主调适机制研究"（项目编号：17CZZ004）、教育部重点基地重大项目"国家治理现代化发展战略研究"（项目编号：17JJD81003）阶段性研究成果。

** 冉昊，中共中央党校科社部社会发展理论教研室副教授、北京大学国家治理研究院兼职副研究员。主要研究领域：政治学理论和社会治理。

以往"新社会风险"相关研究，大多基于对福利国家发展初期所出现问题的认识。一是由于"新社会风险"本身也是福利国家陆续进入后"后工业社会"的新鲜产物和概念，研究本身还处于初始阶段；二是"新社会风险"概念与相关理论应用的范围相对较为局限，也不利于其本身的传播。

国内目前已知关于"新社会风险"的研究，大致有三种视角：一是宏观理论研究角度，以"新社会风险"作为理论视角来观察西方福利制度的变迁。① 例如，"新社会风险"是如何对后"后工业社会"的服务业崛起、妇女就业增多以及人口老龄化等结构变化产生影响，以及这些影响如何进一步引起西方福利理论，如"新自由主义"和"福利紧缩"政治的超越的。二是中观制度视角，主要研究"新社会风险"对西欧国家工会制度产生何种影响。② 例如，在"新社会风险"影响下，一方面，西欧国家的工会力量是否受到了冲击，原有的组织结构是否发生了改变；另一方面，面对"新社会风险"群体，这些工会是否积极地进行了自我调整。三是微观具体政策视角，主要研究"新社会风险"对欧洲福利国家的家庭政策产生了何种影响，③ 家庭关系、女性就业与生育意愿等变量产生了何种变化。

总体而言，这些关于"新社会风险"的研究路径是较为单一的，并且更多停留在对相关事实的简单描述与西方相关理论的基本介绍层面。这无助于我们理解西方福利国家扩张之后带来的问题，也是导致我们对西方福利国家改革实质理解出现偏差的重要原因。

那么，资本主义国家面临的新问题及其原因是什么？它们是如何应对的？这将给我们何种启示？本文将围绕以上问题进行分析。

一、"新社会风险"的提出与后"后工业社会"的兴起

福利国家发展初期，正值二战结束不久，出现了一系列的社会问题和风险，也就是我们常说的"鳏寡孤独"、因战致残者，以及失业者。针对这些问题，福利国家通过政府的二次分配来确保弱势群体的基本权利。它的一个重要特点，是这些社会风险都生发于男性主导的社会形态（Male Breadwinner）。

可以说，一直到20世纪末，福利国家所面临的基本问题都没有发生太大的变

---

① 李姿姿：《新社会风险：当代社会政策研究的新视角》，载《社会科学》2010年第9期。
② 余南平、梁菁：《新社会风险下的西欧国家工会》，载《欧洲研究》2009年第4期。
③ 张孟见：《新社会风险下的家庭政策：欧洲经验与中国关照》，载《党政视野》2015年第11期。

化。这些福利措施和社会政策,以现在视角观之,都属于传统意义上的社会风险,也就是社会保障所包含的基本内容。因此,这些问题也被称为"老社会风险"(Old Social Risks)。

与之对应的,是"新社会风险"(New Social Risks)。它由瑞士洛桑大学教授朱利亚诺·波诺里(Giuliano Bonoli)提出,是相对于"后工业社会"背景下的"老社会风险"而言的。① 随着福利国家迈入新的世纪,福利国家原来所处的社会结构也悄然发生着变化。如果说之前福利国家处在"后工业社会"的话,那么此后福利国家实际上进入了后"后工业社会"。由此带来的不同于福利国家发展早期的问题,被称为"新社会风险"。它主要表现为以下几个方面:

第一,工作和家庭的平衡被打破。传统福利社会的形态是男性主导。然而,随着女性地位的提高,性别关系更为平等,以及男性统治劳动力市场的结构开始发生变化。同时,双收入家庭子女所获得的教育可能好于传统家庭"男外女内"中的子女。但其潜在社会风险在于,原先家庭那种男女分工的平衡结构被打破——"男外女内"甚至可能被"女外男内"所颠覆。

第二,单亲家庭骤增。单亲家庭的传统来源主要是婚后离异的单亲家庭。近年来出现的新状况是,未婚生育的单亲母亲增加很多。这种迥异于传统家庭结构的新家庭带来了新的社会风险。以美国为例,其平均非婚生育率达到41%,非婚的母子家庭和正常家庭比高达1:14,这些单亲家庭往往陷入贫困。统计表明,单亲母亲家庭中的1/3属于贫困家庭。有学者甚至认为,导致穷富的分叉点正在于家庭的完整性——非婚生子对贫穷的产生有显著影响。②

第三,女性家庭责任的缺位。传统上对老弱病残家庭成员的照顾由女性来承担。然而,女性大量进入劳动力市场后,这一由女性承担的传统职责开始发生变化。那么,这些家庭的老弱病残由谁抚养?政府吗?不过,家庭的责任缺位能否完全由政府来弥补?它可能带来许多新的社会问题和家庭问题。

第四,低技能和被社会淘汰技能的工人的生计带来新的社会风险。随着"后工业社会"向后"后工业社会"的转变,传统的制造业所需要的技术,逐渐被服务业所需要的新技术所取代。而那些拥有较低技术含量和过时技术的工人,则成为失业的主力军。这一群体数量庞大,失业后如果缺乏妥善安置,则可能带来很多新问题。

---

① G. Bonoli, The Politics of the New Social Policies: Providing Coverage Against New Social Risks in Mature Welfare States, *Policy and Politics*, Vol. 33, No. 3, pp. 431-449. See also K. Armingeon and G. Bonoli (eds.), *The Politics of Post-industrial Welfare States*, Routledge, 2006.

② In Need of Help, *Economist*, Nov. 10, 2012.

第五，新工作方式带来的社会保障覆盖面不充分。在后"后工业社会"，人的工作方式发生了重要变化。例如，更多的不连续性工作出现，如一个亚马逊网站店主可能同时是一家酒吧的酒保，但只在酒吧晚上营业高峰期才去上班。那么，谁来为这个私营网络店主兼酒吧临时工提供社会保障？这导致社会保障覆盖的波动和不稳定。处理不好，就可能带来潜在的社会风险。

二、"新社会风险"出现的新因：全球化、制度差异、结构变化与风险转移

"新社会风险"的出现，究其原因固然包括多方面，如福利机制日渐僵化、社会发展进阶转型的必然要求（从"后工业社会"向后"后工业社会"的转型）等，但几种导致资本主义国家"新社会风险"的新因素却往往容易被忽视。

第一，全球化对福利国家的冲击效应明显开始显现。主流观点向来把全球化视为社会发展的必然潮流与造就资本主义国家人民福祉的福音，但笔者认为，就完全不同于过往任何社会形态的后"后工业社会"而言，全球化恰恰是导致在这种特定社会形态下出现"新社会风险"的重要原因。它主要表现为两个方面：一方面是意识形态的冲击效应。全球化作为自由主义意识形态的政策体现，其所强调的减少贸易壁垒和政府干预的政策要核，对向来重视政府干预和二次分配的福利国家产生了冲击。当然，也有不同意见。哈佛大学教授保罗·皮尔逊（P. Pierson）认为，全球化并不是导致福利调适的原因；全球化只是伴随着福利调适而出现的。[①] 而经济增长的放缓，政府承诺的无限放大，才是福利政策调适的主因。另一方面是对福利需求产生的冲击。全球化深刻地改变了发达资本主义国家的产业结构。虽说福利国家早已进入"后工业社会"，但全球化使这些国家的制造业比重进一步下降，而服务业比重则不断提高。由此，制造业所需的专业劳动力技术类型不断下降，而服务业所需的专业性不高但更具流动性的劳动力技术类型不断增加。我们知道，流动性强的劳动力，对社会保障的需求更具有弹性；而专业性强的劳动力，则对社会保障需求更具有刚性。很自然地，流动性强的劳动力增加意味着企业为他们提供社会保障的动力下降了。

很多人认为，这会削弱福利国家的福利特性——因为企业提供福利的意愿下降

---

① P. Pierson, Irresistible Forces, Immovable Objects: Post-Industrial Welfare States Confront Permanent Austerity, *Journal of European Public Policy*, Vol. 5, No. 4, 1998, pp. 53-60.

了。实则不然。对于全社会而言,这意味着通过初次分配来维系社会平等的功能下降了。于是,二次分配的重要性大大提高——维系社会基本平等的重任落在了二次分配的肩头。

第二,资本主义市场经济制度的差异,也在客观上推动了"新社会风险"的产生。一是不同的市场经济制度导致"新社会风险"的大小有差异。① 北欧社会民主主义国家通过政府的直接福利供给以及拥有强大的工会,从而应对得更好、潜在风险较小。欧洲大陆的法团主义国家在福利供给上出现了"内部人"和"外部人"的差异,② 因而实际上造成了新的福利供给的双重性,为"新社会风险"埋下一定隐患。而以盎格鲁-撒克逊为宗的自由主义福利国家,则更多地通过社会供给而非政府来应对新挑战,比如卡梅伦政府倡导的"大社会"(Big Society),以及一些相应的社会投资手段。二是不同的市场经济制度对性别不平等造成的风险有差异。如协调性市场经济制度就比自由市场经济制度对性别的不平等产生更大影响。协调性市场经济制度属于对专业技术需求度更高的制度,比如对特定的企业技术(firm skill)和行业技术(industry skill)的需求就更高。这些行当由于工作量大,劳动强度也大,因此更需要传统的男性技工。所以,在招募员工时对男性就会有偏好,客观上促进了性别的不平等,术语叫作"性别隔离"(Gender Segregating)。③ 因此我们说,协调性市场经济制度中专业技术行当的性别不平等,有可能为社会埋下风险。

第三,人口结构和劳动力结构的深刻变化打破了福利供需的均衡局面。就人口结构的变化而言,福利国家研究的重要代表人物、丹麦学者哥斯塔·埃斯平-安德森(G. Esping-Andersen)认为,人口老龄化是福利国家不能承受之重的外生原因,也是福利国家在进入后"后工业社会"不得不面临的新挑战。④ 具体来说,人口的结构变化主要表现在两端:一方面,老龄化人口比重持续提高,导致福利需求不断膨胀;另一方面,低生育率导致青少年人口比例不高,这又为经济增长的内生需求埋下隐患。因此,低生育率意味着福利供给的不断减少。可见,人口结构的变化导致福利

---

① 李姿姿:《新社会风险:当代社会政策研究的新视角》,载《社会科学》2010年第9期;P. Taylor-Gooby (eds.), *New Risks, New Welfare*, Oxford University Press, 2004。

② 这种差异颇类似于我国福利供给的"双轨制",即公务员和事业单位人员的福利贡献和保障上,同其他人员有巨大差异。

③ M. Estévez-Abe, T. Iversen and D. Soskice, Social Protection and the Formation of Skills: A Reinterpretation of the Welfare State, in P. A. Hall and D. Soskice, *Varieties of Capitalism: The Institutional Foundations of Comparative Advantage*, Oxford University Press, 2001, pp. 145-183.

④ G. Esping-Andersen (eds.), *Welfare States in Transition: National Adaptations in Global Economies*, Sage, 1996.

供需的不平衡,并使得家庭的结构问题和女性的家庭责任问题凸显。

就劳动力结构的改变而言,女性进入劳动力市场,深刻地改变了劳动力结构,进而对原有的家庭平衡产生强烈冲击,埋下了社会风险的隐患。它体现在两个方面:

(1)打破了原有的家庭结构平衡。女性逐渐进入劳动力市场,并不是短暂或过渡现象,而是一种终生的工作许诺(lifelong commitment to employment)。这种转变减少了男女之间各方面的差异,无论是教育程度还是工作投入和家庭状况等等,从而改变了过去"男主外女主内"的家庭结构。① 埃斯平-安德森就认为,家庭结构的变化是福利国家面临的新挑战的内源性因素。② 从2012年起的未来十年有可能有十亿女性进入劳动力市场,这将会深刻地改变劳动力市场结构(见图1)。其好处在于对经济增长贡献较大。相关研究指出,"如果女性就业率与男性相当,那么到2020年,美国的GDP会增加5%"③。但与此同时,女性大量进入劳动力市场改变了原有的家庭平衡关系,带来了扶养老幼者的缺位。这是劳动力市场和家庭之间失衡的根本性原因。

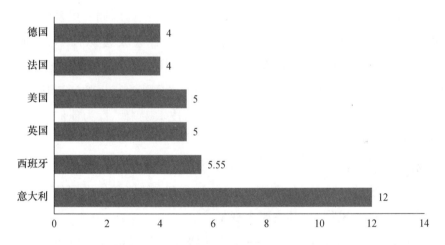

图1 到2020年部分国家女性就业率如若等同于男性,其对GDP增长的贡献(%)
资料来源:Economic Contribution of Women, *Economist*, Oct. 19, 2012。

(2)扩大了阶级差别。女性角色的变化造成了新的社会不平等。因为接受更好教育的女性会来自于较高阶层的家庭,她们会追求更高薪或更体面的工作,而那些来自于底层家庭的女性,改变自身命运的可能性则会小很多,从而加大了阶级之间

---

① G. Esping-Andersen, *The Incomplete Revolution: Adapting to Women's New Roles*, Polity Press, 2009, pp. 55-74.
② G. Esping-Andersen (ed.), *Welfare States in Transition: National Adaptations in Global Economies*, Sage, 1996.
③ Economic Contribution of Women, *Economist*, Oct. 19, 2012. Online edition.

的差异，造成了新的收入不平等。同时，这些来自较好家庭背景、拥有更好教育的女性，更有可能选择和自己境况相似的男性结婚，从而造成了进一步的阶级分化。由此带来的家庭收入的不平等，会导致对子女投资的不平等，使得这种分化具有制度黏性。

劳动力结构改变的后果，使现行的社会保障供给结构发生变化，从而导致社会保障供给侧不稳定，容易带来社会风险。比如在德国，过去由于其制造业比重较高，具有专业技能的工人数量较多，雇主有较高的激励提供社会保障；而随着产业重心从制造业向服务业的转变，具有一般专业技能（specific skill）的工人下岗失业，而具备通识性技能（general skill）的工人数量因需求提高而开始增加，这也改变了德国的社会保障供给的结构。① 此外，随着社会经济的发展，劳动力市场上的高技术劳动力需求越来越旺，这固然提高了劳动生产率和企业生产力，但同时也造成了低端薪酬劳动力需求进一步萎缩，进一步增加了失业。② 类似情况也出现在其他福利国家。大量具有一般专业技能的失业工人成为社会不稳定的导火索。

有研究对德国和英国的劳动力市场结构作过比较。结果发现，虽然两个国家都出现了失业保险紧缩和家庭政策扩张的双重化现象，但德国拥有更多的高级通识技术（high general-skilled）工人，而英国拥有更多的低级通识技术（low general-skilled）工人，所以德国的社会保障总体上优于英国，而且德国失业工人的就业意愿高于英国，其社会稳定性自然也就强于英国。这是因为高级的通识技术工人能够激励雇主提高社会保障的待遇；③ 而对于低级的技术工人，肯为他们提供社会保障的动力自然要小一些。

第四，风险转移积聚为新社会风险埋下隐患。它的一个特点是个人风险向社会风险的转移。传统的风险多为分散的，由个人承担，但福利的发展使得风险逐渐聚化，逐渐演变为社会风险。④ 其主要表现是：

（1）阶级风险（class risks）——由于阶级差异带来的社会风险。例如，在西方很多国家，工人阶级渐渐不再是铁板一块，而是不断分化出不同的群体。其中有

---

① M. Seeleib-Kaiser, A. Saunders, and M. Naczyk, Shifting the Public-Private Mix: A New Dualization of Welfare, in Patrick Emmenegger, Silja Häusermann, Bruno Palier, and Martin Seeleib-Kaiser (eds.), *The Age of Dualization: The Changing Face of Inequality in DeiIndustrializing Societies*, Oxford University Press, 2012, pp. 151-175.

② C. Esping-Andersen, *Social Foundations of Post-industrial Economies*, Oxford University Press. See also G. Esping-Andersen et al., *Why We Need a New Welfare State*, Oxford University Press, 2002.

③ T. Fleckenstein, A. Saunders, and M. Seeleib-Kaiser, The Dual Transformation of Social Protection and Human Capital: Comparing Britain and Germany, *Comparative Political Studies*, Vol. 44, No.12, 2011, pp. 1622-1650.

④ G. Esping-Andersen, *Social Foundations of Post-industrial Economies*, Oxford University Press, 1999.

极少数人通过各种机缘加运气摇身一变而成为资产阶级的一员;也有一部分人的生活水平随着全球化和经济发展的浪潮有所提高而不再是工人阶级;还有一部分人因为自身的懒惰或者运气不佳(比如因病致贫)而进一步贫困;更有甚者成为体制外的不稳定因素——流民,他们不仅仅出现在我国特定的历史时期,也广泛存在于广大的后发国家。研究表明,拉丁美洲和一些发展中国家,非正式工作人员可能占到劳动力总数的六成到七成。① 当然,这部分人只是工作不稳定,还不至于居无定所,其中只有极少数会进一步沦落为流民。

(2) 毕生风险(life-course risks)——在一生中的不同阶段所面临的不均衡分配的风险。如在婴儿时期有被父母遗弃的风险(这个概率并非我们想象的那么低),英国从2002年9月1日之后,政府都会为所有出生婴儿建立个人账户,定期给予无偿补贴,直至成人,事实上就是以此规避婴儿出生的风险。之后面临教育风险,政府通过实施义务教育对冲风险(但失学儿童的数量仍保持在一定比例,说明该风险依旧存在)。成人之后面临失业风险(政府解决失业率问题一直是经济学界的头等研究课题之一)、养老风险等等,由此福利国家才应运而生,通过各种福利和民生政策对冲其风险。可以说,社会风险伴随作为个体的人(beings)的一生;而过去我们往往将其分门别类进行研究,忽视了其作为一个全整性来加以研究的必要,而后者正构成了"新社会风险"的重要研究内容。

(3) 代际风险(intergenerational risks)——风险在不同代人之间传递,以及不同代人之间传递所造成的新风险。例如,遗产与代际赠与问题就成为代际风险研究的重要议题。尤其对于福利国家而言,随着其由"后工业社会"过渡到后"后工业社会",其产权保护制度日趋完善,由此带来更多的代际产权传递,并由此引发大量新的社会财产风险。又如,养老金的代际传递问题。在新的社会形态下,福利水平的提升(即养老金的数额大幅提升),医疗水平的提高使人的平均寿命不断延长,这些因素叠加在一起,使得养老金的代际传承额度与体量和以往不在一个等量级上。这势必带来新的福利继承风险。

三、资本主义国家"新社会风险"的应对办法

针对后"后工业社会"的"新社会风险"挑战,福利国家采取了一系列应对

---

① 〔美〕弗朗西斯·福山:《政治秩序与政治衰败:从工业革命到民主全球化》,毛俊杰译,广西师范大学出版社2015年版,第398页。

措施。

一是改善人口结构。主要从两个方面来做：一方面，鼓励人口生育。比如，在德国，"提高生育率已成了德国的一项重要国策。德国政府规定，停职在家照顾孩子的父母全年每月可得到相当于税后月收入 2/3 的补贴，每月最高可达 1800 欧元。如果父母中的一方继续停职 2 个月，则可享受 14 个月的补贴，即最高为 2.52 万欧元的生育福利津贴"[1]。另一方面，延迟退休年龄。近年来，西欧诸国都在调整退休年龄。比如，德国把退休年龄延长至 67 岁，英国将退休年龄延长至 66 岁[2]，以此来平衡其巨大的福利债务。

二是实施新的家庭政策。一方面，通过保障家庭基本收入来促进家庭和谐；另一方面，加强对单亲家庭母亲的职业培训，以确保对儿童的足够的社会投资。在雇佣支持型政策（employment-friendly policy）上，通过支持"局外人"与青年人的就业来确保其基本的生活福利，以及通过协调工作和家庭平衡来弥补家庭成员因工作造成的扶助老幼的角色缺位。此外，在越来越多女性进入职场的同时，政府考虑为更多家庭设置各类补贴项目，并向这类女性在外工作但工资低于一定标准的家庭倾斜。

三是积极促进后"后工业社会"的产业结构调整，以改善劳动力市场的结构。很多福利国家在探索后"后工业社会"中怎样的产业结构比重是最合理的。总的来说，服务业比重较高是"后工业社会"的重要特征。但进入后"后工业社会"，服务业的比重不宜继续增加，而有适当比例的制造业是必需的。金融危机冲击下德国的经济之所以未受重创，和它的制造业比重合理有重要关联。

四是以就业带动低端劳动力市场的发展。传统的思路是建立中高端就业市场，其预设的逻辑是教育的提升会促进人口质量提升，从而更多的人口就业需求会逐步转变为中高端劳动力市场。而实际情况是，即便西方福利国家进入了后"后工业社会"，仍然有相当数量的劳动力群体将从事低端工作（除非这些低端工作能够完全而彻底地被人工智能所取代，但至少目前看不到这种可能性），因而为适应"新社会风险"条件下劳动力市场发展的需要，应当确保低端收入和低技术水平劳动力市场的存在，这样才能使这类劳动力不至于失业而导致社会的不稳定。

---

[1] 《世界各国的人口政策》，http://news.takungpao.com/paper/q/2014/0114/2175510.html。

[2] 资料来源：http://www.bbc.co.uk/zhongwen/simp/uk/2012/05/120510_public_strike.shtml。

四、启示

进入后"后工业社会",福利国家所面临的一系列"新社会风险"迥异于福利国家发展初期所面临的那些传统的社会保障问题。福利国家发展初期的问题主要涉及弱势群体及复原伤残军人等基本社会保障问题,它们只需要通过国家的二次分配就可以解决,因而福利越扩张越好。而新时期的问题已经不是单一的社会保障问题了,它涉及公私混合问题、女性主义乃至和"全球化"及自由主义相关的意识形态问题,更加考验福利国家政府处理复杂问题的能力。因此,深刻理解福利国家在后"后工业时代"所面临的"新社会风险"及其原因和应对措施,一方面,对我们掌握福利国家发展的最新动向具有重要意义;另一方面,当前我国东部沿海发达地区有的已进入"后工业社会",在不远的将来也将面临类似西方发达国家的后"后工业时代"转型,因此西方福利国家在后"后工业社会"出现的诸多"新社会风险"的应对路径,对我们也具有重要启示。

一是适度改善人口结构以应对"新社会风险"。一方面,通过促进生育以避免"人口红利"的衰竭。改革开放四十年,我国经济之所以能够保持长期高速增长,数量庞大的劳动力人口功不可没。而近年来,随着青壮年人口比重不断下降,人口对于经济增长之边际效用也将渐次减弱直至消失。在这样的背景下,通过调整人口政策来改善人口结构势在必行。2015年10月,党的十八届五中全会公报指出:坚持计划生育基本国策,积极开展应对人口老龄化行动,实施全面二孩政策。此政策实施三年来,我国生育率并未出现之前所预计的大幅增加,这就为生育政策的进一步放开留存了空间。

另一方面,加强对老龄人口的社会保障以应对未来可能出现的"新社会风险"。事实上,由于我国老龄化社会提前到来(西方发达国家往往在人均 GDP 超过 1 万美元之后才进入老龄化社会,即 65 岁以上人口占总人口比例达到 7%,而我国则出现了"未富先老"的状况[①]),老龄人口数量直线上升。从 1999 年我国进入老龄化社会到 2017 年,我国老龄人口(即 65 岁以上)净增约 1.1 亿。未来我国老龄人口持续快速增加的趋势短期不会发生变化,这就要求我们须进一步完善老龄人口的相关政策与社会保障制度。除了不断完善养老模式(居家养老、社区养老和机构养老

---

① 关于我国是否"未富先老",学界仍有争议,关键在于依据指标。若以人均 GDP 加以衡量,则我国"未富先老"之说未尝不可信之。

三者并进）和传统社会保障类型（养老保险和针对老龄人口的医疗保险）之外，国家更有必要进行政策与制度创新，如当前正在试点的几项措施：(1) 实施税延型养老保险①，使老龄人口的养老保障资金更加充盈。(2) 探索建立针对老龄人口的长期护理保险制度②，使老龄人口享受更加优质的晚年生活与医疗服务。例如，上海市从 2018 年 1 月起正式开始长护险试点，包括实施高龄老人医疗护理保障计划、民政居家养老服务，并建立依据老年人经济困难程度、身体照护等级和年龄等指标的梯度化长期护理服务内容。

二是进一步完善家庭政策以应对"新社会风险"。一方面，依托现有大政方针增加家庭收入。不同于西方国家，我国现有低收入家庭相当一部分是贫困家庭。而作为当前中央制定的"三大攻坚战"之一的"精准扶贫"，要在 2020 年之前实现全面"脱贫摘帽"。低收入家庭，完全可以搭上"精准扶贫"这趟快车，通过政府补贴、金融扶贫、异地搬迁扶贫、资产收入扶贫等方式，实现收入的增加。另一方面，进一步完善我国的双薪型家庭政策体系，即夫妻双方都进入劳动力市场。这方面我国比起西方发达国家有先天优势。当不少西方福利国家还在探讨如何实现从传统的妇女居家看护的通用型家庭政策转变为促进女性就业的双薪型家庭政策之时③，我国的这种家庭政策转型早在中华人民共和国成立之初就已经逐步实现。而在未来我国家庭政策的制定方面，有必要通过进一步完善生育保险、产假政策甚至陪产假政策，解决女性生育的"后顾之忧"，从而避免西方发达国家因劳动力市场上性别结构的变化引发的"新社会风险"。

三是拓宽就业路径以应对"新社会风险"。如前所述，即使是进入后"后工业社会"的西方资本主义国家，仍然存在大量的低端劳动力市场。在可预见的未来，我国流动人口、农民工人口仍然会不断增加。国家卫健委（原国家卫计委）指出，2014 年以来我国流动人口年均增加 600 万人左右，预计到 2020 年我国流动人口将增加到 2.91 亿；④ 农民工数量也将随着我国城镇化的进一步深化而增加。为此，有必要发掘新的就业领域来对冲大量流动人口和农民工形成的劳动力市场所可能带来的"新社会风险"——包括以金融、物流和信息为代表的新兴服务业，以"大数

---

① 税延型养老保险，是指个人缴纳的保费在一定金额之内可以在税前工资中扣除，而在将来退休后领取保险金时再缴纳。

② 长期护理保险制度，是为被保险人在丧失日常生活能力、年老患病或身故时，侧重于提供护理保障和经济补偿的制度安排。

③ 蒙克：《"就业—生育"关系转变和双薪型家庭政策的兴起——从发达国家经验看我国"二孩"时代家庭政策》，载《社会学研究》2017 年第 5 期。

④《国家卫计委发布报告预计 2020 年流动人口 2.91 亿》，载《解放日报》2015 年 11 月 12 日第 3 版。

据"为鲜明特征的电子商务，以及以"共享"为代表的共享经济领域。尤其是共享经济领域，2017年我国提供共享经济服务的服务者人数约为7000万人，比上年增加1000万人，占当年城镇新增就业人数的9.7%，意味着城镇每100个新增就业人员中，就有约10人是共享经济企业新雇用员工。① 由于这些就业形式具有高度灵活性，适用劳动力分布广、门槛低、弹性大，从而降低了工作对性别、年龄、教育程度等的要求，可以将原本可能被传统劳动力市场排斥的流动人口和农民工人群重新纳入劳动力就业市场，从而在未来尽可能地降低或规避传统劳动力市场排斥可能导致的"新社会风险"。

---

① 《〈中国共享经济发展年度报告 (2018)〉在京发布》，http://www.sic.gov.cn/News/79/8860.htm。

美国社会组织在新药受试者保护中的作用
——以美国受试者保护体系认证协会为例*

王芳芳**

摘　要：美国受试者保护体系认证协会，是为受试者提供宏观保护的社会组织。它的成立是协会成员基于新药研发这一共同体的福祉，站在"公"的立场上为受试者发声，是美国公民履行公共责任、践行公共精神的体现。从其运作机理来看，该协会为现实中的新药受试者保护提供了社会伦理之价值取向，伦理关系和伦理调节是建构社会伦理的主要论域。

关键词：受试者保护；美国受试者保护体系认证协会；社会组织；公共精神；社会伦理

临床试验是医学研究的必经环节，是一种"必要之恶"（necessary evil）[①]。而受试者参与试验，又必然会面临不同程度的风险。这就产生了受试者保护的伦理问题。受试者保护，总体上涉及国家、社会和受试者个体三个层面。美国受试者保护很成功的重要因素就是介于国家和个体之间的组织保护，而这也正是我国需要借鉴之处。

---

* 基金项目：河南省规划基金项目（项目编号：014BDJ010）、河南省教育厅高等学校重点科研项目（项目编号：17A880002）阶段性研究成果。

** 王芳芳，博士，河南财经政法大学讲师，日本爱知大学大学院中国研究科博士后期在学。主要研究领域：社会伦理、生命伦理。

① 新药研发是一项高投入、高收益且风险大、成功率低的事业。据权威部门统计，在一万个左右的新化合物中，经过药物筛选、非临床研究、安全性评价、临床试验等环节的逐级淘汰，耗时数年至数十年不等，最终仅剩1—2个能够获准上市。临床试验是新药研发的必经关键环节，但由于是首次将人体疗效和安全性均未知的药物作用于人体，所以临床试验又面临着高风险，是一种"必要之恶"。参见田少雷、邵庆翔编著：《药物临床试验与GCP实用指南（第二版）》，北京大学医学出版社2010年版。

从学界最新的研究动态来看，关于美国受试者保护体系认证协会（Association for the Accreditation of Human Research Protection Program，AAHRPP）的研究成果集中在以下几个方面：第一，对该协会自身发展历程、运行机制、管理机制及效果评价等方面的研究（杨晓娟，2016；田冬霞，2006 等）；第二，AAHRPP 与其他类型的伦理审查认证体系（如"伦理审查委员会能力拓展战略方案"、中医药研究伦理审查体系认证）的对比研究，认为 AAHRPP 认证强调的是机构、伦理委员会（IRB）、研究者等共同建立有效的受试者保护体系，其标准主要依据美国的法规体系（白楠，2013；马喜桃，2016 等）；第三，国内 AAHRPP 认证成功的案例经验分享及人体研究保护体系建设建议（王晓敏，2016 等）。而在社会治理的语境下，基于社会伦理之视角的研究尚显薄弱。鉴于此，本文拟就上述问题作一粗浅探讨。

一、美国社会组织的发展

关于"社会组织"① 的定义，笔者借鉴美国约翰·霍布金斯大学（The Johns Hopkins University）公民研究中心莱斯特·萨拉蒙（Lester M. Salamon）教授的观点，即凡具有组织性（organized）、民间性（private）、非营利性（nonprofit-distributing）、自治性（self-governing）、志愿性（voluntary）五个本质特征的组织，即可视为社会组织。② 上述定义是基于社会治理（social governance）的语境，在全球"结社革命"的浪潮中，着重强调国家、市场、社会组织三足鼎立的治理样态。

1620 年，《五月花号公约》的签订，奠定了美国自治精神的始基，同时也孕育了美国社会组织发展的胚芽。总体而言，建国以来，美国政府与社会组织之间的张力大致经历了压制（建国至 19 世纪末）→扶持（20 世纪初至 20 世纪 70 年代）→引导（20 世纪 80 年代至今）三阶段的演变过程。

第一阶段，政府公权力在建国伊始被严格地限制，弱小的政府在无力推动社会组织发展的同时，又担心社会组织对其构成威胁，因而二者的关系处于紧张状态。随着第二次宗教大觉醒（1790—1840）以及旧贵族势力的推动，19 世纪以来，普通民众也意识到了社会生活中结社的重要性，该时期全国范围内行业协会的成立就

---

① 类似的概念指称，学界还有"非政府组织""非营利组织""第三部门""民间组织"等。
② 〔美〕莱斯特·M. 萨拉蒙、S. 沃加斯·索克洛斯基等：《全球公民社会：非营利部门国际指数》，陈一梅等译，北京大学出版社 2007 年版。

是其重要表征。这就倒逼美国政府不得不逐步承认社会组织的法人地位，并逐步从立法层面给予一定的支持。[1]

第二阶段，政府对社会组织主要是采取扶持战略。两次世界大战，在暴露政府灾害救助能力有限性的同时，也推动了红十字会等社会组织的成长。1936 年《国内税法典》（The Internal Revenue Code）的颁布，是美国政府从税收政策上对于社会组织给予优待的具体表现。该法典规定对于社会组织的财产和收入征收较低的税或者免征税，这就为社会组织的发育和壮大提供了可能性。在随后的发展中，尤其是在建设福利国家的愿景下，社会组织在社会福利提供、弱势群体帮扶等公共服务的供给方面也越来越显示出自身的优势和特色，在一定程度上弥补了政府的局限。

该时期所形塑的政府—社会组织关系模式，正是适应强大的政治现实（powerful political realities）的需要，这一政治现实主要是指"志愿部门的政治力量"（the political strength of the voluntary sector）、"公众对政府官僚机构的广泛的敌意"（the widespread public hostility to governmental bureaucracy），以及"公众对福利服务的热情支持"（the general tepidness of public support for welfare services）。[2] 由于"政府职能范围和权利的扩张速度远快于政府规模的扩张"[3]，联邦政府在 20 世纪 60、70 年代投入了大量的资金与非营利服务机构签约。政府资助的非营利组织，不仅仅是向公民提供有价值的服务，而且还可以向联邦政府和州政府的政策制定者反映社区居民的核心需求。[4] 正如萨拉蒙教授所言，"'社团革命'对 20 世纪后期世界的重要性丝毫不亚于民族国家的兴起对于 19 世纪后期的世界的重要性"[5]。

然而，这一时期福利国家的普遍观念尚未能认识到政府和志愿部门之间在提供人类服务方面存在广泛的合作关系，以至于萨拉蒙教授认为一个奇怪的悖论主导着美国非营利或自愿部门的最近历史：在 20 世纪 70 年代中期之前的将近 50 年里，非营利部门基本上从美国公众辩论中消失了，因为其重点是关注政府在应对人类需求方面的作用。[6]

---

[1] 郑琦：《美国政府与社会组织的关系演进》，载《社会主义研究》2012 年第 2 期。

[2] Lester M. Salamon, Government and the Voluntary Sector in an Era of Retrenchment: The American Experience, *Journal of Public Policy*, Vol. 6, No. 1, 1986, p. 17.

[3] 郑琦：《美国政府与社会组织的关系演进》，载《社会主义研究》2012 年第 2 期。

[4] Steven Rathgeb Smith, Nonprofit Organizations and Government: Implications for Policy and Practice, *Journal of Policy Analysis and Management*, Vol. 29, No. 3, 2010, pp. 623-624.

[5] 何增科主编：《公民社会与第三部门》，社会科学文献出版社 2000 年版。

[6] Lester M. Salamon, Government and the Voluntary Sector in an Era of Retrenchment: The American Experience, *Journal of Public Policy*, Vol. 6, No. 1, 1986, p. 1.

第三阶段，20 世纪 80 年代以来，在"新公共管理"理念的影响下，政府通过自身的改革（如克林顿所推行的"重塑政府运动"等），以及与社会组织签订"购买服务合同"（purchase of service contracting，POSC）等途径，逐步减少在"扶持"时期社会组织对其形成的依赖，希冀在与社会组织的平等对话中，引导社会组织自身走向成熟，逐步形成与之合作共治的生态格局，最终在公共服务的供给上达到"少花钱多办事"的效果。比如，乔治·布什总统在任期间就呼吁非营利机构在解决社会问题方面发挥主导作用，国家在其服务采购制度中承认的社会服务类型达 200 种之多。1988 年，马萨诸塞州 15 个政府机构花费 7.5 亿多美元（约占当年州政府预算的 7%）从 1200 多个社会组织那里购买酒精中毒康复、家庭危机干预，以及日托等服务①；为了应对金融危机，在购买服务上，许多州的地方政府与社会组织签订了"绩效合同"（performance contract），即只有达到合同所规定的绩效目标，接受公共资金的社会组织才会获得政府的报销。也就是说，接受公共基金的社会组织，政府对其透明度和财务运作报告持有更高的期望。因此，社会组织的管理人员就面临有效管理组织运作的压力。② 2014 年 10 月，美国劳工统计局（Bureau of Labor Statistics，BLS）发布了 2007—2012 年关于社会组织的一个新数据。数据显示，2007—2012 年，包括 2007—2009 年的金融危机期间，社会组织就业人数、全年工资总额及从业人数每年都在稳步上升。③

经历金融危机的考验，作为公共服务的提供系统，社会组织越来越被视为解决紧迫公共问题的"创新之床"，奥巴马政府时期所设立的"社会创新办公室"就是旨在倡导社会组织为社会问题提供有创意的解决方案。④ 为了实现其创新承诺，美国政府与社会组织联合开发了政府和社区关系领域的新生力量——"公民技术"⑤（Civic Technology）。公民技术生态系统的要素包括开放数据、相关信息与通信技术

---

① Michael Lipsky and Steven Rathgeb Smith, Nonprofit Organizations, Government, and the Welfare State, *Political Science Quarterly*, Vol. 104, No. 4, 1989, p. 626.

② Steven Rathgeb Smith, Nonprofit Organizations and Government: Implications for Policy and Practice, *Journal of Policy Analysis and Management*, Vol. 29, No. 3, 2010, pp. 622-623.

③ Erik Friesenhahn, Nonprofits in America: New Research Data on Employment, Wages, and Establishments, *Monthly Labor Review*, No. 2, 2016, p. 1.

④ Steven Rathgeb Smith, Nonprofit Organizations and Government: Implications for Policy and Practice, *Journal of Policy Analysis and Management*, Vol. 29, No. 3, 2010, pp. 621-624.

⑤ Cruikshank 在其著作《赋权的意愿：民主公民和其他主体》中曾经对公民身份技术（technology of citizenship）作过相关描述，她指出公民身份技术并不能消除公民的自主性和独立性，而是依靠公民的行为能力进行工作的一种治理模式。See Barbara Cruikshank, *The Will to Empower: Democratic Citizens and Other Subjects*, Cornell University Press, 1999, p. 4.

(ICT)创新、有组织的公民技术跨界实践等。公民技术应用程序允许公民安排公共服务、与邻居和其他利益相关者沟通，并通过不断更新的系列在线应用程序和数据，参与到政府各式各样的任务之中。更重要的是，它为社会组织提供了从外部帮助重塑政府的可能性，有业界学者称公民技术有潜力重塑全世界的地方政府与社区的关系。[1] 由于许多州和地方政府自身缺乏提供优质服务的能力，联邦政府和地方政府便与成千上万的非营利机构签订了合同，以期提供有价值的公共服务。[2]

综上所述，经过压制、扶持、引导这一发展历程，在公共服务领域，美国政府已与社会组织形成了战略合作伙伴关系，滋养着美国公民社会的健康成长。

二、基于公共精神的美国受试者保护体系认证协会

所谓公共精神，是指公民在公共交往实践中达成的对公共道德规范的共识以及其现实化的行动意志，是个体美德伦理向社会公共伦理转变的伦理基础，其具体表现为"以利他方式关心公共利益的态度和行为方式"[3]。

作为态度的公共精神，最早可追溯到古希腊公民对公共善的追求。在古希腊，尚未出现个体权利，彼时的公民与城邦呈现一体化的生存样态，视城邦的善——公共善为公民个体追求的最高善。这种古典的公共精神，其个体自由缺失、个体权利的不足，虽然会招致现代人的批判，比如波普尔（Karl Popper）就认为它是一种浪漫主义的白日梦，但是当近代以私利为基础的市场理念冲击并摧毁公共精神之时，它仍然可以启示着人们在现代公共精神的培育中，要在古典美德与个人权利之间寻找一种协调与平衡，如社群主义对公民参与共同事业之态度的呼吁。[4]

作为一种行为意志的公共精神，主要体现为公民基于公共关怀而进行的公共参与，旨在公共生活这一载体中践行公共精神，从而达致对公共利益的维护。"对公共事务的关注和对公共事业的投入是公民美德的关键标志。"[5] 一百多年前，托克维尔（Tocqueville）到美国，令他特别感动的地方就是美国人的活力、美国公共精

---

[1] John G. McNutt et al., The Diffusion of Civic Technology and Open Government in the United States, *Information Polity*, Vol. 21, No. 2, 2016, p. 1.

[2] Steven Rathgeb Smith, Nonprofit Organizations and Government: Implications for Policy and Practice, *Journal of Policy Analysis and Management*, Vol. 29, No. 3, 2010, pp. 621-625.

[3] 李萍：《论公共精神的培养》，载《北京行政学院学报》2004年第2期。

[4] 宋作宇：《论基于公民美德和个人权利的公共精神》，载《湖南科技大学学报（社会科学版）》2006年第2期。

[5] 〔美〕罗伯特·D. 帕特南：《使民主运转起来》，王列等译，江西人民出版社2001年版。

神的浓郁、美国社会组织的发达。相比之下，同时代的欧洲，比较发达的则是家庭、教会等，在家庭、教会之外，协会、俱乐部等的发育就远远不如美国。在他看来，"不同年龄、不同身份、不同倾向的美国人总是在不断地进行结社，那里不仅有与每个人的生活都息息相关的商业和工业组织，而且有成千种其他不同类型的社会组织——宗教的、道德的、严肃的、无聊的、宗旨极为宽泛的和极为狭隘的、成员极为众多的和极为有限的……美国最值得重视的就是其基于个人自愿的、有道德基础的社会组合"①。与"自然环境""法制"相比，上述"民情"被托克维尔视为美国社会治理卓有成效的首要关键因素。

19世纪被托克维尔称为"民情"的公共精神，延续至当代美国，更是蓬勃发展。就像托克维尔所预言的那样，"在美国，结社权是从英国输入来的，输入之后便一直存在下去"②。基于公民责任的视角，美国普林斯顿大学的罗伯特·怀特诺（Robert Wuthnow）教授通过对当代美国社会环境的考察，认为美国对"好公民"的概念界定已经发生了变化：旧式版本里的好公民——组织里的男人、俱乐部的女人、好邻居等，已经被非营利专业人士、志愿者、灵魂伴侣等版本所取代。他还指出，志愿（volunteering）和服务（service）对上述两种类型的公民都很重要，但前者（旧式公民）更强调公民对社区的义务，而后者（新式公民）更强调对共同利益的关注，从而促使他们将时间捐赠给不同类型的组织。③ 从这个意义上讲，罗伯特·怀特诺教授所指称的"好公民"就是指关注公共利益，并且能够积极投身于公共事务之中的公民，也就是说，是公共精神发达的公民。

从整体来看，新药研发是服务于人类共同体的福祉这一公共利益的，受试者保护工作，正是促成这一公共利益实现的重要举措。而美国受试者保护体系认证协会（AAHRPP）正是当代美国公共精神现实化的产物。它成立于2001年，系当代美国众多社会组织中的一个。基于"对加强受试者保护和重新恢复公众对科研的（公共）信任的需要，并且深信上述两个目标可以在不增设额外的政府规章制度下达成"④ 这一共识，美国医学院协会（Association of American Medical Colleges）、美国

---

① ［法］托克维尔：《论美国的民主》，董果良译，商务印书馆1988年版。
② 同上。
③ Robert Wuthnow, *Loose Connections: Joining Together in America's Fragmented Communities*, Harvard University Press, 1998; Mary Alice Haddad, Transformation of Japan's Civil Society Landscape, *Journal of East Asian Studies*, Vol. 7, No. 3, 2007, p. 429.
④ Elyse I. Summer, Association for the Accreditation of Human Research Programs: Advancing a Comprehensive, Integrated Approach to Human Research Protections, *Translational Medicine Research (Electronic Edition)*, Vol. 4, No. 4, 2014, pp. 108-109.

大学协会（Association of American Universities）、公共与赠地大学协会（Association of Public and Land-grant Universities）、社会科学协会联盟（Consortium of Social Science Associations）、美国实验生物学学会联合会（Federation of American Societies for Experimental Biology）、国家卫生委员会（National Health Council）、医学和研究公共责任组织（Public Responsibility in Medicine and Research）等七家非营利组织基于行业自律，共同创办了AAHRPP。① 除此之外，AAHRPP还邀请支援成员（Supporting Members）加入，以提高受试者保护的水平和研究的质量。其中，支援成员是一组选定的专业性的、教育性的或者与健康有关的致力于提高研究质量的组织。② 上述七家创始组织及其支援成员，其种类涵盖了"大学、医学院校和教学医院的领导，生物医学、行为和社会科学家，IRB专业人员，患者和疾病宣传组织"③ 等，AAHRPP的成立正是这些群体之公共精神的丰富体现。

  在具体机制上，AAHRPP制定了严格的认证标准，正如美国卫生部人体研究保护办公室前副主任科恩博士在谈及AAHRPP时所言，"如果说伦理相关法规是地板，那么认证标准就是天花板"④。就其认证内容来讲，主要涵盖三个领域，即机构（organization）、机构伦理委员会（institutional review board or ethics committee）、研究员及其团队成员（investigator and research staff），每个领域又具体包括15个标准和60个细则，其中，机构伦理委员会是认证过程的重中之重。⑤ 就认证过程而言，包括机构自我评估、提交书面材料、认证考察员现场考察、认证委员会审查等环节；在认证结果上，有完全通过（full accreditation）、合格（qualified accreditation）、待定（accreditation pending）、未通过（accreditation withheld）等类型；同时，AAHRPP还规定，在初次认证三年之后，每五年需要更新其认证。在整个认证过程中，笔者认为最值得称道的是它的同行评议制度，即"AAHRPP本身并不参与认证和评议，只邀请同行机构的专家根据AAHRPP标准来实地考察认证"⑥，同时AAHRPP还出台了一系列防止恶意差评的防御机制。

---

  ① Founding Members, http：//www. aahrpp. org/learn/about-aahrpp/founding-members, 2017-11-1.
  ② Supporting Members, http：//www. aahrpp. org/learn/about-aahrpp/supporting-members, 2017-11-1.
  ③ Founding Members, http：//www. aahrpp. org/learn/about-aahrpp/founding-members, 2017-11-1.
  ④ 梁虹：《中国的临床研究机构为什么要申请国际伦理认证？》，http：//www. druggcp. net/homepage/a/peixunhuiyi/2015/1113/30804. html，2017年12月1日访问。
  ⑤ Goals, Principles, and Standards, http：//www. aahrpp. org/learn/accreditation/goals-principles-standards, 2017-11-1.
  ⑥ 司芳：《时占祥：AAHRPP国际认证——临床研究国际接轨关键一步》，http：//druggcp. net/homepage/a/zhuanyeguandian/2015/0703/30690. html，2017年12月2日访问。

截至 2016 年 5 月，全球 227 家组织获得了认证。其中，32 家在美国境外，包括新加坡、加拿大、印度、墨西哥、韩国、中国台湾、中国大陆①等；此外，超过 60% 的美国研究型大学和超过 65% 的美国医学院校都完成了 AAHRPP 认证或已经开始了认证过程。世界上最大的公共研究资助者——美国国家卫生研究院（NIH），以及最大的临床研究的行业赞助商——辉瑞公司均已获得认证。② 上述国际化的认证成果，正是该协会切实践行保护受试者这一公共精神的结晶，是该协会担当公共责任、关怀公共事务、维护公共利益的重要表现。

需要指出的是，作为由受试者之外的群体形成的保护受试者的他组织，从组织目标方面来审视，AAHRPP 可能会面临组织目标异化的困境。笔者通过在 AAHRPP 的官方网站查询获悉，作为非营利性的民间组织，该协会主要是依靠服务收费来运作的，没有政府机构的支持。该协会官网公示的 2017 年收费标准如下：根据机构规模的大小，对美国国内申请机构的收费从 7800 至 87700 美元不等，对国外申请机构的收费从 16300 至 97700 美元不等。③ 高昂的认证费用势必会使得资金欠佳、综合实力不强的机构望而却步，但这样的机构却正是需要接受教育，通过与国际接轨来提升受试者保护水平。而有些资金雄厚的认证机构可能会愿意不惜重金，用不当的方式来"购买"这个认证。

三、美国受试者保护体系认证协会的启示：社会伦理的建构

本文所采取的是规范论分析立场，旨在依据应用伦理学中的特定关系形态，为现实中的新药受试者保护之价值取向给出具有指导意义的规范性命题。从总体上看，受试者组织保护可分为受试者自我组织保护和他组织保护。自我组织④是受试者为消解个体的脆弱而自愿结社组成的社会组织；他组织是由非受试者自由结社而

---

① 截止到目前，中国大陆已经取得完全认证的机构有北京佑安医院、北京大学医学部、中南大学湘雅三医院、江苏省人民医院、南京中医药大学附属医院、第四军医大学西京医院等。尽管国内有学者对此有反对的声音，认为"任何国家或国际组织无权到我国来对我国的伦理委员会进行认证"（邱仁宗、翟晓梅：《在国际背景下我国伦理审查的能力建设：理念和实践》，载《中国医学伦理学》2008 年第 2 期），但笔者认为，AAHRPP 认证是促使我国临床试验与国际接轨的重要举措。

② Elyse I. Summer, The Association for the Accreditation of Human Research Protection Programs: 15 Years of Emphasizing Research Safety, Ethics, and Quality, *Translational Medicine Research* (Electronic Edition), Vol. 2, No. 1, 2016, p. 2.

③ 2017 Application and Annual Fees, http://www.aahrpp.org/apply/2017-application-fees, 2017-1-1.

④ 详见王芳芳：《新药临床试验中受试者集体交涉权的伦理辩护》，载《昆明理工大学学报（社会科学版）》2015 年第 1 期。

成的社会组织，是公民交往理性的体现。

社会伦理以社会伦理关系为研究对象，此关系中的个体具有交互主体性特质①，他们站在"公"的立场上为受试者发声，从而催生了受试者组织保护。因此，社会伦理是他组织产生的伦理背景之一，是具有方法论意义的一个范畴。社会伦理的论域，涉及伦理关系和伦理调节等方面。关于美国受试者保护体系认证协会的启示，则可从伦理关系和伦理调节两个方面来展开论述。②

其一，伦理关系的建构。在通常意义上，伦理关系指"人与人之间、集体与集体之间、个人与社会集体之间由客观交往和主体意识构成、具有相互依存和个体价值诉求的相对稳定的社会关系"③。由此，他组织的伦理关系就包括组织内公民个体间的关系、公民个体与组织的关系、组织间的关系三种类型。从总体上而言，公民个体及由公民个体所组成的社会组织，均是受试者保护这一道德实践的道德主体，在受试者保护中以交互主体或者共主体的方式存在，是共生共在道德生活范型的具体显现。

具体而言，他组织内个体成员间的关系、成员个体与他组织的关系、他组织间的关系，构成了受试者保护之他组织伦理关系的主要样态。其中，他组织内个体成员间的关系具有"理性和感性双重面相"④：一方面，他们是基于受试者保护这一组织目标而自愿结社的理性共同体；另一方面，他组织又是他们基于情感上的达意和心理上的联结而结成的情感共同体。

他组织成员个体与他组织的关系，包括了个体对组织的服从和组织对个体的维护两个方面。⑤借鉴美国管理学大师德鲁克（Peter Drucker）的非营利组织目标管理思想，与一般的个体与群体的关系不同，从终极意义上说，这里的成员个体对他组织所服从的是他组织之保护受试者这一组织目标；相应地，他组织对个体的维护，就是指他组织要为个体提供表达其保护受试者这一价值诉求的途径和平台，归根结底是对个体权利的尊重和维护。

他组织间的关系，则主要是他组织围绕受试者保护所展现的竞争与合作。

其二，伦理调节的开展。在现代社会管理的语境中，"善治"意味着公民、政

---

① 焦国成：《论社会伦理关系的特质》，载《哲学研究》2009年第7期；高兆明：《"社会伦理"辨》，载《学海》2000年第5期。
② 此处思路借鉴了李萍等：《现代社会管理的伦理分析》，中国政法大学出版社2012年版。
③ 李萍主编：《伦理学基础（修订第二版）》，首都经贸大学出版社2009年版。
④ 李萍等：《现代社会管理的伦理分析》，中国政法大学出版社2012年版。
⑤ 同上。

府、社会组织三者要相互配合开展工作，切勿越俎代庖。这主要是源于现实的社会结构赋予了公民个体法定的各种权利，同时也赋予政府各种政治性和行政性授权，社会组织的权利在内容上只是公民个体权利的部分让渡（随时可以收回）和政府部分事务的委托（如购买服务），它并不具有永久的权利或权力源泉。

因此，公民基于受试者保护所结成的他组织，更多体现的是道义上的关联。那么，作为社会管理的行为主体，在受试者保护工作中，他组织主要以协作、协调的方式出现。AAHRPP 就是一个具体的例证。从其产生的背景来看，AAHRPP 的产生是对彼时美国受试者保护现行做法之弊端纠偏的回应。① 彼时种种临床研究中的丑闻警示人们，在受试者保护中，仅仅依靠伦理委员会（IRB）的力量是远远不够的，政府和学界带头人倡导构建一种系统性、综合性的方法来完成相关保护工作的研究。② 在这个背景下，机构层面的受试者保护体系（Human Research Protection Program，HRPP）在美国兴起③，"美国卫生部鼓励发展个体自愿的认证系统"④，尤其是希冀以此来应对国际多中心临床试验的挑战。

需要指出的是，与自我组织相比，"组织目标异化"⑤ 是他组织可能面临的一个共性问题。作为由非受试者组成的保护受试者的他组织，从组织目标方面来审视之，如何防止这一问题也是值得进一步思考的。

---

① 彼时临床试验领域受试者保护不力的一个重要案例就是年仅 18 岁的基尔辛格（Jesse Gelsinger）死亡事件。基尔辛格于 1999 年 9 月 13 日在宾州大学参加基因转移的临床试验，由于威尔森（James M. Wilson）医生故意隐瞒该药物的毒副作用，导致基尔辛格参加试药后多重器官衰竭，最终于 1999 年 9 月 18 日死亡。事后，美国的食品药品监督管理局展开调查，并对相关责任人作出了严肃处理。参见戴正德、李明滨主编：《人体试验——研究伦理的理念与实践》，2012 年。

② Elyse I. Summer, The Association for the Accreditation of Human Research Protection Programs: 15 Years of Emphasizing Research Safety, Ethics, and Quality, *Translational Medicine Research（Electronic Edition）*, Vol. 2, No. 1, 2016, p. 2.

③ 张海洪：《医学研究中的受试者保护：伦理争论与制度建设》，北京大学 2014 年博士论文。

④ 〔美〕Greg Koski：《美国人体研究的监督：科学发展中的伦理与规定》，张健译，载《医学与哲学》2001 年第 12 期。

⑤ 在布迪厄（Pierre Bourdieu）看来，每个组织都有不同程度的制度化的代理，代理人以组织的名义来从事合法的活动，组织规模越大，代理人的权限就越大。如此一来，代理人就有可能超越组织利益，以组织的名义来实现个体的利益，其结果就是组织目标的异化。参见林克雷、李全生：《广义资本和社会分层——布迪厄的资本理论解读》，载《烟台大学学报（哲学社会科学版）》2007 年第 4 期。

国外经典文章译介

应急状态下的自发型志愿活动研究

〔古巴〕贝尼尼奥·E. 阿吉雷（Benigno E. Aguirre） 等著

葛文硕 译

在应急情况下，灾难中的志愿活动常常被专业的应急管理人员和政府官员所忽视。尽管如此，这些志愿活动依旧会发生。这些灾难志愿者们工作的重要性，以及他们所拥有的资源，都是其他类型的参与社会应急响应者所不能与之相比的。但是，当我们在为应对危机做计划时，那些未经培训的灾难志愿者或参与到应急事件中的志愿者，通常是不包括在这些明确计划之中的。无论是否得到官方的承认，从经过正式培训和得到认证的志愿者的官方行动，到自发的志愿者进行正式且有计划的灾难响应之外的非官方行动，多数的志愿者帮扶行为都会发生在这一系列过程中。在应急状况下，因为无法有效地管理这些自发性的志愿活动，所以会遭到专业管理人员或政府官员的忽视。

一、相关概念和类型

对于使用到的专业术语，本文会给出相关的定义，但是对"应急志愿者"和"应急志愿服务"这些具体概念，要给出一个被大众所普遍接受的定义很有难度。

其一，危机（应急、灾难）。危机是对人的健康、生命、财产或环境造成直接风险的一种情况，危机需要某种类型的干预，有时需要利用外部资源进行干预。

其二，应急志愿者。应急志愿者是指给予受灾者灾后帮扶的人。这些志愿者包

---

* 本文摘译自 David Horton Smith, Robert A. Stebbins, and Jurgen Grotz (eds.), *The Palgrave Handbook of Volunteering, Civic Participation, and Nonprofit Association*, Vol. 1-2, Palgrave Macmillan, 2016, pp. 311-329.

** 葛文硕，华东政法大学政治学与公共管理学院硕士研究生。主要研究领域：应急治理、非政府组织等。

括正式的和非正式的。应急志愿者通常在灾难发生的不同阶段出现,从而为受灾者提供多方面的帮扶。

其三,非正式的应急志愿服务。它是指由邻居、亲属或由一些距离应急事件发生地较近的人们实施的帮扶行为;对于那些需要帮助的人来说,这种帮扶行为属于自发性的无私援助。这些志愿者们不是应对危机的专业人员,他们只是普通的社会公众,没有经过专业的应急培训,有些志愿者甚至只是来应对突发性事件。

事实上,尽管非正式的志愿者在许多灾难中占据着非常重要的地位,但现有的文献还是较多地讨论个人、团体和复杂组织中经常接受培训的志愿者所提供的援助行为,对那些由非专业志愿者进行的援助的讨论还比较少。

下面的一些建议,能够帮助我们更好地定义这个领域的危机志愿服务。在主要关注的第一个维度上,志愿行动的类型学研究对危机事件所造成的破坏程度有所建树。破坏程度的范围可能包括意外事故和小型的应急情况,复杂的社区应急情况,影响组织结构的危机、灾难,以及大型的灾难。在这些不同类型的危机中,志愿服务的工作内涵截然不同。例如,在社会危机发生时,人们仅仅认识到灾难巨大的破坏性,却对志愿工作几乎一无所知。Quarantelli(2006)认为,与小型灾害相比,大型灾难具有更大的物理影响,它可能会影响政府官员在应对危机时的效率和手段,这样一来就可能需要国际性的援助。与大型灾难相比,小型灾难更容易发生,它往往破坏了第一反应组织的设施,需要受影响地区之外的其他国家组织的援助。当破坏程度逐渐加重和不断扩散时,一些远距离的援助也会不断加入,其他非政府和国际人道主义机构则会更深入地参与社会响应。地方媒体,尤其是有线电视台,会持续报道实时情况,因为,在灾难发生期间大部分的地方社区所承载的通信功能是中断的。

类型学研究的第二个维度确定了社会结构的层次,它是根据个人、团体、复杂的组织、整个社区乃至整个社会依次递增的复杂性而排列的。

类型学研究的第三个也是最后一个维度是志愿者的培训水平。从应急志愿者的角度来看,可能的培训水平层次表现为,从没有接受过应急任务培训的紧急志愿人员,到具有明确的相关专业身份和专业技能水平的专业志愿人员,再到需要在政府机构监督下采取行动的官方志愿人员。例如,在专业志愿者中,护理人员就进行了广泛的急救培训。

类型学研究的目的是强调不同类型的志愿者更有可能出现在哪些不同的应急空间。因此,一些具有广泛影响力和巨大破坏性的危机事件,将会引起更多国际性受训志愿者及官方志愿者的关注。相比之下,小型的交通事故通常不涉及志愿者,即便有志愿者，他们也很可能是非正式的志愿者。总的来说，比较和对比这些类型的知识将有助于我们更加清晰和深刻地定义灾难志愿服务。

二、历史背景

由于应急情况、自然灾害和其他集体危机如人类的发展一样历史悠久，在本部分，我们将会发现，社会的发展试图揭开危机发生的更多历史信息，从而能够更好地管理这些危机事件。例如，一些人常常质疑志愿者的真实性，质疑他们是真正的志愿者，是工人，还是说他们只是履行公民义务的普通人。此外，对于灾难的定义，学者们还没有达成共识。自冷战开始以来的几十年，加上美国的城市可能会遭受俄罗斯的核攻击，一种民防的观点应运而生。在20世纪50年代至70年代期间，有一种为大多数学者所接受的定义。他们认为，在社会中存在着一个运作良好的社区，与之并存的有来自社会外部的一些危害，这些危害中断了社区的正常功能的运作。自20世纪80年代以来，这一定义受到了拉丁美洲学者们的挑战。他们强调了被称为"灾害管理办法"的一个定义，也强调了社会和文化起源于社会的脆弱性以及灾害所揭示的权力差异。根据这一新的认识，他们认为灾害之所以会发生，是因为社会内部的脆弱性和各类风险，这些脆弱性和风险在很大程度上被保留下来，继而在某种程度上产生了危机。最近，学者们继续强调脆弱性分析的逻辑，强调了灾难的政治经济和社会与环境之间的相互作用。他们认为，对社会和环境的传统区别方法是错误的，因为现代的后工业社会已经将环境内在化，实际上是将其社会化了。

在美国，联邦政府把美国红十字会（American Red Cross，ARC）变成负责协调志愿者活动的组织。然而，尽管ARC所做的工作是有存在价值的，但在卡特里娜飓风中遇到的困难表明，政府的这种安排远非最佳或最有效的。尤其是当危机事件发生时，当地社团和应急组织开始作出应急响应，但ARC通常会忽略这些当地组织中重要的志愿活动。这种类似的困境会在不同的事件中重复出现。

由于篇幅局限，本章无法充分阐述上述政府所遭遇的困境，因此这里仅借助一个实际案例来说明存在的问题。比如，联邦应急管理署（FEMA）的城市搜索和救援系统的无效率，以及在对2003年2月1日哥伦比亚号航天飞机事故作出回应时，很难证明志愿者行动的重要性。飞机事故发生在荒野地区，并不是在政府计划的和以前灾难行动发生所设想的环境里。就像我们的一位受访者所说的那样，"我们就像是在按照游戏的规则来制定游戏规则"。对这一事故的城市搜索和救援变成了搜索飞机零件和尸体,并且覆盖了广阔的区域,其中主要集中在得克萨斯州中部的六个县,这一地区约有 160 英里长、35 英里宽。这一搜救事件属于联邦活动,但如果没有地方政府及其部门、专业人员和志愿消防队员、当地搜救队的协助,没有当地教堂为搜救者提供食物和住所,这项救援任务就无法完成。总的来说,在 90 天的行动中,有 20 个事故管理小组参加了救援。搜救工作于 2003 年 5 月 1 日在航天飞机爆炸 100 天后结束。我们对这一事件的回应的研究表明,在这种情况下,志愿者、个人、团体、社区组织、协会和教会都在应急响应中做出了巨大的贡献。在这些或其他的事件中,官方的救灾计划通常都会失败,取而代之的是各种类型的志愿者来填补这一空白并使得救援任务得以完成。

前一个例子说明了灾难发生后可能发生的应急响应,以及可能涉及的各种参与者。在这种情况下,各级政府都会派出一部分救援人员,但也有一些非政府人员填补计划的空白,其中包括自发志愿者,他们组成了应急的组织(他们通常会结成组织,但不会经常如此,在响应结束后组织就会自动解散)。

危机和灾难的形成源于条件和决策复杂的相互作用,它们的组合往往会升级和产生毁灭性的影响。由于准备工作和局势发展之间的差距,在每一场危机和灾难响应中,都会出现不同程度的突出问题。如果准备工作和现实情况之间的差距过于显著,救援者必须理智决策。其他类型的响应包括了政府和非政府组织之间的协调行动,这些行动通常是使用事故指挥系统(ICS),或者这些行动是由普通公民组成的应急性组织实施。

三、应急治理中志愿行动的关键问题

(一)激发个人参与志愿服务的动机

危机和灾难志愿服务常常发生在由危险因素引起的事件中,危险不论因何而来,都会导致已建立的社会制度模式和功能被破坏。在美国以及其他地方,灾难志愿行为通常是由同情、同理心和受害者的痛苦所引发的。这些志愿服务最为经常的是通过个人资源来进行个人决策。同时,政府项目的规划对危机和灾害的发生也作出相应的响应,即志愿者的培训计划。有一些培训项目将志愿者与各种机构结合在一起,这些机构主要从事参与灾害准备、响应、重建和恢复的工作。然而,大多数情况下由于需要对受灾者作出响应,人们常常会变成临时的、非正式的志愿者。通常在宗教组织的指导下,志愿者在灾后重建阶段,协助建造或重建房屋和其他建筑设施。

(二) 在危机和灾难发生时，志愿服务应该出现的地方

对灾难的立即响应被称为大规模志愿服务阶段，在这一阶段，志愿者帮助其他受灾者。这个阶段是一个应急情况，涉及许多具有不同程度工作经验的个人和组织者，他们会对遇到的灾难事件进行不同程度的规划和培训。在没有正式、有计划和有组织的灾害准备的情况下，对灾害的应对可能会更大程度地依靠应急救灾中自发的志愿服务，因为在大多数灾害中常会出现应急集体的行动。

位于纽瓦克的特拉华大学的灾难研究中心（DRC）开发出了一种类型学，它捕捉了灾难响应中涉及的组织的稳定性和变化的程度。组织响应被称为涉及常规（稳定）或非常规和不规则（应急）任务和结构。灾害类型和反应类型的交叉列表会产生四组或多种应答器：（1）建立常规任务小组和新组织结构小组；（2）扩大具有常规任务和组织结构的小组；（3）扩展具有非常规任务和旧结构的小组；（4）执行新任务的新兴志愿者小组并创建新的组织结构。应急的、有宗教基础的团体通常包括一些在危机发生后初次参与其中的志愿者；这一团体也可能包括来自社区（应急团体）中已有的宗教和其他专业组织的成员。在这两种情况下，志愿者们合作共事。这种合作形式一定程度上也扩展了组织结构。

DRC 的类型学表明，响应者包括了使用现有结构和系统的群体，这些群体作出响应时，将改变现有的结构和系统，并且这些群体的出现与灾难的发生有密切关系。虽然类型学的最初阐述主要集中在组织/团体类型的社区层面的变化上，但后期的实地调查研究了创造这些不同类型的内部系统和动态。因此，能够观察到组织中的稳定和不规则（应急）行为，以及社区中那些稳定和应急性群体。

拉丁美洲和加勒比这两个地区容易发生潜在的灾难性自然现象，但在灾难发生后，两个地区展开的计划或自发的志愿活动却是不同的（但仍未被评估）形式。在这些地区，有许多新兴经济体和处于不同发展水平的城市。这些国家具有类似的征服、殖民化和内部差异化的历史条件，即使它们从西班牙和葡萄牙独立出来后经历了不同的发展过程，但也已经确定了它们独有的国家形态。从 Hewitt 和 Sheehan（1969）的开创性著作开始，到最终得到国际灾害数据库 EM-DAT 收集的信息，这些城市已经开始了解灾害的影响。数据库的信息显示，2011 年，拉丁美洲和加勒比地区的死亡人数位列世界第二（占世界总数的 7%），仅次于欧洲（10.5%）。这些地区应对灾难所采取的手段具有相似性，而这些相似之处，与这些社会的文化发展及其与专制国家的长期交往相一致，并且也符合美国和其他发达地区带来的影响。

（三）志愿服务在危机和灾难中所面对的主要障碍

我们强调自发性志愿者在搜索、救援活动以及灾后所担任的重要角色，这实际上反映出社会中存在大量未解决的政治代表权问题。当下，在灾难中志愿者的重要性在很大程度上是得不到承认的，而且似乎被决策者和社会还有政治学家所忽视。它采用了一种受美国密切影响的民防（civil defense）或保护官僚模式，在所谓的冷战时期影响了拉丁美洲国家。这种模式是一种双重用途的方式，它将军事和准军事组织的工作重点放在国家安全和自然灾害上。20世纪80年代末和90年代，在美国，这种情况开始发生变化。审查1990年"国际减轻自然灾害十年"（IDNDR）后的国际努力的结果研究表明，可以对政府部门的组织方式进行改变，其中包括对灾害管理模式的反思，以及采用被称为"Gestion del Riesgo"的风险管理方法。它明确地关注了脆弱性和风险的创造者。它们的受害者是社会上最常遭受灾难的成员，与此同时这些成员也在该地区经济发展的背景下寻找有效的缓解措施。

幸运的是，现在人们接受了一种改进的风险管理方法来应对灾难，其重点是基于当地社会经济发展的解决方案，以及让当地居民作为参与者和志愿者参与到发展项目中，这一举措对该地区政治的两个派别都具有吸引力。尽管风险管理的方法发生了改变，但旧的民防和应急管理观点仍在发挥影响，其中一部分是因为在"9·11"恐怖袭击后与灾害有关的组织重新军事化。

最近，在联合国的倡议下已经开展了官方行动，强调和鼓励志愿人员在与防灾、应对和减灾有关的任务以及社区行动者的参与方面发挥作用。大多数拉丁美洲政府已经开始努力改善与灾害有关的组织，并在相关法律框架上作出改变，其中包括承认自发志愿者，并试图协调他们与政府应急管理系统和非政府志愿组织之间的活动。

Dynes，Quarantelli 和 Wenger（1988，1990）的研究使用了墨西哥城市人口的代表性随机样本，调查了1985年地震后的志愿服务。他们发现，对于这次灾难的发生，超过一百万人自愿参加社会应急响应，其中所观察到的人们参与的类型在很大程度上取决于志愿者的社会阶层、性别和年龄。他们还记录了这种响应的应急组织系统的重要性，以及墨西哥政府部门协助志愿者工作的方式。随后，其他研究员在了解该地区的灾难后质疑了志愿者这一概念的价值。

Aguirre等人在他们对1992年墨西哥瓜达拉哈拉的汽油爆炸的详细定性研究中，意识到了自发志愿者和那些已经正式组织的志愿者的重要性。他们也记录了当时的社会制度，因为该制度的出现被当作对这次灾难的社会响应。这些能够表明，志愿服务是受害者及其家属原有社会资本与传统社会关系的一部分，以帮助指导志愿者活动。

Aguirre（1994）在对波多黎各和墨西哥的警告、撤离和搜救的研究中，已经对这个问题进行了重要的观察。其他学者对拉丁美洲的几起灾害进行了研究，并考虑了志愿者在社会响应中的作用。Kates 和其他人（1972）在关于 1972 年尼加拉瓜马那瓜地震的专题中记录了自发志愿者的重要性。他们还记录了自发志愿者和组织、公共和私人机构的人员在灾难发生后的冲突。Barrios（2007）分析了由 2005 年飓风斯坦（Stanley）造成的危地马拉湖（Santiago Atitan）的山体滑坡事件。他观察并确定了在灾难发生时周边亲戚和邻居在搜索和救援早期活动中的作用。同样的情况，Hinshaw（2006）分析和关注了来自不同社区的志愿者在同一湖中参与协助撤离祖奴纳（Tzununa）时的合作作用。他研究了名为"临湖"（Pro-Lago）的非政府组织的志愿者们，他们在社区恢复的后期阶段发挥了重要作用。

另一项考察灾害中自发志愿者的研究，是 1983 年由 Antelo（1985）审查的玻利维亚圣克鲁斯-德拉谢拉河（Santa Cruz de la Sierra）的洪水，他指出了救援人员和自发志愿者组织联合干预的重要性："成千上万的家庭已经被救援人员、志愿人员和参与复杂救援行动的机构的人员解救出来"。在阿根廷的 Gran Resistencia 河淹没的情况下，1983 年，Caputo 等人（1985）也注意到受影响人口自愿撤离的行为，并提到非政府组织和志愿者在活动中的作用，并且向撤离的居民提供食物，以及制订一些恢复计划。Maskrey（1992）、Duval 和 Medina（1992）研究了与地震有关的灾难，如 1990 年 5 月 29 日在秘鲁的阿尔托梅奥（Alto Mayo）地震中，他们注意到自发志愿者在清除废墟和寻找避难所的过程中所扮演的角色。

自愿性志愿工作是同政府/国家管制志愿服务相对应的概念，古巴就是一个例子。虽然志愿者的结构控制和组织是规范的，但古巴人在非灾难的情况下还是会自发自愿地参与志愿活动。这些都是潜在的高风险突发事件，如交通事故，而不是常见的与民防相关的事件。在发生交通事故的道路附近旅行或居住的人们是最先作出响应的。另一组自发性志愿者是由前来帮助老年受害者、照顾小孩、清洁地板和洗衣服的人组成的。古巴多岛屿，且岛上的住房严重短缺，因此最重要的自发性志愿者就是邻居、朋友和亲戚，他们为失去家园的受害者提供庇护。由于会发生严重的风暴，在古巴，人们习惯于切断电源。这时有用电池供电的收音机的邻居通常会与其他人分享风暴来临时的信息。

与世界卫生组织在拉丁美洲自愿开展志愿服务的问题日益密切的是个人移动通

信和媒体设备的普及,以及互联网平台和应用程序的日益普及。随着现代技术的不断发展,有关危机和灾难的照片、视频和其他信息能传播得更远、更快,且内容更加丰富。借助于全球通信网络,地面上发生的灾难情况可以第一时间得到迅速传播,使更多潜在志愿者即使距离灾难地遥远也能及时做好准备工作。

(四)宗教组织应对灾难的重要作用和障碍

Moore(2006:4)撰写了卡特里娜飓风过后的经历。他说,许多非营利组织在没有"关注资金或潜在的未来压力"的情况下进行慈善活动。尽管组织中的一些志愿者同样遭受了灾难,但他们仍继续进行志愿服务。Pipa(2006)在报告中指出,在路易斯安那州,FEMA判定有超过一半的非营利组织和宗教组织没有资格从卡特里娜飓风救援中获得政府补偿。Pipa敏锐地发现"没有一个有效的负责整合和协调组织的结构来促进那些非营利组织、具有宗教性质的组织以及信仰宗教的慈善家们对卡特里娜飓风作出相应的响应"。用他的话说,"国内的应急响应架构并没有对这种分层的响应进行充分的规划",在这种响应中,地方宗教组织和团体的响应是至关重要的。Smith(2006:6)指出,由于红十字会与当地的宗教机构、福利机构和其他可能协助的组织之间缺乏接触,导致红十字会在向路易斯安那州和密西西比州农村地区的少数族裔社区分配资金时效率不高。

Koenig(2006:97-108)列出了一些宗教组织应对灾难时遇到的障碍,这些障碍通常会使宗教组织与传统的救灾响应组织的参与更加困难。这些障碍包括:缺乏信息、知识和人际关系,过度关注眼前的危机等等。同时也没有整体考虑个体的需求,没有评估和理解个人精神需求的重要性,也忽略了个体在经历灾难后长期恢复过程中需要专业心理咨询的重要性(这里的假设是只有专业的精神健康是必需的)。

此外,很少有人能够意识到宗教神职人员可以给予灾难受害者一定的帮扶。与此同时,在具有宗教性质的组织中还存在其他障碍,例如,缺乏对灾害应急方案的培训和信息;对关于精神卫生保健的图像的误解;不愿意与其他宗教组织和社区进行合作;以及在宗教信仰上的差异。然而,最大的障碍是有关信誉的归属,这容易导致竞争和冲突。这些障碍似乎是不可逾越的。

基于对超过50个非营利的教堂、政府和基金会领导的访谈,Pipa(2006)撰写了一份报告,基本上提供了在卡特丽娜飓风事件中相关宗教组织进行社会服务最翔实的内容。Pipa发现FEMA与非营利部门的关系一般,给这次危机带来了一定的救援困难。此外,在危机期间,FEMA和美国红十字会在协调非营利部门的作用和职责方面存在着很大的未解决的冲突。他的结论是，当地的非营利机构和宗教集会团体在响应措施中发挥了关键作用，并且保障了受灾者的安全，给受灾者带来福利（因为这些非营利机构与宗教团体一定程度上像美国红十字会一样庇护了许多受灾人员）。

（五）在危机和灾难情况下，有哪些人参与了志愿服务工作

在个人层面上有许多复杂的动机来解释为什么人们会选择帮助那些不太幸运或需要帮助的人。一个重要的原因是个人的宗教信仰。尽管有很多其他的例子可以表明信仰的力量，但事实上，在灾难发生后，动员人力与相关资源比响应卡特里娜飓风本身更重要。Smith（2006）的调查表明，超过10000名来自全美的志愿者帮助重建墨西哥湾沿岸的社区。宗教组织筹集了33亿美元，其中大约56%的资金用于救灾。这些援助大部分是为了帮助当地的单位，提供应急援助、食物、住房和建筑设施重建等社会服务，并且自发组成志愿者团体支援受风暴影响的地区。

也许最近最热门的志愿主义观点是2001年9月11日在美国发生袭击事件之后。为了应对多架商用飞机同时被劫持用于大规模毁灭纽约市的危机事件，广泛的自发志愿服务被组织起来。根据美国国家恐怖袭击委员会的数据（2004年），在应对危机的应急响应中，普通公民扮演了重要的角色——要么通知他人实时情况，要么帮助那些需要帮助的人。随着危机信息通过大众媒体和其他类型传媒的迅速传播，潜在志愿者的能力不断增强。有关的应急事件印证了新兴志愿者组织多样形式的出现，例如，在世界贸易中心大楼倒塌后，下曼哈顿区超过数十万的自发志愿者参与营救。

（六）在危机和灾难情况下，影响志愿者成功的主要因素

卡特里娜飓风提供了一个研究灾难响应和灾后重建的背景。它有助于阐明，在灾难中接受宗教组织和团体采取适当行动的实际和政策性的影响，从而作为在灾害环境中理解志愿主义的关键组织主题。宗教组织在私人生活领域以及诸如社区和政府官僚机构等大型机构之间提供了一个中间地带。因此，宗教组织促进个人和国家的融合，在人民中建立政治忠诚，也使管理机构更容易接受它们的需要。

正如McCarthy和Castelli（1997：19）所记载的，宗教组织所提供的社会服务，主要是应急食品、衣服和住所，类型十分广泛，这些物资大约占组织内总收入的

20%。这些宗教组织主要是本地的,并在本地社区内筹集资源。宗教组织提供志愿服务也几乎总是基于社会需要而不是宗教信仰。此外,有充分的证据表明,宗教组织与政府和社会其他部门具有广泛的联系,因此在灾难发生时,宗教组织会提供社会志愿服务。Cnaan 和 Boddie（2002）,Cnaan、Wineberg 和 Boddie（1999）也在不同阶段研究了更多关于教会和其他宗教团体在美国提供的社会志愿服务。

四、有用的知识

以成功整合灾难志愿者这样的方式来减轻灾难带来的影响,仍然是一个未实现的目标。如果把注意力放在宗教组织的志愿主义和作为社会主要机构的重要性上,这一情况就会得到改善。精神指导、慈善活动、志愿者小组在灾害应对和重建中的活动所带来的影响是巨大的,宗教组织和精神导向型慈善团体（ROSGGs）参与卡特里娜飓风救灾,并提供社会志愿服务就是一个例证。Fagnoni（2006）在美国政府问责局（Government Accountability Office）向国会提交的关于丽塔飓风和卡特里娜飓风灾后慈善机构的报告中暗指,需要更好的机构间的协调,从而建立具有宗教性质组织和 FEMA 之间的协调机制。他认为,前者应该告知公众可用的灾难恢复服务,让他们对未来会发生的灾难作出响应规划,并且增加对受害者的援助和帮扶。

借鉴卡特里娜飓风的经历和过去的其他重要事件的经验,最近由 FEMA 局长 Craig Fugate（2011）所倡导的"社区为一个整体"的观点,增加了对社会志愿服务的关注度。在他的题为"吸引非政府组织"的报告中,他提到"政府可以并将继续为灾难幸存者提供服务",这可能是一项重要的政策转变。然而,我们意识到,政府提出的灾害管理方法将不足以应付灾难性事件所带来的挑战。这就是为什么必须充分发挥整个社会力量的原因。FEMA 的新政策框架认识到个人和社区资源在其发布的社区应急管理方法中的作用。

然而,这一框架有意采取一种整体的方法,并广泛地指出公私合作的社区伙伴关系,以增强它们在危机前的弹性。虽然政府已经认识到志愿者的重要性,但在美国组织相关救灾志愿服务时,政府并没有将宗教组织和精神导向型慈善团体作为关键机构。因为,虽然其他机构可能参与了与灾害有关的活动,但没有一个组织在宗教信仰方面有社会和文化影响,或者在灾难发生时证明了行使慈善的历史。与此同时,考虑到国家的政制在分离教会和政府方面的先例,让宗教组织和精神导向型慈善团体主导响应灾难事件,则会引发更多的问题。但我们相信,考虑到国家利益,这一解决方案是可行的。

五、未来的趋势和需要研究的展望

在未来，我们可能会越来越关注志愿者和志愿团体，特别是关注应急的志愿团体在危机和灾难中发挥的作用。在灾害研究方面，学者们越来越重视在地方各级开展工作的人员和组织，如官方的当地应急人员与社区一级行动人员之间需要的协作。此外，还越来越多地注意到网络平台上的政府间组织和组织间响应的通信基础设施，从而管理应对灾害和危机情况发生的网络协作。然而，这其中的差距依然存在。

关于拉丁美洲和加勒比地区灾害的社会科学研究还没有充分发展。大多数研究人员并没有把灾难志愿服务作为主要的兴趣点，也没有把志愿服务的研究变成一个重要的调查课题。拉丁美洲的灾害志愿者缺乏社会科学知识，可以追溯到社会科学在这一地区的灾害研究方面的薄弱发展。不幸的是，到目前为止，除了少数例外，没有任何研究或实地调研特别关注那些直接或间接受到灾难影响的人，也没有将那些参与志愿活动的人们定义为自发志愿者。

然而，有许多研究反映了国际金融组织的利益和人道主义援助。此外，还有研究针对灾害在社会发展中的经济影响、气候变化，以及厄尔尼诺现象。所有这些研究都与在灾害管理方法中建立的研究相结合。一般来说，主要的方法是通过量化它们造成的损失来研究灾害的后果，而不是将研究发展成理论来了解各种缓解措施的影响，并记录灾难情况下出现的典型的集体行为。因此，将研究自发志愿者视为边缘化研究，这一点并不奇怪。

参考文献

Andrew Maskrey, Ficcion y realidad de los desastres naturales: Balance de una accion participative, in *Los desastres si avian: Estudios de vulnerabilidad y mitigation II*, edited by J. Medina and R. Romero, Tecnologia Intermedia (ITDG), 1992, pp. 65-76.

Benigno E. Aguire, Planning, Warning Evacuation and Search and Rescue: A Review of the Social Science Research Literature, Hazard Reduction and Recovery Center, College of Architecture, Texas A&M University, College Station, TX, 1994b.

Benigno E. Aguirre, Emergency Planning and Response in Puerto Rico, in *Hurricane Hugo: Puerto Rico, the Virgin Islands, and Charleston, South Carolina, September 17-22*,

1989, National Academies Press, 1994a, pp. 63-81.

Cynthia M. Fagnoni, Observations on Charities' Response to Hurricanes Katrina and Rita, in *After Katrina: Public Expectations and Charities' Response*, edited by E. T. Boris and C. E. Steuerle, The Urban Institute, 2006, pp. 11-16.

Duval Zambrano and Juvenal Medina, Evaluación del terremoto del 29 de mayo de 1990, in Los desastres si avisan, Tecnología Intermedia (ITDG), 1992, pp. 132-144.

Enrico L. Quarantelli, Catastrophes Are Different from Disasters: Some Implications for Crisis Planning and Managing Drawn from Katrina, Social Science Research Council, 2006. Retrieved May 19, 2016 from http://understandingkatrina.ssrc.org/Quarantelli/pf/.

Enrico L. Quarenteli, Russell Dynes, and Dennis Wenger, Individual and Organizational Response to the September 1985 Earthquake in Mexico City, Mexico, Book and Monograph Series #24, Disaster Research Center, University of Delaware, 1990.

Enrico L. Quarenteli, Russell Dynes, and Dennis Wenger, The Organizational and Public Response to the September 1985 Earthquake in Mexico City, Mexico, Final Report #35, Disaster Research Center, University of Delaware, 1988.

Graciela Caputo, Jorge Hardoy, and Hilda Herzer, La inundacion en el Gran Resistencia (Provincia del Chaco, Argentina) 1982-1983, in *Desastres Naturales y Sociedad en America Latina*, edited by G. Caputo, J. Hardoy, and H. Herzer, CLACSO, 1985, pp. 129-155.

Harold G. Koenig, *Religious Responses to Terrorism and Catastrophe*, Temple University Press, 2006.

Johanna Barrios, Acompanamiento psicosocial a personas afectadas por la tormenta Stan, Universidad de San Carlos de Guatemala, Escuela de Ciencias Psicologicas, 2007.

John McCarthy and Jim Castelli, Religion-sponsored Social Services Providers: The Not-So-Independent Sector, Working Paper Series, The Aspen Institute, Nonprofit Sector Research Fund, 1997.

Kennet Hewitt and Lesley Sheehan, A Pilot Survey of Global Natural Disasters of the Past Twenty Years, Working Paper #11, Natural Hazards Center, University of Colorado, 1969.

Mark H. Moore, Disaster and the Voluntary Sector: Reflections on the Social Response to Hurricane Katrina, in *After Katrina: Public Expectations and Charities' Response*, edited by E. T. Boris and C. E. Steuerle, The Urban Institute, 2006, pp. 23-27.

Paul Freeman, Leslie A. Linneroot-Bayer, Reinhard Mechler, and Craig Fugate, Federal Emergency Management Agency, Before the United States House Transportation and Infrastructure Committee on Economic Development, Public Buildings, and Emergency Management at the Rayburn House Office Building, March 30, 2011.

Ram A. Cnaan and Stephanie C. Boddie, *The Invisible Carin Hand: American Congestions and the Provision of Welfare*, New York University Press, 2002.

Ram A. Cnaan, Robert Wineberg, and Stephanie C. Boddie, *The Newer Deal: Social Work and Religion in Partnership*, Columbia University Press, 1999.

Robert E. Hinshaw, Hurricane Stan Response in Guatemala, Quick Response Research Report 182, Natural Hazards Center, University of Colorado, 2006. Retrieved April 2012 from http://www.colorado.edu/hazards/qr/qr182/gr182.html.

Robert Kates, Eugene Haas, Daniel J. Amaral, Robert A. Olson, Reyes Ramos, and Richard Olson, Human Impact of the Managua Earthquake Disaster, Working Paper #23, Natural Hazards Research, University of Colorado, 1972.

Sergio Antelo, El caso del plan 3000 de Santa Cruz de la Sierra, Bolivia. Unproyecto de reasentamiento humano en condiciones de emergence, in *Desastres Naturales y Sociedad en America Latina*, edited by G. Caputo, J. Hardoy, and H. Herzer, CLACSO, 1985, pp. 107-118.

Steven R. Smith, Rebuilding Social Welfare Services after Katrina: Challenges and Opportunities, in *After Katrina: Public Expectations and Charities Response*, edited by E-. T. Boris and C. E. Steuerle, The Urban Institute, 2006, pp. 5-10.

Tony Pipa, Weathering the Storm: The Role of Local Nonprofits in the Hurricane Katrina Relief Effort, 2006. Retrieved from http://www.nonprofitresearch.org/katrina.